NEUROSEN WELKEN NICHT

CHRISTOPH PAPKE

NEUROSEN WELKEN NICHT

VERHALTENSGESTÖRTE GESCHICHTEN

SCHWARZKOPF & SCHWARZKOPF

INHALT

1. ALLTAGSNEUROSEN

2. NACHBARSCHAFTS-NEUROSEN

3. ARBEITSNEUROSEN

4. SOZIALNEUROSEN

5. FREIZEITNEUROSEN

6. HAUSHALTSNAHE NEUROSEN

7. URLAUBSNEUROSEN

1

ALLTAGSNEUROSEN

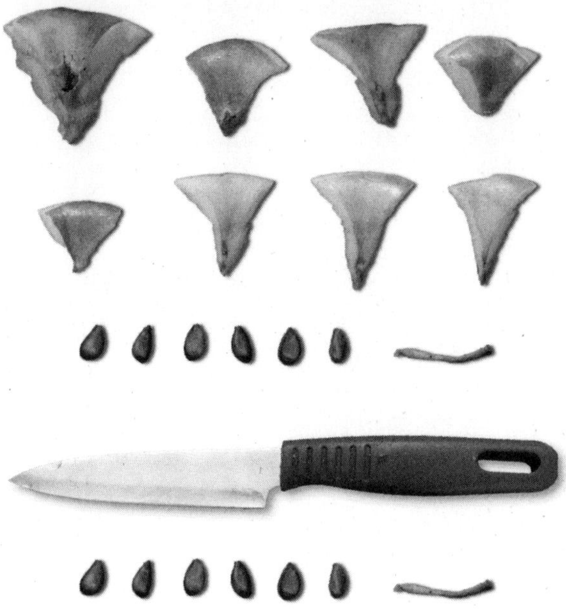

1

ERSTE HILFE IM RATHAUS

Als ich bei meinem letzten Besuch im Rathaus meiner Fahrstuhlphobie wegen das Treppenhaus nahm, stürzte direkt vor mir eine richtig beleibte Dame die Stufen hinab. Möglicherweise hatte ich sogar den Sturz verursacht, weil ich der Hinuntergeplumpsten versehentlich in den Absatz gelaufen war. Unabwendbare Erledigungen im Rathaus lösen bei mir aufgrund vieler unschöner Erfahrungen im Umgang mit der Staatsobrigkeit schon weit vor dem Betreten des Behördenbunkers panikartige Fluchtgedanken aus, sodass ich stets bemüht bin, den Ort bürgerfeindlicher Willkür und behördlicher Anmaßungen auf dem schnellsten Weg wieder zu verlassen und dabei zuweilen wie von einer Panikattacke geritten durch das Treppenhaus hetze.

Allein der faszinierende Umstand, dass die Gestürzte, unten am Treppenabsatz angekommen, eine mitgeführte Glasvase noch immer unversehrt in den Händen hielt, veranlasste mich zu einem kurzen Verweilen, um spontan Applaus zu spenden. Donnerblitz, dachte ich mir, stimmt die Theorie eines im Fernsehen aufgetretenen Wissenschaftlers doch. Diese Theorie besagt, dass Menschen durchaus multitaskingfähig sind, aber zwei gleichzeitig ausgeführte Tätigkeiten nicht gleich gut ausführen können. Denn das übergewichtige Unfallopfer schrie auf dem Rücken liegend wie am Spieß. Es hatte zwar die Vase schützen, aber einen oder mehrere Wirbelbrüche wohl nicht verhindern können.

»Richtig, immer raus mit dem Schmerz«, gab ich der Gestürzten voller Mitgefühl zu verstehen. »Lautes Weinen befördert die Atmung und einen Schmerz verarbeitenden Adrenalinausstoß.« Dann musste ich weiter. Doch noch bevor ich den nächsten Treppenabsatz erreicht hatte, hallte mir das flehentliche Hilfeersuchen beider Begleiterinnen der Verunfallten hinterher. Ich sollte beim

Aufrichten des gefallenen Menschenberges mithelfen. In einem meinem Helfersyndrom geschuldeten Reflex drehte ich mich wieder um und sah aus dem XXXL-Kleid der Herabgestürzten zwei Hautsäcke herausquellen – ihre Beine. Sie erinnerten mich an die Hinterläufe von Haflingern. Nur dass der obere Teil der Pferdebeine aus Muskeln besteht, während jene Extremitäten pures Fett verkörperten. Dieser Körper benötigt am Strand noch nicht einmal einen Tanga, schoss es mir durch den Kopf, die höchstwahrscheinlich angefressenen Körperwülste verdecken alles, was gemeinhin als Scham bezeichnet wird.

Allem Anschein nach sei wohl doch nichts gebrochen oder gezerrt, wurde mir mitgeteilt, das Unfallopfer benötige lediglich Unterstützung beim Aufstehen. – Unterstützung beim Aufstehen? Wir waren zu dritt und würden es allein nie schaffen, allzumal ich seit über 20 Jahren an chronischen Rückenproblemen mit dem ärztlichen Verbot des Hebens schwerer Lasten leide.

Ich bedeutete der Liegenden und ihren beiden Kolleginnen, einen Augenblick zu warten, während ich personelle Unterstützung am Fahrstuhl holen wollte. Nach einer kurzen Weile, die ich im Rathausrestaurant für einen Kaffee auf den Schreck und drei Zigaretten einschließlich des üblichen Austausches von Verschwörungstheorien mit Rauchern vor der Tür nutzte, erschien ich mit zwölf Rekrutierten zurück. 15 Personen müssten ausreichen, um das XXXL-Unfallopfer wieder in die Aufrechte zu hieven.

Da sich in der Helfergemeinschaft etliche Leidensgenossen mit Schäden am Bewegungsapparat befanden, entbrannte zunächst eine heftige Diskussion über deren Position am Corpus Delicti. Die meisten wollten unten stützen, statt oben zu heben. Glücklicherweise hatte ich ein Päckchen Zündhölzer dabei und schlug vor, das Schicksal durch Streichholzziehen entscheiden zu lassen. Gespielt wurde mit Hin- und Rückrunde, Gruppenphase und Finale. Während der Vorrunde hatten einige Freiwillige ihre Portemonnaies gezückt und ein Wettbüro eröffnet. Nach 45 Minuten und 60 Euro weniger in meiner Geldbörse hatte jeder seine Helferposition am Unfallopfer gefunden.

Ich schlug vor, die Alte auf Eins-Zwei-Drei anzuheben. Nein, verweigerte sich ein Mitarbeiter des Rathauses. Wegen meiner ausgrenzenden Beleidigung, weil ich von »der Alten« geredet habe. Die Frau sei allem Anschein nach nicht alt, sondern lediglich fett, sehr fett, wie er betonte. In der mir zugewiesenen Rolle als Führer der Notgemeinschaft ging ich mitarbeiterorientiert auf das Argument ein und befahl nun, auf Eins-Zwei-Drei die Fette hochzuhieven.

Teile der Gruppe waren aus unterschiedlichsten Gründen auch mit dieser Formulierung nicht einverstanden und diskutierten zum einen meinen Ausschluss aus der Helfergemeinschaft und zum anderen, ob es sich bei der Frau um eine gewöhnliche Fettleibigkeit, Adipositas genannt, oder um eine Adipositas *massiv* handelte. Schließlich einigte man sich darauf, die Betroffene selbst Stellung nehmen zu lassen. Sie sei vollschlank, teilte die Gefragte schmerzverzerrt mit, was eine Stunde reger Diskussion der Anwesenden zum Abgleich zwischen Selbst- und Fremdwahrnehmung zur Folge hatte.

Diese überflüssige akademische Auseinandersetzung hätte weitaus weniger Zeit in Anspruch genommen, wenn nicht nahezu alle Beteiligten irgendwann einmal zum Handy gegriffen hätten, um wegen des eingetretenen Notfalles Termine zu verschieben oder im Smartphone zu den Thematiken Adipositas, Selbstbild, Emanzipation von Fremdhilfen und Bürgerliches Engagement zu googeln. Ein besorgter Mithelfer informierte sich sogar bei der Berufsgenossenschaft über den Versicherungsschutz bei der Mitwirkung einer öffentlichen Notfallübung. Dies sei keine Übung, sondern vielmehr ein Notfalleinsatz, wurde er von den Umstehenden belehrt, sodass er nochmals telefonieren musste.

Ob ein Jurist unter den Anwesenden sei, wurde daraufhin gefragt, um die Unfallsituation rechtlich abgrenzen zu können. Ein Mann meldete sich. Er sei zwar kein Rechtsanwalt, aber ein verurteilter Steuersünder, der eine ausgezeichnete Kanzlei für Strafrecht empfehlen könne.

Typisch Behörde, meldeten sich dann noch zwei Frauen. Sie outeten sich als Sozialarbeiterinnen der Jugendgerichtshilfe, die den Jüngeren unter uns Beratungshilfe versprachen, sofern das Opfer nachträglich Schadensersatzansprüche gegenüber den Helfenden stellen wollte. »Und wir anderen«, fragte ich nach, »was passiert mit uns, wenn die Verursacherin aus dem selbst verschuldeten Malheur heraus Kapital schlagen will?« Man schaute mich fragend an. Ob ich der Meinung wäre, dass die arme Verletzte absichtlich die Treppe heruntergesprungen sei?

»Wer weiß, wer weiß? Vielleicht hat sich ja die Dreiercombo abgesprochen und den Treppensturz fingiert«, antwortete ich. Man solle einfach auch mal bedenken, dass unser »Opfer« weder blute noch Brüche aufweise. Ja ja, die Körperfülle könnte Tarnung sein. Vielleicht sei die Unfalltonne ein ehemaliges Stuntgirl, das sich den Körperspeck mühselig angefressen habe, um mit der vorhandenen Berufserfahrung gut gepolstert geschickt zu fallen in der Absicht, anschließend das Rathaus und damit den Steuerzahler durch Schadensersatzleistungen in unbestimmter Höhe zu erleichtern. Das weinende Stöhnen und Wimmern der Gestürzten klinge immerhin sehr theatralisch.

Sie sei kein Stuntgirl, stattdessen schon zwölf Jahre lang Sachbearbeiterin im öffentlichen Dienst und wolle endlich aufstehen, entgegnete die Verdächtige. Zwölf Jahre im öffentlichen Dienst, wiederholte ich und fragte, was sie davor gemacht habe. Schülerin, war die Antwort – und nicht Stuntgirl. Ich blickte der Frau tief in die Augen und musterte noch einmal gründlich den Gesamtkomplex. Dann bat ich die Gruppe um ihre Einschätzung, ob diese Frau da eher wie 30 aussah oder wie Mitte 50, wie ich fand. Da könnte doch vorher etwas gewesen sein; eine böse Vergangenheit vielleicht, die sie uns verschweigt. Die Helfergemeinschaft war sich im Hinblick auf das Alter der Liegenden nicht einig. Die bestätigenden Aussagen der beiden Kolleginnen des Opfers hinsichtlich ihres Alters konnten von mir wegen Befangenheit oder eventueller Mittäterschaft nicht akzeptiert werden.

Während einige von geheucheltem Mitleid erfüllte Menschen dem Opfer Kleidungsteile unter den Kopf legten, erhielt ich einen verantwortungsvollen Mannschaftsauftrag. Ich wurde quasi zum Kronzeugen ernannt und aufgefordert, den Tathergang zu schildern. Zunächst aber musste der Vorschlag einiger Ungeduldiger abgewehrt werden, den Fall aus Zeitgründen der Feuerwehr zu übergeben. Völlig unnötig. Die Frau war offensichtlich nicht verletzt und würde Unsummen für den Einsatz der professionellen 112-Helfer verursachen.

Nein, meiner Erinnerung nach bewegte sich die Verdächtige zunächst unheimlich normal die Treppe hinab. Irgendwann, erinnerte ich mich genau, wandte sie den Kopf verdächtig nach rechts und nach links zu beiden Begleitpersonen, um schließlich rücklings mit einer eingesprungenen Pirouette wie ein Gummiball von Stufe zu Stufe hinabzuhüpfen, gepolstert durch die angefressenen Pfunde ihrer rudimentären Rückenmuskulatur. Den Rest federte der überproportionale Drei-Taler-Pferd-Hintern geschickt ab.

Damit war die eine Hälfte der Anwesenden vom schuldhaften Verhalten des mutmaßlichen Opfers überzeugt. Die andere Hälfte verurteilte mich wegen meiner angeblich boshaften Unterstellungen, die ich zudem mit einer sehr verletzenden Wortwahl gepaart hätte.

Wer habe denn sofort gehandelt?, fragte ich zurück. Wer sei sofort Hilfe holen gegangen? Wer habe denn die Menschen zusammengetrommelt, die Massen mobilisiert? Und wer fragt in einer Krisensituation nach Wortwahl? Aber das kannte ich bereits aus der Vergangenheit meines leiderfüllten Lebens. Erst hilft man, dann bekommt man noch einen Tritt in den Hintern.

Die Helferschar wollte nun dezidiert noch einmal das Unfallopfer hören. Und unsere Verunfallte tischte eine Version des Unfallherganges auf, die selbst Münchhausen hätte vor Neid erblassen lassen. Sie sei mit beiden Kolleginnen auf dem Weg zum Sitzungssaal im ersten Stock gewesen, um einem Geburtstag feiernden Mitarbeiter des Rathauses eine Vase für geschenkte Blumen zu bringen. Das Treppenhaus würde sie dem Fahrstuhl seit Monaten zum Zwecke der Gewichtsreduktion vorziehen.

Lächerlich, entkräftete ich die Aussage. Erstens sei der Fahrstuhl bei Transporten mit Gegenständen wie zum Beispiel einer Glasvase aus Arbeitsschutz- und Unfallversicherungsgründen dem Treppenhaus vorzuziehen, und zweitens könnte die ganze Aktion von langer Hand geplant sein – mit vorsorglich zweier später am Gewinn beteiligten Zeugen. Ich vermutete eine Aufteilung der Schadensersatzsumme von 60 zu 20 Prozent Unfallopfer und je Zeuge.

Offensichtlich von mir enttarnt, zog die Tatverdächtige eine weitere Karte übelster krimineller Energie. Die Gestürzte glaubte sich auf einmal an einen Tritt in ihren Hacken erinnern zu können und schaute mich dabei kurz an. Wie, auf einmal ich? Menschen können so gemein sein; ich starrte verdutzt in die vorwurfsvollen Augenpaare einer schweigenden Mehrheit. Dann müsste ich schon eine 90er oder 150er Schuhgröße haben, teilte ich der Helfergemeinschaft mit, um im Abstand von real drei Metern und gefühlten 30 dem gestürzten Fleischberg in die Haxen gelaufen zu sein. Gemurmel und Gebrabbel.

Aber nicht ich, sondern die Simulantin kam offensichtlich ins Schwitzen. Sie bat um ein Glas Wasser. Flüssigkeitsverlust. Tatsächlich bemerkten einige Menschen, die ihre helfenden Arme immer noch unter der Liegenden hatten, literweise Feuchtigkeit.

Nein, klärte die offensichtliche Versicherungsbetrügerin auf, sie habe nicht, und schon gar nicht wegen des Schocks, unter sich gemacht. Sie schwitze eben. War aus meiner Sicht nur eine Möglichkeit. Vielleicht hatten die helfenden Hände am Körper der Liegenden etwas ganz anderes ausgelöst, mutmaßte ich laut. Was denn? Ich wandte mich an die Lebenserfahrenen unter den Umstehenden.

Die zärtlichen Berührungen, der Genuss, im Mittelpunkt zu stehen, die Erfüllung einer sexuellen Fantasie. Ein Mann brachte es auf den Punkt: Orgasmus oder Multiorgasmus. Ich hob schulterzuckend die Arme. Das habe er gesagt. Einige offensichtlich pervers veranlagte Mitstreiter neigten sich über die Frau und zogen tief ein. Nein, es müsse eher Schweiß sein, was sich da im Rinnsal ergoss. Nun reichte es der am Boden Liegenden, und sie stand auf. Mühselig, schwitzend, aber ganz allein. Das hätte sie auch früher haben können, dachte ich mir, und stapfte weiter.

2

ABFLUG

Mit schlotternden Knien erklomm ich die Stufen der Gangway. Höhenangst. Ohne nach rechts oder links zu sehen, betrat ich, oben angekommen, das Flugzeug. Der am Eingang freundlich die Gäste begrüßenden Flugbegleiterin teilte ich ohne Umschweife mit: »Junge Frau, ich sitze auf dem Platz Nummer 17 b und leide unter Flugangst.«

Mein offensives Geständnis wirkte wie der Kategorische Imperativ, demzufolge das eigene Handeln zum Vorbild aller anderen werden solle. Ungefähr 50 Passagiere drehten sich neugierig um, davon rissen mindestens 20 ihre Arme in die Luft und riefen: »Ich auch!«

Die Stewardess nickte verständnisvoll und gab mir lächelnd zu verstehen, dass ich mich melden solle, wenn es ganz schlimm wird. Die Flugzeugkabine war links und rechts in Dreierreihen aufgeteilt, die Boarding Card wies mir den Mittelplatz meiner Reihe zu, wie sollte es auch anders sein. Den Platz am Gang hatte ein schwer übergewichtiger Fluggast eingenommen, der meinetwegen seine 140 Kilo noch einmal aus dem Sitz hieven musste und deshalb unzufrieden keuchte. Am Fenster saß ein Brillenträger mit Halbglatze und Redebedürfnis. Er habe meine Offenbarung zur Flugangst mitbekommen und sei ein Leidensgenosse. Gegen die Flugangst könne man ja prinzipiell etwas tun, verkündete er wissend: einen Kurs belegen, sich mit Alkohol betäuben, damit aber schon drei Tage vorher beginnen, oder aber Medikamente einnehmen. Das Letztere probiere er heute aus. »Soso«, sagte ich in der Hoffnung, meine Zeitung aufschlagen und damit einigermaßen Ablenkung finden zu können. Das Sendungsbedürfnis der Quasselstrippe war aber noch nicht gestillt. Brillo kramte umständlich in seiner durch den angelegten Sitzgurt eingeengten Jacke und zog erst ein kleines Medizinfläschchen, dann eine Packung Tabletten hervor. »Ich fahre eine Doppelstrategie«, erklärte er, »die Tropfen sind ein homöopathisches Mittel auf Naturheilbasis. Sie sind völlig ungefährlich und verursachen keinerlei Nebenwirkung. Die habe ich in Vorbereitung auf den Hinflug genommen. Sollte ich mit dem Mittel nicht die Flugangst besiegen, greife ich beim Rückflug auf die Chemiekeule zurück und pfeife mir die Tabletten ein.« Dabei schüttelte er siegessicher erst die Flasche, dann die Schachtel.

»Sie wissen aber«, klärte ich auf, »homöopathische Tropfen sind stets mit Alkohol versetzt, um sie haltbarer zu machen. Ihre Alkoholfahne lässt mich eine für Sie gegenteilige Wirkung befürchten. Insofern halte ich die Einnahme für kontraproduktiv. Der Alkoholgehalt wird Sie aufputschen und dann Prost Mahlzeit.«

Zwei angsterfüllte Augen blinzelten mich durch dicke Brillengläser an. Mein Nachbar wurde sich seines großen Fehlers bewusst – Alkohol und Medikamente vertragen sich nicht. In seiner Not riss er rasch die vorgezeigte Schachtel auf und würgte zwei Tabletten runter. Dann lehnte der Desillusionierte seinen Kopf an das Flugzeugfenster und fing leise zu weinen an.

Mit dem startbereiten Aufheulen der Triebwerke bekam ich ein Globusgefühl im Hals und fühlte mich zunehmend wie beim Zahnarzt auf dem Stuhl. Vielleicht konnte mich die Zeitung ablenken.

Als ich sie aufblättern wollte, scheiterte ich am besitzanzeigenden Unterarm des Dicken auf der anderen Seite. Der Bulle hatte zur Revierabgrenzung seine rechte Pranke auf die mir zugedachte Armlehne gelegt und somit die Entfaltung der Zeitungsblätter unmöglich gemacht. Meine unwillkürliche Grenzüberschreitung hatte ihn wohl gekitzelt. Er drehte seinen kürbisförmigen Schädel zu mir. »Ich habe Ihr ängstliches Flugangstgelaber mitbekommen«, sagte er, »und will Ihnen mal wat sagen: Wenn ein Flugzeug innen brennt, wenn es zum Beispiel unten im Laderaum anfängt, ist es sowieso zu spät. Entweder explodiert die Kiste noch in der Luft oder die Krokodile holen sich unsere Reste.«

»Welche Krokodile?«, fragte ich, um mich vom lärmenden Startvorgang abzulenken.

»Na, wenn wir über den Everglades in Florida abstürzen. In den Sümpfen leben Tausende von Krokodilen. Die warten rejelrecht auf Flugzeugabstürze mit anjegrilltem Frischfleisch. Am liebsten, wenn et noch lebt und appetitanrejend zappelt.«

Als die Maschine abhob, erfasste mich das beklemmende Gefühl von Luftnot. Entweder war jetzt der Zeitpunkt gekommen, die Flugbegleiterin zu alarmieren oder den Dicken über unsere Flugroute von Berlin nach Amsterdam aufzuklären. Ich entschied mich angesichts des auch für Stewardessen geltenden Aufstehverbots während der Startphase für die Fortführung des Gesprächs. »Det war doch nur ein Beispiel«, rechtfertigte die Walze seinen geografischen Irrtum, »letztlich wird der Flugschreiber Uffklärung über unseren Tod geben. Sofern er jefunden wird. Außerdem kriegen wa sowieso nichts mehr mit. Wenn wa abstürzen, kommen wir durch den Druckabfall zuerst in Luftnot. Danach werden wa ohnmächtig. Und aus die Maus.« Dann unterbrach er kurz seine Ausführungen, weil das Flugzeug plötzlich absackte. »Wat'n jetzt?«, fragte sich der Bulle laut. Ich vergewisserte mich mit einem reflexartigen Blick aus dem Fenster, dass wir noch nicht im Steilflug Richtung Erdoberfläche waren, hörte aber über den Bordlautsprecher ein Ping-Ping und sah das Anschnallzeichen drohend aufleuchten. Nebenbei bemerkte ich den selig schlafenden Brillo. Anscheinend hatte die doppelte Ladung Flugangstmedikation ihre Wirkung entfacht.

Das Luftloch war nach einer Ewigkeit offensichtlich schadlos überwunden, sodass die fleischgewordene Berglandschaft neben mir das Gespräch fortsetzen konnte: »Piloten sollen ja saufen wie Politiker. Det ständige Reisen und die Anspannung bei Start und Landung sind nur mit extrem viel Alkohol zu ertragen. Es sind nicht nur technische Fehler, die zum unweigerlichen Absturz oder zur Explosion führen, wie der Ausfall sämtlicher Triebwerke oder geplatzte Reifen beim Landeanflug. Die Jungs vorne im Cockpit sollten ma lieber vor jedem Start ins Röhrchen pusten. Schließlich jeht es um unsere Sicherheit.«

Der Überbeleibte hatte sich in Wallung geredet. Er streckte sein linkes Bein auf den Gang und fuhr fort. »Wenn Gänse unterwegs sind, haben wa schlechte Karten. Ein Schwarm in die Triebwerke und Peng! Tja, und denn sprechen wa noch nicht über die Fluglotsen. Ick sage auch hier nur: Achtung Alkoholjefährdung im Tower! Und noch wat zu den Piloten: Könnten Sie im Suff mit annähernder Schallgeschwindigkeit einem verirrten, unvermutet vor Ihnen ufftauchenden Flugobjekt ausweichen?«

Die Flügelbewegungen seiner Boxernase zeigten mir, dass etwas den Redeschwall des Fleischberges störte. Und dann roch ich es auch. Mein Fensternachbar war durch die üppige Einnahme medizinischer Mittel in eine Art Narkoseschlaf gefallen und hatte dabei nicht nur sich, sondern auch seinen Darmtrakt gleich mit entspannt. Mit einem Achselzucken und einer Daumenbewegung wies ich jegliche Schuld von mir.

»Buletten mit Sauerkraut oder Blumenkohl«, kommentierte der zum Fleischberg mutierte Lebensmittelliebhaber neben mir.

Der Tiefschlaf hatte offensichtlich meinen Flugangstpartner zudem in die Traumphase getragen. Der Fensterplatzfurzer säuselte im Schlaf: »Nein Mama, ich habe den Mann nicht umgebracht! Ich habe nur Schmiere gestanden.« Fleischklops und ich schauten uns an. Der Mann am Fenster sah nicht aus wie ein Verbrecher, eher der Fleischberg auf der anderen Seite. Der bebrillte Pups trug einen abgewetzten Anzug, wog vielleicht 65 Kilo bei etwa 1,70 Meter Größe. Man würde ihn als schmales Handtuch bezeichnen. Sein Alter bezifferte ich auf Ende 50.

»Und? Wie geht's Ihnen?«, sprach mich plötzlich eine Stimme an. Die Flugbegleiterinnen waren mit ihrem Servicewagen bis zu unserer Reihe vorgedrungen. »Danke, gut«, log ich und orderte ein stilles Wasser. Fleischklops erhielt einen Apfelsaft, einen Kaffee und einen extragroßen Becher Wasser. Der Furzer wurde nicht gestört. Dafür wedelte die Stewardess leicht angeekelt die letzten Reste der gasförmigen Stoffwechselendprodukte unseres schlafenden Sitznachbarn mit der Hand weg. Zwei Köpfe und zwei Daumen deuteten achselzuckend auf den Täter. Dieser schien sich mehr und mehr zu entlarven. Schlafend enthüllte er zwei weitere, wahrscheinlich nicht zueinander gehörende Morde. Er grunzte weiter: »Die Familie hat kein Interesse an dir. Geh nach Hause, Luigi!« Dann eine kurze Pause, dann weiter: »Ja, ich gebe mich unauffällig. Seht mich an, wer soll mich schon erkennen? Die Bombe transportiere ich im Gepäck. Völlig unauffällig.«

Das Gehörte schien den Fettkloß irgendwie zu verstören. Er fing zu schwitzen an wie eine Sau in der Sauna, sprach kein Wort mehr mit mir und schaute nur noch starr vor sich hin. Ich führte meinen Wasserbecher zum Mund und wandte mich weltmännisch an den Triefenden: »Was manche Leute so im Schlaf erzählen ...« Der starre Blick nach vorn verriet mir das ihn immer mehr bewegende Unbehagen. Doppelmops zog seinen Arm von meiner Lehne, sein Bein aus dem Gang und lehrte auf ex Kaffee, Apfelsaft und das Mineralwasser. Irgendwie schien mich das Riesenmonstrum mit meinem stinkenden Fensternachbarn und dessen Gesäusel in irgendeine Verbindung zu stellen. »Ick wees von nischt, ick habe nix gehört. Macht, wat ihr wollt«, hörte ich ihn monoton faseln.

»Der Mann fabuliert im Schlaf«, versuchte ich beruhigend auf den zur Salzsäule Mutierten einzuwirken, »wer weiß, welchen Krimi der gerade gelesen hat.«

Die Salzsäule würdigte mich keines Blickes. Sie wimmerte, stur nach vorne schauend: »Ick will mit Ihnen und Ihrem Gefährten nix zu tun haben. Von wegen, sich zufällig im Flugzeug getroffen. Parole: Flugangst – na klar. Sie sitzen wie zufällig nebeneinander und tun so, als ob Sie sich nicht kennen. Der eene schläft, der andere wacht. Ick weeß Bescheid, aber ick weeß nichts. Ick bin raus aus dem Spiel. Bringen Se die scheiß Bombe durch den Zoll und machen Se damit, wat Se wollen.«

Dann war unsere Konversation endgültig beendet. Vor dem Angst auslösenden Landeanflug überlegte ich kurz, meinem schlafenden Fensterplatznachbarn das Mittel gegen Flugangst aus dem Sakko zu entwenden und zu verwenden. Ich ließ es aber dann doch. Um meinen anderen Nachbarn nicht in noch mehr Angst zu versetzen.

3

STRESS

Ich meinte, an mir die ersten Stresssymptome zu entdecken, und füllte im Internet einen PC-gestützten Test zur Stressanfälligkeit aus, um Klarheit zu erhalten. Im Ergebnis stellte sich heraus, dass ich in höchstem Maß unter Stress litt, weil ich zum Beispiel statt dem mir die Vorfahrt nehmenden Verkehrsteilnehmer gehörig die Meinung zu geigen und damit den Stress abzubauen, die Antwortmöglichkeit wählte: *Ich bleibe ruhig und sage mir, dass es Gott sei Dank zu keinem Unfall kam und wir alle mal Fehler machen.*

Die Testauswertung klassifizierte mich als »Verdränger-Typ«, der kniffligen Situationen eher ausweicht. Dem musste abgeholfen werden, wollte ich das Herzinfarkt- und Schlaganfallrisiko signifikant senken, wie man so schön sagt.

Schon bei der nächsten Autofahrt setzte ich das Vorgenommene in die Tat um. Ein dunkler Mittelklassewagen neueren Typs quetschte sich rücksichtslos in meinen drei Meter langen Sicherheitsabstand zum vor mir fahrenden Auto. An der nächsten Ampel fuhr ich direkt neben den Verkehrssünder und ließ Dampf ab. Die beiden jungen Kerle im Verursacherfahrzeug bemerkten zwar meine Aufregung, konnten meinen Dampf akustisch aber nicht verstehen und drehten das Fenster runter. Können sie haben, dachte ich mir, fuhr ebenfalls mein Seitenfenster hinab und wiederholte lautstark meine Beschimpfungen, von denen »Wichser« noch die harmloseste war. Offensichtlich kannten sich die beiden Bübchen in der Stressforschung ebenfalls gut aus und wetterten zurück.

Nur jetzt nicht verdrängen, sagte ich mir, und bemühte jenes Vokabular, das alle Welt kennt, aber mit den entsetzten, gleichzeitig jedoch entlarvenden Worten »So etwas hab ich ja noch nie gehört!« zurückweist. Das Dilemma entwickelte sich für mich an der Stelle, wo sich die zahlenmäßige Überlegenheit meiner Gegnerschaft bemerkbar machte: Sie verfügten zu zweit über doppelt so viele unterste Schubladen – und öffneten sie, offensichtlich gut aufeinander eingespielt. Da mir die Kraftausdrücke irgendwann ausgegangen waren, begann ich, meine Beschimpfungen im monotonen Singsang zu wiederholen. Ich intonierte auf zwei Noten »Penner«, dann »Wichser« und ein, zwei Bezeichnungen der Fäkalbiologie, die Sie garantiert auch kennen, ich aber garantiert nicht niederschreibe. Lange schon hatte die Ampel auf Grün geschaltet, wir befanden uns ungeachtet dessen wohl weiter in der Stressfalle. Wer von uns sollte aufgeben, den Ärger in sich hineinfressen und als Verdränger-Typ in alte, ungesunde Verhaltensmuster zurückfallen? Um Zeit für einen hilfreichen Blick ins Internet meines Smartphones unter dem Stichwort »Arschlochsynonyme« zu gewinnen, überbrückte ich das Warten mit dem Zeigen des ausgestreckten

Mittelfingers, den ich gleich auch zum Eintippen meiner Frage verwendete.

Es kostete mich einige Mühen und Anstrengungen, gleichzeitig laut weiterzusingen, meine Frage ins Handy zu tippen und den »Stinkefinger« zu präsentieren. Offensichtlich überforderte meine Multitaskingfähigkeit die »Opfa, Opfa, Opfa«, wie ich die Spätpubertierenden im Nachbarauto inzwischen besang. Sie sprangen aus ihrem Fahrzeug und rannten auf meines zu, offensichtlich um mir körperliche Gewalt anzutun. An dieser Stelle darf ich kurz darauf hinweisen, dass mein Vater ein Waffennarr war und ich ein Stück seines Erbes aus gutem Grund im Handschuhfach meines Autos herumfuhr.

Es entwickelte sich eine Szene, wie man sie aus einem guten, einem sehr guten Actionfilm Marke Blockbuster kennt: Hinter uns zig hupende Fahrzeuge, deren Fahrzeugführer mehr oder weniger laut schimpften – offensichtlich ebenfalls Anhänger der Stresstheorie. Dazu zwei inzwischen auf dem Boden liegende Spätpubertierende, das Gesicht stur zum Asphalt gerichtet, und darüber ich – mein linkes Bein auf dem Rücken eines der beiden Verkehrsstraftäter, mein rechter Arm etwas angewinkelt mit einer auf die Rowdys gerichteten Schusswaffe in der Hand. Und was musste ich feststellen? Die beiden Bubis trugen ebenfalls Waffen, schön im Halfter unter ihren Jacken versteckt.

»Guck an«, triumphierte ich, »da seid ihr zwei Schmuckstücke wohl gerade auf Tour unterwegs gewesen, um ein Ding zu drehen. Aber ihr habt nicht mit dem lieben Onkel gerechnet … wahrscheinlich gedacht: ›Älterer Herr mit Glatze und Hut, den können wir mal kurz schneiden, in seinen Sicherheitsabstand reinfahren, bevor wir 'n Juweliergeschäft ausräumen oder eine Bank überfallen.‹ Aber auch ich habe mich mit Stress beschäftigt. Pech gehabt.«

Ich brauchte das dubiose Gesocks gar nicht mehr lange in Schach zu halten. Das Tatütata der anrückenden Polizei ließ mich hoffen, mit meiner neuen Verhaltenseinstellung nicht nur zur eigenen

Stressreduktion beigetragen zu haben, sondern darüber hinaus auch noch eine mögliche Straftat vereitelt zu haben.

Aber dafür schien meine Zeit noch nicht reif. Die pubertären Verkehrsrowdys entpuppten sich als Zivilstreife der Kriminalpolizei, die gegen mich gerichteten Anklagepunkte quittierte der Vorsitzende Richter des Strafgerichts mit insgesamt zwei Jahren und sechs Monaten Haft, bei dem Strafmaß selbstverständlich nicht mehr auf Bewährung. In der Justizvollzugsanstalt ließ ich mich so bald wie möglich in die Abteilung Sozialtherapie verlegen, verfeinerte meine Techniken zur Stressresistenz und erhielt nebenbei durch nette Mithäftlinge noch die kostenlosen Ausbildungen zum Schlosser, Bilanzbuchhalter und Waffenschmied – zwar ohne Kammerabschluss, dafür aber mit Zellenabschluss.

4

EIN WAHRER ALBTRAUM

Selten erwachte ich so verstört aus dem Schlaf. Ein Albtraum hatte mir die nackte Angst ins Gesicht geschrieben. Der Schlafanzug war schweißnass, die Haare standen mir zu Berge, von Morgenlatte keine Spur. Meiner Lebensaufgabe wollte ich das mit Schrecken in der Nacht Durchlebte nicht anvertrauen, da ihr für Albträume jegliche Sensibilität fehlt und sie erwartungsgemäß achselzuckend auf ihren vor Angst wimmernden Waschlappen mit den Worten reagieren würde: »Geh kalt duschen und vergiss den Waschlappen nicht!«

Am Spätnachmittag suchte ich die Busenfreundin meiner Schwägerin auf, um seelischen Beistand und dazu eine logische Deutung meines widerlichen Angsttraumes zu erhalten. Die um Rat gebetene Dame arbeitete zwar in einer Zigarettenfabrik am Band, finanzierte aber ihren aufwendigen Lebensstil hauptsächlich mit einem lukrativen Nebeneinkommen als Esoterikerin. Sie vermochte unter anderem »oben« Parkplätze mit genauer Orts- und Zeitangabe zu bestellen, aus Karten, Kaffeesatz und Hundekot die Zukunft zu lesen. Zudem pries sie an, Probleme fremder Menschen zu erhellen und einer dauerhaften Lösung zuzuführen. Einem Bekannten, Direktor einer Versicherungsgesellschaft, half sie erfolgreich, den Dauerkonflikt zweier seiner leitenden Angestellten zu lösen. Er entließ einen.

Am Küchentisch ihres Heimarbeitsplatzes schilderte ich kurz meine aus dem schrecklichen Albtraum resultierte Schweißbadung und deren Ursache. Im Traum sei ich in einer fremden, mir unbekannten Stadt gewesen, irgendwie geflogen, mal schnell, mal langsam. Und ich musste ständig gegen etwas Böses, Bedrohliches kämpfen. Diese Kurzschilderung reichte der Seherin bereits, um die Wurzel meiner quälenden Verstörtheit zu erkennen. Sie zündete sich gelassen eine Zigarette an, um mich dann mit Tatsachen zu konfrontieren. »Der Fall liegt ganz einfach: Du bist schwul. Wusste ich übrigens schon immer.«

Ich und schwul. Ich griff ebenfalls zur Zigarette und tippte mit dem Zeigefinger an meine Stirn. »Quatsch. Ich stehe auf Frauen.« Weiter kam ich nicht.

»Siehst du, das ist die Erklärung des Bösen in deinem Traum, die eigentliche Bedrohung. Du stehst nicht zu deiner Veranlagung, und das macht dir Angst. Du willst mir mit dem Finger an der Stirn optisch signalisieren, dass nicht sein kann, was nicht sein darf. Eine Abweisungsgebärde, die wir Spezialisten leicht entschlüsseln.«

»Wenn ich schwul wäre«, entgegnete ich, »warum habe ich eine Frau geheiratet und bin stolzer Vater zweier Buben?« Auch dafür hatte sie eine Erklärung: »Altersschwulheit.«

Altersschwulheit? »Ja, du bist altersschwul geworden. Ein Phänomen, dem auch andere so wie du veranlagte Männer ab einem gewissen Alter begegnen.«

Dem Nonsens musste Einhalt geboten werden. »Ich habe überhaupt nichts gegen Homosexuelle, aber ich bin nun mal nicht schwul. Und was heißt denn bitte schön ›so wie du veranlagte Männer‹?«

Die Eso-Anhängerin goss mir und sich eine Tasse Kaffee ein. »Es gibt unter Männern halt einen prozentuellen Anteil von latent Schwulen. Sie beugen sich zunächst unbewusst gesellschaftlichen Normen, heiraten eine Frau und sprechen dann nicht von ihren Kindern oder von ihren Söhnen, sondern von ihren »Buben«. Verstehst du, du stehst auf Buben … Bübchen. Manchmal höre ich auch die Variante »Knaben«. Übrigens, die Stunde kostet auch für dich 55 Euro, ich mach da keine Ausnahmen.«

Angesichts der gequirlten Scheiße des Gehörten hätte ich vor Wut meine Zigarette in den Kaffee stecken können, wahrte aber die mir eigene Höflichkeitsform. Die völlig aus der Luft gegriffene Interpretation meines Albtraums bedurfte einer stichhaltigen Entgegnung, die ich geschickt in eine Frage kleidete: »Woher stammt denn deine sichere Erkenntnis bezüglich meiner sexuellen Präferenz? Etwa aus meiner dürftigen Traumschilderung?«

»Na sicher«, wiegelte die Wissende gelassen meine provokative Einwendung ab, »Fliegen bedeutet in der Traumforschung Homosexualität, und ich rede hier von wissenschaftlichen Erkenntnissen. Dein inneres Verlangen nach gleichgeschlechtlicher Liebe, die Sehnsucht nach männlicher Zuneigung bereitet dir bürgerliche Angst. Sie ließ dich den Schlafanzug vollschwitzen. Übrigens tragen viele Schwule Schlafanzüge.«

Ich war auf 180. »Den Schlafanzug trage ich als Geschenk meiner ehemaligen Schwägerin ab.« Die Heilerin bat mich, nicht so zu schreien, legte dann ihre Hand beruhigend auf meine. »Schau«, sagte sie mit einem verständnisvollen Unterton, »deine Reaktion ist ganz normal. Zuerst kommt immer die Erkenntnis, dann die innere Akzeptanz des vorbestimmten Lebensweges und schließlich, nach einem langen Weg, das Coming-out. Wir Fachleute nennen das den bekennenden Prozess der Offenbarung.«

Offenbar hatte hier wohl jemand einen sechswöchigen Volkshochschulkurs in psychologischer Beratung belegt, um sich anschließend dafür bezahlen zu lassen, menschliche Existenzen zu vernichten. Während ich kurz am Glimmstängel zog, fiel mir wieder das Schicksal des leitenden Mitarbeiters der Versicherungsgesellschaft ein, der durch diese qualmende Fließbandhexe seine Arbeit verloren hatte. Für eine vertiefende geistige Auseinandersetzung mit diesem Fall fand ich allerdings wegen des im Raume liegenden und an mich gerichteten Verdachts der Homosexualität keine Zeit. Ich führte meine Gedanken zurück auf die Zerstörung der Beweisführung meiner geschwätzigen Beraterin. »Du meintest vorhin, schon immer von meiner Homosexualität gewusst zu haben.«

»Logo«, kam die Antwort, »wer so verzweifelt wie du versucht, den Macho raushängen zu lassen, ist meist latent schwul. Ist dir schon mal aufgefallen, wie du beim Rauchen die Zigarette hältst? Und dann dein Gang, absolut weiblich.«

Das Letztere konnte nicht stimmen. Schließlich spielte ich jahrelang Fußball, hatte dadurch ein wenig O-Beine bekommen und war ein knallharter Defensivspieler.

»Siehst du«, sagte sie, »Fußball. Ein oberflächlich betrachtet männlicher Sport. Aber reizte dich nicht, wenn du ehrlich bist, das gemeinsame Duschen mit den Kameraden nach dem Spiel mehr als die 90 Minuten vorher? Du wolltest mit Männern *spielen*.« Beim letzten Wort deutete Frau Doktor Eso mit beiden Händen ein Anführungszeichen an. Dann fuhr sie fort: »Deine alles verratende Betonung, Defensivspieler gewesen zu sein, zeigt eindeutig, dass du in einer Männerpartnerschaft den defensiven Part hast. Es gibt in homosexuellen Beziehungen immer einen dominanten und einen defensiven Partner. Hinten und vorn, wenn du verstehst, was ich meine.« Ich verstand. Es folgten weitere fußballtechnische Beweisanführungen: Das gegenseitige Abknutschen beim Torerfolg, die heftigen Umarmungen beim Jubeln. Der Klaps auf den Po beim Einwechseln. Das gemeinsame Bücken beim Kreisbilden. Ich konnte mich des Eindrucks nicht erwehren, mit jeder von mir angebrachten Aussage sofort wieder eine neue Schublade der heimlichen Sehnsucht nach Männerbekanntschaften zu öffnen: Meine leichte O-Beinstellung wurde als unbewusste Einladung geneigter Fraktionsmitglieder des anderen Ufers gedeutet. Die irrtümliche Bewunderung eines Knackarsches unterhalb der langen, blonden Mähne eines Mannes, wie sich beim Umdrehen herausstellte, das Tragen meines Eheringes am kleinen Finger, weil der Ringfinger im Laufe der Jahre zu dick geworden war, meine Leidenschaft für Sissi-Filme, meine häufige Verwendung der Redewendungen »mal ehrlich« und »voll süß«.

Irgendwann langweilte meine nebenberufliche Therapeutin wohl die ausufernde Beweisführung meiner latenten Homosexualität. Sie hakte wieder bei meinem Traum ein. Ob ich mich an noch etwas erinnern könne. Ich dachte eine Weile nach und berichtete, dass an meiner Kleidung irgendetwas ungewöhnlich schien. Ich trug wohl Strumpfhosen. Na bitte! Jetzt war der letzte und endgültige Beweis für meine Homosexualität gefunden.

Nach dem Bezahlen war die Panik meines Albtraums purer Wut gewichen. Ich stellte erleichtert fest, dass ich mit Wut, Zorn und Hass um einiges besser leben konnte als mit Angst und Schrecken. Dennoch verleitete mich das vorausgegangene Gespräch, auf dem Heimweg den einen oder anderen Mann auf der Straße mit der einen oder anderen Frau zu vergleichen. Es war nichts Interessantes unterwegs.

Als mich meine Lebensaufgabe zu Hause nach dem Tag fragte, antwortete ich mürrisch, 55 Euro in den Gully geworfen zu haben. Das schien ihr weniger wichtig, als mit mir den Fernsehabend abzusprechen: »Heute suche ich mal das Programm aus, der Superman-Film gestern war langweilig und hat mir zudem eine albtraumhafte Nacht verschafft.«

5

ZU VIEL SEX

Genau dreieinhalb Minuten nach Dienstbeginn stand mein türkischer Praktikant Ufuk vor mir und bat um ein sofortiges Gespräch unter vier Augen. Ich arbeitete zu dieser Zeit bei einer Werbefirma, die sich der Nachwuchsförderung verschrieben hatte und ständig Praktikanten wie Ufuk beschäftigte – zum Erwerb und zur Vertiefung fachpraktischen Wissens und daher ohne Bezahlung. Eine Win-win-Situation mit synergetischen Effekten, wie unter dem Link *Karriere* auf der Firmenhomepage zu lesen war. Ufuk begründete seinen Dringlichkeitsantrag kurz und prägnant: sexuelle Belästigung am Arbeitsplatz.

»Ich weiß nicht, ob ich Sie da raushauen kann«, sagte ich streng, »Wer hat sich über Sie beschwert?«

Ufuk kauerte sich auf die Besuchercouch meines Büros. Niemand habe sich über ihn beschwert, vielmehr möchte er sich beschweren. Denn das Opfer sei er. Während ich um eine kurze Fallschilderung bat, holte ich eine Flasche Whiskey aus dem Büroschrank und füllte das deeskalierende Lösungsmittel in zwei Gläser. Ufuk trank hastig einen Schluck und berichtete, dass er am heutigen Tage schon wieder von unserer Sekretärin mit einem lüsternen Blick auf seinen Hosenstall und der eindeutig zweideutigen Frage begrüßt wurde: »Na, ihr zwei, wie geht's uns denn heute?«

»Gibt es Zeugen für diese übergriffige Anspielung?«, fragte ich.

»Ja«, antwortete Ufuk, »die andere Verwaltungskraft.«

Diese habe ihm beim Verlassen des Sekretariats sogar noch hinterhergerufen: »Schönen Arbeitstag, kleiner Knackarsch!«

Ich betrachtete den jungen Mann in seiner engen Jeans und fragte mich, wie er es geschafft hatte, in die Röhren zu gelangen, und warum er darin keinen Weichteilschmerz spürte. Seine hautenge Hose verriet weitaus mehr, als sie verbarg. Statt ihm aber Vorwürfe wegen seiner unzüchtigen Klamotte zu machen, schien es zielführender, dem seelisch Misshandelten einfühlsames Verständnis entgegenzubringen.

»Wissen Sie«, sagte ich und spülte den Seelentröster runter, »ich kann Sie sehr gut verstehen.«

Dann wandte ich meine Augen dem Fenster zu und schwieg einen Augenblick, um Spannung aufzubauen. Ufuk blickte mich ungeduldig fragend an. Dann fuhr ich mit einem tiefen Seufzer fort: »Als ich noch jung war, ist es mir ähnlich ergangen wie Ihnen. Ständig wurde ich auf meinen ebenso knabenhaften wie gleichzeitig muskulösen Körper reduziert. Man wollte meinen sexuell anziehenden Leib besitzen, nicht mich.«

Ob es sich um ganz bestimmte traumatische Erfahrungen aus Kindergarten, Schule, Chor oder Pfadfinderschaft handelte, wollte Ufuk besorgt wissen. Um schmutzige Sachen, über die man nicht redet, weil sie anderen, aber einem selber nicht Spaß gemacht haben. »Nein, nichts dergleichen«, beruhigte ich, »ich rede von meinen ersten Berufserfahrungen als unschuldiger Nachwuchspraktikant.«

Dann berichtete ich ausführlich über die an mich gerichteten unsittlichen Angebote meiner allerersten Praxisanleiterin, die mir tagtäglich das Praktikum zur Hölle gemacht hatte. Über die permanenten Einladungen zum Frühstück in der Wohnung dieser Ausbilderin. Über das gemeinsame Teilen des Hotelzimmers, um Kosten zu sparen, wenn wir auf Dienstreisen waren. Und über ihre extra tief ausgeschnittenen T-Shirts, in denen sie sich andauernd am Schreibtisch nach vorn beugte. Als ich mit meinen Schilderungen bei ihren viel zu engen Röhrenjeans angekommen war, bat Ufuk um das Wort. Mit inzwischen drei Bourbon intus erzählte er leicht lallend von ähnlich schmerzvollen Erfahrungen, die er während seines Studienaufenthaltes in den USA gemacht hatte. Anstelle von Anerkennung oder Wertschätzung habe er nur schallendes Gelächter geerntet, sobald jemand seinen Namen las.

»Vielleicht«, lallte ich zurück, »wirken Sie ein wenig sexualprovokant auf Frauen.«

Kopfschütteln bei Ufuk. Dann holte er gesprächsbereit aus und ich die nächste Flasche aus dem Schrank.

»Ich provoziere nicht«, rülpste er, »ich werde provoziert. Schauen Sie, als ich vor ein paar Tagen das erste und einzige Mal zu spät im Dienst erschien und mich bei den Frauen im Frontoffice mit den Worten entschuldigte, sonst eher zu früh zu kommen, erhielt ich den ganzen Tag über praktische Tipps und Ratschläge zur Vermeidung einer frühzeitigen Ejakulation.« Zur korrekten Aussprache des letzten Wortes benötigte Ufuk nicht weniger als vier Anläufe.

»Na und«, übertrumpfte ich Ufuk nun schon gut benebelt, »welches Schicksal tragen Sie schon im Vergleich zu dem eines guten Freundes? Der Mann schulte der Liebe zu Sportwaffen wegen vom Schlosser zum Büchsenmacher um. Wissen Sie, wie viele Ohrfeigen sich der Ärmste schon gefangen hat, sobald er sich mit seinem Beruf vorstellte?!«

Der alkoholische Zungenlöser aus dem Schrank hatte mich auf Betriebstemperatur gebracht. »Seien Sie heilfroh, nicht den Beruf des Elektrikers erlernt zu haben. Landauf, landab müssten Sie sich anhören, die Berufswahl nur getroffen zu haben, weil Sie ständig einen Kurzen in der Hose haben.«

Darunter leide er nicht, stammelte Ufuk selbstzufrieden, sein 20 Zentimeter Beckenbrecher ließe – wenn schon, denn schon – auf Berufe schließen wie Tankwart, Rohrleger oder Feuerwehrmann.

Um halb elf Uhr vormittags, pünktlich zur Frühstückspause, hatte ich Ufuk endlich unter den Tisch getrunken und ging in die Teeküche, um mir ein Brötchen zu schmieren.

Kurz bevor ich fertig war, stürzte Ufuks morgendliche Sexualstraftäterin in den Raum und griff hektisch in den Korb mit den Firmenbrötchen. Sie schien wohl hungrig unterzuckert, fragte mich aber trotzdem ganz kollegial, ob sie mir auch rasch ein Brötchen mitmachen sollte. Hätte ich mitbekommen, dass genau im Moment meiner Antwort unsere Gleichstellungsbeauftragte die Küche betrat, hätte ich garantiert eine andere als die Formulierung gewählt: »Ich hab's mir grad selbst gemacht.«

Denn diese hinzugetretene Wächterin sittlicher Moral am Arbeitsplatz hatte mich bereits zweier Missverständnisse wegen auf dem Kieker: Im ersten Fall hatte ich einem neuen Mitarbeiter angeboten: »Die Kollegin führt Sie dann ein.«

Im zweiten Fall hatte ich lange geplant, nach der Arbeit meine Lieblingsbuchhandlung aufzusuchen, und bot daher unserer Auszubildenden an, die auf der Suche nach einem bestimmten Buch war: »Ich kann's dir auch besorgen.«

Die Küchenaffäre brachte mir vorerst nur böse Blicke unserer Gleichstellungsbeauftragten ein, später am Tag allerdings noch eine »Einladung zum Tee beim Chef«, was so viel heißt wie mindestens einen Anschiss, wenn nicht sogar eine Abmahnung oder die Kündigung.

Wie war es dazu gekommen? Auf freundliche Anfrage hin half ich im Anschluss an meine Frühstückspause einer Kollegin aus dem Nachbarbüro beim Wechseln des Toners ihres Druckergerätes. Unsere Gleichstellungsbeauftragte hatte in ihrem Wahn, mich als potenziellen Vergewaltiger zu überführen, anscheinend nichts anderes zu tun, als mich zu beschatten und unaufgefordert an geschlossenen Türen zu lauschen. Ohne überhaupt zu wissen, warum ich mich im Zimmer der Kollegin aufhielt, hörte sie durch die geschlossene Bürotür die Aufforderung meiner Kollegin: »Mach doch mal schneller, ich muss heute noch ein bisschen arbeiten!« Meine Entgegnung »Tut mir leid, ich krieg ihn einfach nicht rein« bezog sich unzweifelhaft auf den Toner, verschaffte aber der lauschenden Betriebsrätin vor der Tür definitive Sicherheit und mir die berühmte Einladung zum Tee.

Beim anschließenden Personalgespräch unter vier Augen schaute mich mein Boss nachdenklich an, zeigte sich dann doch väterlich großherzig: »Wenigstens war Ihre Kollegin offensichtlich mit der

Handlung einverstanden. Ich ziehe Ihnen eine Stunde von Ihrer Arbeitszeit ab, länger werden Sie ja wohl nicht gebraucht haben.« Mit einem angedeuteten Augenzwinkern bat er mich anschließend, derlei Aktivitäten zukünftig außerhalb der Regelarbeitszeit in unsere Privaträume zu verlegen. Zudem sollte ich wegen meines augenscheinlichen Alkoholproblems, das sich durch eine weit voranwehende Fahne unbestreitbar offenbarte, mal eine Suchtberatungsstelle ins Vertrauen ziehen, da gebe es vorzügliche in der Nähe. Dann holte er eine Flasche Bourbon aus seinem Schreibtisch und erzählte einfühlsam und verständnisvoll mit erotischen Erlebnissen gewürzte Schwänke aus den Jugendjahren seiner Karriere.

Als ich abends verkatert, müde, abgespannt und ausgebrannt die Wohnung betrat, hörte ich die verlockenden Worte meiner wartenden Lebensaufgabe: »Es gibt heute nichts Vernünftiges im Fernsehen …«

Ich antwortete ehrlich: »Und ich habe Migräne.«

6

AUFGERAUCHT

Irgendwann kam ich nach einem vorzüglichen Dinner, zu dem ich eingeladen war, aus dem separierten Raucherraum eines guten Restaurants. Kaum hatte ich die Tür hinter mir geschlossen, sülzte mich ein Mann an, dessen Tisch ziemlich nah an der Tür stand: »Immer diese Raucher! Jedes Mal, wenn sich die Tür öffnet, schwebt eine Nikotinwolke zu uns Nichtrauchern herein.«

Ich blieb stehen und antwortete: »Ich sehe genügend freie Tische weit vom Raucherspeisesaal entfernt. Warum sitzen Sie denn so nahe am Rauchersalon?«

»Weil das mein Stammtisch ist«, antwortete der Mann stur und genervt.

Es war klar, dass der Tisch, an dem der unangenehme Mensch speiste, nicht sein Stammtisch war, sondern der Spitzenplatz notorischer Nörgler und Querulanten. Da ich bereits gespeist hatte und mir das vorzügliche Essen ausnahmsweise mal nicht auf den Magen geschlagen war, fasste ich die unhöfliche Reglementierung als Debattiereinladung auf. Ich blieb am Tisch des Aggressors stehen und fragte höflich: »Haben Sie was gegen Raucher?« Herr Aggro schaute mich böse an. »Natürlich! Schon mal was von Passivrauchen gehört? Sie Raucher bringen nicht nur sich um, sondern uns Nichtraucher auch gleich mit.« Ein Blick auf den gedeckten Tisch verriet mir Aggros Vorliebe für ein anderes legales Suchtmittel. Ich wies mit der Hand auf das halb volle Bierglas neben seinem Teller. »Sie trinken gerne Bier.«

»Und, geht Sie das was an?«

Ich verschränkte meine Arme zu einer lässigen Dozentenpose: »Was glauben Sie, wie viele Menschen werden als Passivraucher durch Nikotinabhängige geschädigt im Vergleich zu den unzählbaren Toten, die ihr Leben lassen mussten, weil alkoholisierte Autofahrer die Kontrolle über ihr Kraftfahrzeug verloren?« Mit einem deutlichen Schwenkblick vom Bierglas zu Aggro erhielt meine rhetorische Frage eine investigative Wirkung.

Aggro wischte sich mit einer Serviette den Mund ab. Dann taxierte er mich. Anscheinend gelüstete es ihm nach einem fundamentalen Streit.

»Herr von und zu«, versuchte er mich abzukanzeln, »ich fahre kein Auto und habe auch keinen Führerschein.«

Wer ältere Männer wie mich »von und zu« nennt, will ihnen nicht schmeicheln, wer ältere Männer »von und zu« nennt, benötigt Nachhilfe im Benehmen.

»So wie Sie aussehen, liegt die Pappe wahrscheinlich wegen Trunkenheit am Steuer eingemottet bei der Polizei«, sagte ich. »Außerdem haben wir Extremtrinkern wie Ihnen Tausende Körperverletzungen, Beleidigungen, Vergewaltigungen und Morde zu verdanken, tagtäglich.«

Aggro schaute mich ob meiner Gegenoffensive ein wenig überrascht an, sodass ich einen kleinen, aber wirksamen statistischen Vergleich hinterherschieben konnte: »Sind Sie schon mal von einem Raucher sexuell belästigt worden, wie es Trunkenbolde zuhauf tun? Bestimmt nicht. Haben Sie, wie Zigtausende andere Bierkonsumenten, nicht selbst schon mal über die Stränge geschlagen und im Suff eine Frau angemacht? Wie viele Raucher kennen Sie, die vermittels einer Zigarette irgendjemanden zum Sex gezwungen oder mit einer Fluppe erschlagen haben? Und wenn Sie nicht oder nicht mehr Auto fahren – mal sturzbesoffen die Straße überquert oder Radlern als liegendes Hindernis mit drei Komma fünf im Schacht den Fahrradweg versperrt? Haben Sie im Alkoholrausch überhaupt mitgekriegt, wie viele Autofahrer Ihnen schon mal auf der Fahrbahn ausweichen mussten und womöglich dadurch in den Tod gerast sind?«

Zu viele Fragen auf einmal für Aggro. Dilettantisch versuchte er sich mit einer brüchigen Verteidigungslinie aus der Affäre zu ziehen. »Es ist doch ein Unterschied, ob ich hin und wieder mal ein Bierchen zum Essen trinke oder andere Menschen durch permanentes Rauchen mit in den Tod reiße.«

»Ich kenne Sie nicht«, antwortete ich, »aber trinken Sie wirklich nur hin und wieder beim Essen ein Bier?« Der Halbe auf dem Tisch verriet zweifelsfrei Aggros alkoholgeschwängerte Leidenschaft. »Ich sehe da aktuell einen halben Liter Bier stehen, wahrscheinlich hat der Kellner schon mehrmals leere Gläser von Ihrem Tisch abgeräumt und nachgeliefert. Waren das Ihre ersten Halben oder haben wir zu Hause schon vorgeglüht? Und – was ist mit Wein, Schnäpschen und Konsorten?«

Aggro schrumpfte merklich auf seinem Stuhl.

»Was soll damit sein?« Ich beugte mich verständnisvoll lächelnd dem sitzenden Alki zu. »Kommen Sie! Hier 'ne Betriebsfeier, dort ein Geburtstag, der Whiskey am Abend, der Absacker vorm Zubettgehen, Weihnachten, Silvester, Karneval, das Verdauerli-Schnäpperken gleich nach dem Essen hier – natürlich auf Kosten des Hauses. Mann, Sie sind eine tickende Zeitbombe!«

Anscheinend aber gelüstete es Aggro mehr, Raucher zu denunzieren, als über sein Alkoholproblem zu reflektieren. Er wies mit dem Daumen erregt auf die Rauchertür. »Haben Sie sich schon mal Gedanken über die wirtschaftlichen Einbußen gemacht, die Ihr Qualmer durch Raucherpausen am Arbeitsplatz verursacht?«

»Habe ich«, antwortete ich in aller Gelassenheit, »durchschnittlich verlassen Raucher viermal pro Tag ihren Platz für eine zehn Minuten dauernde Raucherpause. Dabei loggen sie sich aus dem Zeitkonto aus. Aber genau solche allerorts anzutreffenden militanten Nichtraucher wie Sie beginnen Ihren Dienst in aller Regel mit einer einstündigen Zeitungslektüre, natürlich nebst Kaffee und Schwätzchen mit den Kollegen. Dann folgen mehrere Privatgespräche per Telefon mit Mutti, Freunden und der Geliebten. Am frühen Vormittag unterbrechen wir unsere Arbeit für weitere 15 Minuten und verdrücken wegen der Unterzuckerung rasch noch unser Müsli, um uns bis zur Mittagspause zu schleppen. Nach dem Gang zur Kantine folgt der ausgedehnte Streifzug durch das Gebäude, denn schließlich muss das in der Mittagspause angefressene Fett wieder verbrannt werden. Mal sehen, was der Kollege im dritten Stock für neue Sauereien auf seinem Handy hat, und husch, noch fix im vierten Stock bei der neuen Kollegin mit dem Minirock vorbei. Danach kümmern wir uns um die Klubzeitung unseres Vereins, die aus Zeitgründen am Dienst-PC im Büro erstellt wird. Nachmittags hauen wir uns am Schreibtisch dann einen Fruchtjoghurt rein, weil der Magen so knurrt, und lassen dabei die Arbeit selbstverständlich auch wieder ruhen. Und am Abend setzen wir uns in ein Restaurant, um im alkoholisierten Zustand unschuldige Gäste anzupöbeln.«

»Sie irren sich voll und ganz«, entsetzte sich Aggro, »ich arbeite nicht in einem Büro, ich bin Arzt!«

»Natürlich«, antwortete ich, »Halbgott in Weiß. An welchen illegalen Drogen bedienen Sie sich aus der Krankenhausapotheke?

Oder verschreiben Sie sich Ihre Amphetamine, Opiate und Morphium in der eigenen Praxis?«

Noch bevor sich Dr. Aggro, inzwischen sichtlich erregt, verteidigen oder von mir aus auch rechtfertigen konnte, drängte sich ein Kellner mit einem Sorbet für meinen Kontrahenten in das Wortgefecht: »Ist alles in Ordnung, oder belästigt Sie der Mann?« Die Frage war nicht an mich, sondern an das pöbelnde Etwas mit Doktortitel gerichtet. Hier tat Aufklärung not. »Ich komme ganz unschuldig aus dem Raucherraum«, stellte ich klar, »und werde von diesem Gast vor ein Rauchertribunal zitiert. Und nein, es ist nicht alles in Ordnung – ich bin derjenige, der belästigt wird.«

Anscheinend verband den Kellner eine längere Kundenbeziehung zu Aggro.

»Erlauben Sie«, giftete mich schnippisch die Servicekraft an, »Herr Doktor ist einer unserer liebsten Stammgäste und pflegt niemals andere Gäste zu belästigen!«

Der schmierige Beistand seines Lakaien hatte Dr. Aggro Zeit verschafft, sich die nächste herabwürdigende Frage auszudenken und an mich zu richten: »Sind Sie sich im Klaren darüber, wie viel Geld Raucher unser Gesundheitssystem kosten, unsere Krankenkassen belasten?« Zuerst zustimmendes Nicken des Kellners, danach ein mir geltender provozierender Blick.

Der alkoholisierte Nikotindenunziant und sein schmieriger Adlatus verdienten eine gebührende Antwort: »Erstens: Da Raucher erwiesenermaßen eine kürzere Lebensdauer haben, müsste die Deutsche Rentenversicherung Land und Bund das Rauchen öffentlich propagieren angesichts des immensen Einsparungspotenzials an Altersrenten. Sie und ich sollten Zigaretten quarzen bis zum Umfallen, um unserer Nachfolgegeneration nicht nachhaltig zur Last zu fallen. Zweitens: Wie viele unnötige Kosten entstehen dem Gesundheitssystem durch falsche und zu üppige Ernährung?« Ich lies Aggro keine Zeit zu antworten und stellte den Kellner zur Rede: »Was hat der Mann bisher gegessen?«

»Wie immer«, kam die Antwort, »Eisbein mit Sauerkraut und Klößen, eine unserer lokalen Spezialitäten.«

»Sagen Sie«, wendete ich mich wieder Aggro zu, »schämen Sie sich überhaupt kein bisschen, mich vor all den anderen Gästen im Restaurant anzumachen, obgleich Sie Fett, hormonverseuchtes Schweinefleisch und Kalorien einspachteln wie ein zum Tode Verurteilter vor dem letzten Gang? Haben Sie auch nur mal einen Gedanken daran verschwendet, was die Produktion Ihres Schweinefraßes von der Züchtung über die Schlachtung bis zum Transport in dieses Restaurant für ökologische Konsequenzen hat?!«

Offensichtlich hatten mittlerweile auch andere Besucher des Nichtraucherbereiches die Unverschämtheiten des feinen Herrn Aggro mitbekommen. Statt nun aber mich zu unterstützen, gelüstete es sie ebenfalls, mich als Eindringling aus dem Raucherbereich zum Nachtisch zu verspeisen. Hier empörten sich Stimmen über mein cholerisches Verhalten, da erboste man sich über meine fehlende Einsicht, dort erzürnten sich Menschen ob meines fehlenden Anstandes. Rufe nach Rauswurf und Hausverbot wurden laut. Der pöbelnde Mob, allem Anschein nach dem missbräuchlichen Alkoholkonsum ebenfalls zugewandte Raucherhasser, hatte ein Opfer gefunden. Man hatte mich vollständig aufgeraucht. Nur mit Mühe konnte ich ohne sichtbare Verletzungen den Ort des Schreckens verlassen. Die Ignoranten hatten ihren Gesprächsstoff für den Abend und natürlich für das ausgedehnte Schwätzchen zwischen Frühstücks- und Müslipause am nächsten Arbeitstag.

Mich hat das rücksichtslose Verhalten so aufgeregt, dass ich den nächsten Zigarettenladen aufsuchte, mir eine Schachtel kaufte und nach 25 Jahren wieder mit dem Rauchen anfing.

7

ZU VIELE WORTE FÜR SCHMITTI

Auf der Arbeit brannte die Luft. Der Kollege Schmidt, hieß es, war »zum Tee beim Chef« beordert worden. Das konnte für Schmitti nichts Gutes bedeuten, war die einhellige Meinung. Er musste etwas ausgefressen haben, was Anlass für eine Ermahnung, vielleicht sogar für eine Abmahnung oder gar Kündigung gegeben hatte. Die Mitarbeiterschaft zerriss sich die Mäuler, wie es dem Vorgeladenen aktuell mental erginge.

»Schmitti geht bestimmt gerade der Stift«, kommentierte ein Kollege die Vorladung, während ein anderer mit den Worten zustimmte: »Dem geht der Arsch so richtig auf Grundeis.«

»Dem geht heftigst die Mimi«, wusste ein weiterer Kollege noch detaillierter zu beschreiben, indem er Zeigefinger und Daumen zu einem Loch formte, das er rhythmisch bewegte. Wie unterschiedlich Menschen doch ein und dieselbe Situation beschreiben, schoss es mir durch den Kopf. Zudem rätselte ich, was wohl mit der »Mimi« bei Schmitti gemeint war und wie sich bei ihm dieses Organ rhythmisch bewegte.

»Wahrscheinlich erhält Schmitti wegen seiner ewigen sexistischen Witze einen Anranzer, seine frauenfeindlichen Witze gehen mir schon lange auf die Eier«, mutmaßte einer unserer Buchhalter.

»Was meinst du, was die mir auf die Nüsse gegangen sind?!«, ereiferte sich ein Kollege aus dem Einkauf, woraufhin sich unsere Sekretärin einmischte: »Und mir auf die Eierstöcke.«

»Ja, Schmittis frauenverachtende Witze nerven einfach ab!«, hieß es, sie gingen der Mitarbeiterschaft mal auf den Sender, mal auf den Docht, Frauen und Männern gleichermaßen auf den Sack, auf den Zünder, auf den Zeiger, auf die Pappel, auf den Strumpfhalter und auf den Wecker. Es stimmte zwar, dass Schmitti keinen Halt und keine Grenze kannte, solange er die Belegschaft mit einem neuen Witz bei Laune halten konnte, aber ich erinnerte mich an die durchgängig herzhaft lachenden Frauen und Männer, wenn Schmitti unseren beileibe nicht immer lustvoll gestimmten Arbeitsalltag mit kleinen oder größeren Geschmacklosigkeiten würzte. Meine nachdenkliche Miene veranlasste unseren Netzwerkadministrator zu der Frage: »Sie schauen so nachdenklich, wie geht's Ihnen?«

Ich antwortete reflexartig: »Danke, gut«, woraufhin ich augenzwinkernd den vertrauensvollen Rat erhielt: »Nicht erwischen lassen!«

Oh, là, là, hier redete wieder einer dieser Gute-Laune-Kollegen, die zum Wohle des Arbeitsklimas die neuesten Sprüche so lange rausposaunen, bis die nächste Fuhre »Könnte-mich-wegschmeißen« eingetroffen war. Natürlich folgte auf mein »Vielen Dank für den gut gemeinten Ratschlag!« sein »Nicht dafür!«, verbunden mit einem spitzbübischen Nicken sowie dem obligatorischen Zwinkern. Laut der gesamten Belegschaft würde Schmitti im Chefbüro fertiggemacht werden wie ein Salat, in der Pfeife aufgeraucht oder auseinandergenommen wie Robert Blum. Ich überlegte auf dem Weg in mein Zimmer, ob Robert Blum eventuell nach seiner Hinrichtung von Pathologen auseinandergenommen wurde, als mir Schmitti auf dem Flur entgegenkam.

»Ick weeß praktisch überhaupt nich, warum ick zum Chef muss«, erklärte mir der Vorgeladene. Praktisch habe er sich nichts vorzuwerfen und tappe praktisch im Dunklen. Praktisch habe er auch erst am Morgen von seiner Einladung zum Tee erfahren und stochere praktisch im Nebel. Praktisch, führte Schmitte kreidebleich aus, hätte er riesigen Schiss. Ihm ginge die Mimi, der Stift und der Arsch auf Grundeis, praktisch wie einem Angeklagten, der praktisch gar nichts gemacht hätte, praktisch unschuldig sei. Praktisch war Schmitti am Boden zerstört. Jedenfalls schlotterte er praktisch am ganzen Körper. Auf meine Frage, wann er den Termin im Chefzimmer habe, antwortete Schmitti: »Praktisch jetzt.«

Wir verabredeten, uns unmittelbar nach seinem Gespräch in meinem Büro zu treffen. Eine halbe Stunde später betrat ein sichtlich entspannter Schmitti in aufgeräumter Stimmung mein Arbeitszimmer. Der Boss habe Schmitti zum vertraulichen Gespräch bestellt, um ihm praktisch die volle Verantwortung für unser jährliches Hoffest zu übertragen. Schmittis angeblich diskriminierenden Witze wären praktisch ebenso wenig Thema des Cheftermins gewesen wie alles andere, was die Mitarbeiterschaft vor dem Gespräch praktisch vermutet hatte. Ganz im Gegenteil, praktisch wegen seiner Feierfertigkeiten und seiner praktischen Herangehensweise an lösungsorientierte Aufgaben hätte ihn der Chef zum Vorsitzenden des Feierkomitees für das Hoffest gemacht. Schmitti betrachtete den Auftrag von allerhöchster Stelle praktisch als lohnende Herausforderung, deren außerordentliche Wichtigkeit ihm praktisch voll bewusst sei.

Im Kollegenkreis war anschließend klar, dass nur dies der wahre Grund für Schmittis Vorladung gewesen sein konnte. »Logo«, hörte ich aus der Buchhaltung, »Klaro« aus der Einkaufsabteilung und vom Betriebsrat: »Absolut. Da gab es auch vorher keine zwei Meinungen.« Praktisch musste ich vorher einiges falsch verstanden haben.

8

LEIDLICH GESUND

Ist man mit einer Lebensaufgabe verheiratet, hat man zu tun. Die mir übertragene Tagesaufgabe bestand darin, meiner Frau von der Apotheke ein Medikament mitzubringen. Beim Bezahlen griff die Apothekerin der »Wohlfühl-Schmetterling-Oase« unter den Ladentisch und überreichte mir die neueste Ausgabe der Gesundheitspostille, »die Ihre Frau immer so gerne liest«.

Direkt nach dem Einkaufen blätterte ich auf dem Klo gelangweilt in dem Apothekenblättchen. Der Leitartikel beschäftigte sich ausführlich mit dem Bluthochdruck, dessen Ursachen und Gefahren. Eigentlich sollte die Beschäftigung mit dem Gesundheitsblättchen lediglich einen gewissen Zeitraum überbrücken, den manche Menschen zur Vorbereitung auf Größeres benötigen. Je länger ich jedoch las, desto mehr fesselte mich die Geschichte der Apoplexie, wie der Schlaganfall medizinisch genannt wurde. Spätestens an der Stelle hatte mich die Apoplexie endgültig in ihren Bann gezogen, als ich feststellte, dass die im Artikel beschriebenen Faktoren, welche zum Bluthochdruck und irgendwann unweigerlich zum Schlaganfall führen, exakt auf mich zugeschnitten waren. Laut Apothekenblatt bestand bei meinem Lebenswandel akute Schlaganfallgefahr, umso mehr, als der von Medizinern auch Apoplex genannte Unheilsbringer wohl nicht ungern beim Toilettengang zuschlägt – zumindest bei verdauungsbedingten Anstrengungen entsprechend schlaganfallgefährdeter Menschen. Er würde sich gern durch Übelkeit, leichten Schwindel und allgemeines Unwohlsein ankündigen, Anzeichen die ich auch gerade bei mir feststellte.

Je mehr ich mich in den unheilvollen Artikel vertiefte, desto schlechter fühlte ich mich, desto übler und schwindeliger wurde mir. Ich nahm plötzlich die Realität nicht mehr umfassend wahr, die marmorierten Wandfliesen schienen sich von mir zu entfernen, die Decke meines Badezimmers neigte sich mir Stück für Stück entgegen, ich fühlte in meinen Beinen ein leichtes Kribbeln. Das Kribbeln fühlte ich zwar immer in den Oberschenkeln, wenn ich zu lange und ausgiebig thronte, aber nie so schlaganfallsnah. Ich zog alles, was ich konnte, wieder hoch und schleppte mich unverrichteter Dinge zur Couch ins Wohnzimmer, wo ich feststellen musste, dass sich irgendwie meine rechte Körperhälfte weniger gut anfühlte als meine linke. Zum Glück rechts, sagte ich mir, dann ist es wenigstens kein Herzinfarkt.

Nur mit größter Mühe und gestützt auf meine Lebensaufgabe erreichte ich am Nachmittag unsere Hausarztpraxis, die ich sonst nur vom Diabetes meiner Frau kannte. Und richtig, mein Blutdruck tendierte zum Hochdruck, zwar nur leicht, wie die Ärztin feststellte, aber immerhin. Vorsorglich noch keine Tabletten, dafür bitte mehr Sport und weniger Salz, Stress und Zigaretten. In ärztlicher Vasallentreue nutzte ich gleich den Rückweg zur sportlichen Ertüchtigung und stiefelte strammen Schrittes nach Hause. Meine Lebensaufgabe musste ich irgendwann zurücklassen, da sie nicht mithalten konnte oder wollte.

Als ich meine Wohnung betrat, war ich wegen der ungewohnten Anstrengung vollends durchgeschwitzt. Meine Beine wackelten etwas durch die Anstrengung des strammen Marsches, mein Herz pumpte immer noch im Belastungsrhythmus – ich brauchte eine Pause zum Verschnaufen. Zur Ruhe und wieder zu Atem kommen wollte ich und vor allem jetzt entschleunigen, wie die Ärztin vorbeugend geraten hatte.

So gerade eben schaffte ich es bis zum Opasessel, neben dem meine Lebensaufgabe die gesammelten Apothekenzeitschriften aufgetürmt hatte. Noch keuchend griff ich zum Stapel, weil mich das Lesen beruhigen und für eine Weile ablenken sollte von meiner mentalen Vorbereitung auf einen zukünftigen Schlaganfall. Die Ausgabe, die ich aus purem Zufall aufgeblättert hatte, beschäftigte sich mit den Vorboten des Herzinfarktes, der sich oft durch Luftknappheit, wacklige Beine und Schmerzen im Brustkorb sowie im linken Arm ankündigt. Gut, jene Symptome verspürte ich gerade auch; nicht sehr deutlich, aber so in etwa. Ich las die Abhandlung über die Vorboten des Herzinfarktes aus einer zwanghaften Angewohnheit weiter. Angefangenes zu Ende zu lesen wohnte mir seit jeher inne wie anderen Menschen das Aufessen jeder noch so großen Portion, die sich auf dem Teller befand. Während der Lektüre stellte ich mehr und mehr Überlappungen der Vorboten eines Infarktes mit meinem aktuellen körperlichen Zustand fest. Wie es um mich stand, wurde mir sekündlich klarer, die Symptome waren nicht zu übersehen: Es war Gefahr im Verzug.

Als meine Lebensaufgabe die Wohnung betreten wollte, stand ich schon mit dem Autoschlüssel in der Hand an der Tür: »Fahr mich bitte sofort ins Krankenhaus! Wahrscheinlich Herzinfarkt.«

Das EKG in der Notaufnahme war unauffällig, wie sich das medizinische Personal ausdrückte, und auch die Blutentnahme erbrachte keine Hinweise auf einen Infarkt. Einigermaßen beruhigt ging ich mit dem ärztlichen Rat nach Hause, den täglichen Sport langsamer aufzubauen, nicht zu übertreiben. Die nächsten Tage verbrachte ich mit leichten dreistündigen Spaziergängen, die Nächte mit regelmäßigen Kurzbesuchen in der Notaufnahme meines Krankenhauses; doch die gesamte Ärzteschaft hielt gegen mich zusammen: Die Schmerzen hätten im Endeffekt mit an Sicherheit grenzender Wahrscheinlichkeit eine orthopädische Ursache. – Mit an Sicherheit grenzender Wahrscheinlich heißt nicht mit absoluter Sicherheit. Die fand ich in einer weiteren, älteren Ausgabe der Apothekenheftchensammlung meiner Frau. Der Artikel *Bandscheibe – Halswirbelsäule* beschrieb original meine quer in den Brustkorb sowie in das Bein ausstrahlenden Schmerzen. Und wenn ich mich richtig und lange genug konzentrierte, auch die leichten Schwindelgefühle. Ja, es musste sich bei mir um Bandscheibenvorfälle in der Halswirbelsäule handeln.

Die Wartezeit bis zur Röntgenuntersuchung wurde zur Höllenqual. Drei Wochen vergingen bis zu meinem Termin beim Radiologen, drei Wochen, in denen ich bei einer falschen Bewegung hätte querschnittsgelähmt sein können. Vorsorglich verbrachte ich die Wartezeit möglichst regungslos im Opasessel und las über mich, dass ich mit hoher Wahrscheinlichkeit irgendwann am Morbus Alzheimer, einer Demenzerkrankung, zugrunde gehen werde.

Doch wie schon die Ärzte bei meinen Herzattacken, irrten sich auch der Radiologe und der Orthopäde bei der Betrachtung meiner Röntgenbilder. Beide diagnostizierten »o. B.«, was so viel heißt wie »ohne Befund«. Die von mir mit allem Nachdruck eingeforderte zusätzliche Schichtaufnahme, die so genannte Computertomografie, erbrachte angeblich auch keine neuen Hinweise. Und wieder der ärztliche Rat: regelmäßiger Sport, nicht übertreiben, schon gar nicht beim Essen. Für den Ernstfall erhielt ich auf Rezept ein Schmerzmittel. Der Artikel *Wege aus der Medikamentenabhängigkeit* des Apothekenheftchens Nr. 5 aus dem vorletzten Jahr gab mir die eindeutige Gewissheit, dass mich die Ärzte langsam, aber sicher umbrachten – nicht willentlich, nicht wissentlich, jedoch fahrlässig. Auf meinem Beistelltisch sammelten sich bereits eine Packung Schmerztabletten, eine Schmerzsalbe und ein homöopathisches Beruhigungsmittel. Wie sich einzelne Medikamente gegenseitig beeinflussen und möglicherweise bei gleichzeitiger Einnahme verhängnisvoll auf den menschlichen Organismus auswirken, wurde ausführlichst und allgemein verständlich im Apothekenheft dargelegt. Selbst die körperliche Abhängigkeit, die bereits durch die mehrfache Einnahme zum Beispiel von Nasensprays eintreten kann, ruiniere den Menschen, hieß es, und kann durch das unausweichliche Steigerungsbedürfnis im Endeffekt sogar zu einem qualvollen Tod führen. Der Folgeartikel in der nächsten Ausgabe mit dem Titel *Bei Bedarfsmitteln bitte Beipackzettel beachten!* brachte mir weitere Gewissheit. Dieser Artikel wies auf die unbedingte Beachtung der in den Packungsbeilagen beschriebenen Informationen hin.

Ich zupfte die Beipackzettel aus meinen Schachteln. Insbesondere die Hinweise unter der Rubrik *Welche Nebenwirkungen sind möglich?* ließen alle Alarmglocken im Oberstübchen meines morbiden Körpers bimmeln. Der beschriebene Atemstillstand und die möglichen Herzrhythmusstörungen könnten die unliebsamen Nebenwirkungen gewesen sein, die ich nach der jeweiligen Einnahme immer schon zu spüren geglaubt hatte. Wieder befiel mich schweres Atmen, wieder leichter Schwindel, wieder kaum spürbarer Herzschlag. Am nächsten Tag stand ich frühmorgens als erster Kunde vor der Tür unserer Apotheke. In mehreren Apothekenblattausgaben hatte ich auf der letzten Seite von der einfachen Handhabung eines bestimmten Blutdruckmessgerätes gelesen. Als kleine Beigabe zum Kauf des Gerätes erhielt ich die neueste Ausgabe der Apothekenzeitschrift, deren Hauptartikel sich mit Atemwegserkrankungen auseinandersetzte. Gerade richtig, frohlockte ich innerlich, endlich widmet man sich meiner Luftknappheit. Die beschriebenen Symptome passten bei mir vorläufig zu allen beschriebenen, mehr oder weniger ernsten Atemwegserkrankungen – insbesondere zu denen mit chronischen Verläufen.

Während ich telefonisch einen Termin beim Lungenarzt reservierte, legte ich das neu erworbene Blutdruckmessgerät an. Prima, es zeigte auch die Pulsfrequenz an. Gar nicht prima leuchteten nach ein paar Sekunden die Werte auf. Der obere sowie der untere Blutdruckwert hatten sich nicht gebessert, befanden sich nur knapp unter dem pathologischen Bereich. Der Herzschlag lag leidlich noch im Normalbereich. Meine Lebensaufgabe rechnete die für sie noch lange nicht besorgniserregenden Werte meinem gleichzeitig geführten Telefonat mit der Lungenfacharztpraxis zu. Eine sehr leichtfertige Feststellung, wie mir der Artikel *Hören Sie nicht auf andere, hören Sie auf Ihren Körper* der Apothekenzeitschrift des Monats April bestätigte.

Die anschließende Grundsatzdiskussion über den Zusammenhang von auffällig hohen Krankheitssymptomen bei Männern, die von ihren Frauen nicht ernst genommenen werden – also von allen Männern mit weiblichen Partnern –, und der männlichen Sterberate brach meine Lebensaufgabe nach drei Stunden mit der lächerlichen Begründung ab, sie müsse endlich Essen machen. Gerade ging es mir drei Stunden wieder gut, dann dieser Rückschlag, der mich auf das Essen wartend hilflos im Opasessel mit meinem lebensbedrohlichen Bluthochdruck, einem eventuell bevorstehenden Infarkt, Kribbeln im Bein, Schwindelgefühlen, einem nicht enden wollenden Hustenanfall und einer ausgewachsenen Panikattacke zurück ließ.

Zur besseren Übersicht meiner Langzeit-Blutdruckwerte legte ich ein von mir entworfenes Messblatt an mit dem oberen und unteren Blutdruckwert, dem Puls und der Tageszeit, später auch der Nachtzeit meiner Messung. Ich maß nun regelmäßig zu jeder vollen Stunde, notierte die Werte und verbrauchte erstaunlich viele Batterien zum Betreiben meines Gerätes. Eine etwa vor drei Jahren erschienene Ausgabe meiner Apothekenlektüre mit dem Hauptartikel *Vorsicht vor zu wenig Schlaf* ließ in mir einen zunächst noch unlösbaren Konflikt wuchern: entweder irgendwann unweigerlich zum Tode führende Stoffwechselstörungen durch Schlafentzug oder unkorrekte, weil fehlende Nachtmessungen des Blutdruckes bei einer gewissen Anlage für Hypertonie. Ich erinnerte mich, irgendwo im Heftchenstapel eine Ausgabe gesehen zu haben, die sich mit der Behandlung innerer Konflikte beschäftigte, und eine weitere, die Beziehungsprobleme in Langzeitpartnerschaften thematisierte.

2

NACHBARSCHAFTS-NEUROSEN

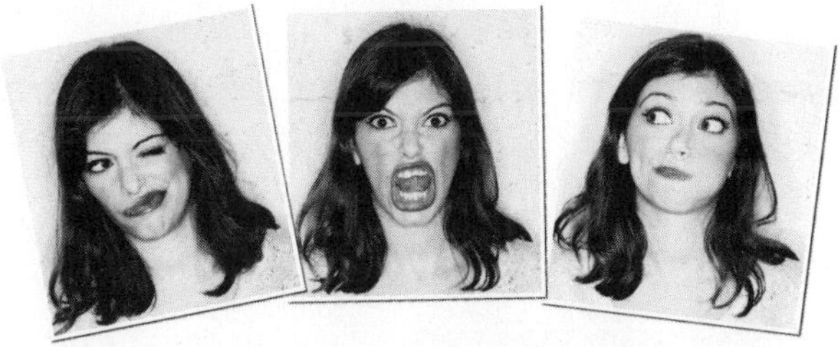

9

HEISSE NÄCHTE

Der Sommer war heiß, und wir öffneten abends mit der Hoffnung auf ein wenig Durchzug die Fenster unseres Schlafzimmers. Kurz nachdem ich endlich neben meiner schnarchenden Lebensaufgabe in den Schlaf gefunden hatte, wurden wir durch eindringliche Schreie wieder geweckt. Meine Bettnachbarin legte ängstlich ihre verschwitzte Hand auf meinen transpirierenden Arm und fragte: »Was war das?«

»Die drogenverseuchte Studentin aus dem Hinterhaus«, antwortete ich, »wahrscheinlich auf Ecstasy umgestiegen.« Das zweite Semester aus dem dritten Stock im Hinterhaus hatte wohl eine ganze Wagenladung Pillen eingeworfen, denn sie brüllte wie am Spieß. Bei jedem Schrei zuckte meine Lebensaufgabe und wandte sich schließlich sorgend an mich, ob die junge Dame vielleicht Opfer häuslicher Gewalt wäre. »Die wohnt allein«, beruhigte ich sie und schnürte das Kissen um meinen Kopf, um den Lärm zu dämpfen. Nach drei Minuten ergossen sich Ströme des Schweißes über mein Gesicht. Am nächsten Morgen stand ich gerädert auf und hatte den ganzen Tag schlechte Laune.

In der folgenden Nacht wiederholte sich das Drama. Und wieder die schweißverklebte Hand auf meinem Arm. Ob die Studentin nicht doch Prügel von einem gewalttätigen, vielleicht auch drogenabhängigen Mann beziehe. Unter meinem 80 Grad heißen Kopfkissen röchelte ich: »Und wenn, mit der Dosis spürt man nichts.«

Nach ein paar Tagen mit unsagbar schlechten Nächten hatte ich den Kanal gestrichen voll. Ich verfasste eine Mietminderungspetition, drückte sie auf ein Klemmbrett und klingelte mich durch die vier Etagen des Vorderhauses. Dabei verfluchte ich im Stillen meinen Freund Kutte, dem ich den Verlust meines geerbten Eigenheims wegen der Investition in seine Beton-Gold-Firma, die daraus resultierende Privatinsolvenz und die neue Unterkunft im Mietblock zu verdanken hatte. Der Großteil meiner Mitwohnenden im Vorderhaus hatte ebenfalls die Schnauze voll von der Abhängigen und deren Drogenexzessen, sodass sich meine Unterschriftenliste füllte.

Nachdem ich das Vorderhaus abgeklappert hatte, setzte ich meine Eingabe im rechten Seitenflügel fort. In der ersten Etage links öffnete mir ein junger Mann die Tür ohne was an. Ich stellte mich dem Nackten als Mitbewohner vor und bat um die Unterzeichnung auf meiner Klemmmappe. Er verkreuzte die Beine und fing zu lachen an. Nein, das Mädchen hinten aus dem dritten Stock sei nicht drogenverseucht. Sie ziehe zwar hin und wieder einen mit durch, aber harmloses Haschisch oder Shisha. Ihr Geschrei beruhe vielmehr auf lautem Genuss beim Liebemachen, das wisse er aus einigen nächtlichen Hausbesuchen bei der Kleinen. Wie? Na ja, sie stöhne voller Wonne schon weit vor dem Orgasmus und hole aus einem Mann durch ihre lustvoll lauten und sexuell stimulierenden Schreie sogar noch das Letzte heraus. Die nächtlichen Schreie dürfen auf keinen Fall unterbunden werden, schließlich profitiere er unheimlich davon, wenn er mit irgendeiner anderen Alten in der Kiste sei.

Kurz nach Mitternacht stand ich aufgeklärt mit einem Fernglas hinter der Gardine. Meiner Lebensaufgabe erklärte ich die Observation mit der Besorgnis eines Bewohners aus dem Seitenflügel, der aus sicherer Quelle hinter den Schreien das regelmäßige Verprügeln der jungen Frau durch ihren Exlover vermute. Meine Lebensaufgabe bangte um das Leben der lauten Nachbarin. Ob man nicht die Polizei informieren solle?

»Quatsch«, sagte ich, »wie stehen wir da, wenn die sichere Quelle spinnt? Wir brauchen einen begründeten Anfangsverdacht.« Nur mit Mühe behielt ich die Alleinherrschaft über den Feldstecher. »Lass mich auch mal!«, wurde gebettelt. Frauen sind aber auch so was von neugierig. Ich schob die Bangende mit den Worten zurück:

»Wenn was Schlimmes passiert, bist du vor Angst gar nicht in der Lage zu reagieren. Geh ins Bett und schlafe, ich übernehme die Nachtwache. Für dich und das Wesen da drüben.«

Mein Objekt hatte sich an diesem Abend etwas verspätet, sodass ich schon Sorge im Hinblick auf eine etwaige Menstruationspause hatte. Aber unbesorgt, sie kam nicht allein. Um alles genau zu erkennen, war es zu dunkel. Das Sexmäuschen war, so laut es auch immer schrie, auf der anderen Seite anscheinend ein wenig prüde und versagte eine genaue Beobachtung durch den Entzug von Licht. Lediglich eine dürftige, wohl auf dem Nachttisch stehende Lichtquelle verriet schemenhaft das unsittliche Treiben.

Zunächst hörte man nichts, sah auch wenig. Wahrscheinlich manipulierte sie im Halbdunkel zunächst am Mann herum. Kurze Zeit später dann die bekannten Stakkato-Schreie. »Ich habe alles im Griff«, flüsterte ich meiner schmollenden Lebensaufgabe zu, »schlaf weiter!«

Der genaue Tatort war nicht korrekt einsehbar. Das Bett musste zu weit links stehen, um aus meinem Winkel Definitives erkennen zu können. Zudem störte mich die Neugierige neben mir durch die wiederholte Frage: »Und?«

Am Frühstückstisch am nächsten Morgen gab ich auf Befragen nur die kurze Antwort: »Ob er sie geschlagen hat, konnte ich nicht sehen. Das Licht war ja so gut wie aus.«

In der folgenden Nacht stand ich am Fenster der Speisekammer. Sie war klein genug, um allein beobachten zu können. Zudem hatte sie einen besseren Winkel nach gegenüber. Mir ging dadurch zwar die einleitende Manipulation verlustig, aber wenn ihr Bett wirklich weiter links stand, hätte ich mit dem neu gewählten Standort eine Chance.

Pünktlich fing sie zu schreien an, aber ich sah nichts Eindeutiges. Dann erfuhr das Spektakel eine unerwünschte Gegenreaktion. Eine männliche Stimme grölte lautstark aus dem Dunkel der Nachbarschaft: »Macht gefälligst beim Ficken die Fenster zu, ich bin Schichtarbeiter!« Aus einer anderen Ecke wurde entgegnet: »Lasst sie offen! Ich leide sowieso unter Schlafstörungen.« Irgendwo im rechten Seitenflügel bat jemand lautstark: »Nur noch zehn Sekunden!« Es entwickelte sich über den Hof hinweg eine nachbarschaftliche Diskussion, an der wohl das gesamte Haus teilnahm. Irgendwann vernahm ich sogar aus der Entfernung die Stimme meiner Lebensaufgabe: »Wird sie wirklich nicht geschlagen?« Lautes Lachen im Hinterhof. Nach dem letzten Schrei forderten zwei Drittel der Hausbewohner »Zugabe! Zugabe!« und quittierten das Ende mit Beifall spendenden Pfiffen.

Am nächsten Tag setzte ich mich hin und schrieb eine Mietminderungsanzeige an meine Hausverwaltung wegen fortgesetzter Ruhestörung der Mietergemeinschaft zu nachtschlafender Zeit.

10

DOKTOR WERDEN IST NICHT SCHWER

Führen Sie den Namenzusatz Doktor, abgekürzt Dr., begegnet Ihnen meiner Erfahrung nach die Hälfte der Menschheit mit ehrwürdiger, fast devoter Hochachtung, während der andere Teil vor Neid erblasst. Beides verschafft Genugtuung, wie mein Freund Kutte am eigenen Leibe erfuhr. Kutte hatte seinen Doktortitel hinreichend als einen »Türöffner« kennengelernt, der ihm Zugang zu hohen und höchsten Kreisen verschaffte und ihn zu einem überaus gefragten Gesprächspartner bei allen Themen dieser Welt werden ließ. Zudem wird er als Herr Doktor überall bevorzugt behandelt, braucht nicht wie ein gewöhnlicher Mensch zu warten und erhält im Restaurant den besten Platz. Nervig ist für Kutte nur, dass ihn viele Menschen aufgrund seines Titels für einen Arzt halten und um eine medizinische Diagnose bitten – im Irrglauben, dass jeder Doktor ein Arzt ist und jeder Arzt zum Doktor promoviert hat.

Promoviert hatte Kutte auch nicht. Seit seiner Schulentlassung, damals noch mit dem einfachen Hauptschulabschluss, war Kutte ausschließlich auf dem Bau tätig – als Maurer und im Fensterbau. Zu Höherem als dem Einbauen von Fenstern und dem Hochziehen von Wänden fühlte er sich nicht berufen; warum auch, schließlich verdiente er mit Schichtarbeit, Akkord und Auslöse überdurchschnittlich viel. Auf der anderen Seite hatte der Beruf ihn nach Jahrzehnten verschleißender Arbeit, nebst Frustsaufen wegen der Überstunden, zunächst in den Alkoholismus, dann in die Arbeitslosigkeit, schließlich in die Frührente getrieben. Kutte leidet außerdem seit seiner Lehrzeit unter unerträglichen Rückenschmerzen, die er täglich mit einer betäubenden Mischung aus Bier, Wodka und Morphium zu bekämpfen sucht, sowie unter den permanenten Anfeindungen seiner im Seniorenstift wohnenden Schwiegereltern, die seit 37 Jahren finden, dass er der falsche Mann für ihre Tochter ist.

Wie aber wurde aus dem einfachen Handwerker ein promovierter Intellektueller mit der Attitüde zu bodenständiger, leicht ordinärer Sprache?

In einer schlaflosen Nacht, die Kutte wie immer mit Alkohol und dem Internet überbrückte, entdeckte er beim Löschen unerbetener Spam-Mails ein Angebot, das ihm einen Doktortitel für unter 50 Euro innerhalb von zwei Wochen versprach. Ei, ein Doktortitel fehlt mir noch in meiner Raupensammlung, dachte sich Kutte im nächtlichen Rausch und überwies das Geld. Innerhalb von 14 Tagen erhielt er die Urkunde einer US-amerikanischen Kirchengemeinde, die ihn sofort und offiziell als Doktor h. c. auswies, was so viel wie »Doktor ehrenhalber« bedeutet.

Mit dem gekauften Titel wuchs nicht nur Kuttes Zuname um die Abkürzung Dr., sondern auch sein Selbstbewusstsein. Sobald sich Kutte mit seinen selbst ausgedruckten Visitenkarten als Doktor vorstellte, genoss er achtsame Anerkennung, sogar viel mehr als überhaupt erwartet. Je nach Stimmungslage und Gegenüber bat er großzügig, den Doktortitel bei der Anrede wegzulassen, oder bestand auf dem rechtlich zugesicherten Namenszusatz. Seine Nachbarn grüßten ihn jetzt zuerst, ältere Männer zogen auf der Straße den Hut beim Vorbeigehen, jüngere Frauen himmelten ihn bewundernd an, und in der Gemeinderatsversammlung wurden seine kritischen Anmerkungen plötzlich mit der Einleitung »Verehrter Herr Doktor« ausführlich und endlich einmal sachlich beantwortet. Vereine bettelten um Kuttes Mitgliedschaft im Vorstand, innerhalb eines dreiviertel Jahres bekleidete er nicht weniger als sieben Beiratsposten mit zum Teil erheblichen Aufwandspauschalen.

Als sozial begabter Mensch vergaß Kutte dabei aber nicht, wo er herkam und wer seine Freunde sind. Denn Kutte erinnerte sich an die Möglichkeit, über das entsprechende Internetportal den Doktortitel auch verschenken zu können, und überraschte mich anlässlich meines 56. Geburtstages mit einer Urkunde, die mich nunmehr auch als Doktor auswies. Dabei erinnere ich mich noch wie gestern an die tränenüberströmten Augen meines Freundes, als er mir auf der Geburtstagsfeier nachts um halb drei unter dem Tisch zuprostete: »Jetzt haben wir's geschafft.«

Leider schien mir meine Lebensaufgabe den geschenkten Titel nicht zu gönnen. Noch bevor ich einen Termin beim Bürgeramt zur Änderung meines Personalausweises beantragen konnte, zerriss sie die Ernennungsurkunde und fragte mich, ob ich noch ganz richtig im Kopf sei.

Der Doktortitelhandel machte indes Schule. Innerhalb kürzester Zeit erwarb Kuttes gesamter Bekanntenkreis Doktor-Urkunden oder beschenkte sich mit jenen Zertifikaten, sodass sogar die Kneipen im Kiez plötzlich voller intellektueller Säuferinnen und Säufer waren. Man begrüßte sich zu den Saufsitzungen mit Herr oder Frau Doktor, diskutierte die Bundesliga akademisch und stellte revolutionäre Pläne zur Rettung der Zivilisation auf.

Der allgemeine Umgangston wurde merklich vornehmer, aus dem Arschloch wurde der Anus. Wer nun Titelträger war, lief jetzt viel aufrechter, schien um einiges an Körpergröße hinzugewonnen zu haben und benutzte sogar Fremdwörter wie »suboptimal« und »Defloration«. Im Kiez-Café wurde der Kaffee nicht mehr »mit Zucker« bestellt, sondern »mit Diabetes«. Und weil einer der neuen Doktoren gelesen hatte, dass man nicht eine »Selter« bestellt, sondern eine »Selters« mit s hintendran, hörte ich bei nichtalkoholischen Bestellungen ganz oft: »Bitte einen Tees!« oder: »Ich hätte gern einen Kaffees!«

Die von Kutte ausgegangene Titelinflation blieb selbst dem Staat nicht verborgen, sie rief sogar die Deutsche Rechtsprechung auf den Plan. Kutte erhielt ein amtliches Schreiben der Staatsanwaltschaft mit dem Vorwurf der Urkundenfälschung. In Abgrenzung seines kirchlichen Ehrendoktortitels zu einer auf der Hochschule erworbenen Doktorwürde sei es unerlässlich, zum Titel »Dr.« das Kürzel »h. c.« sowie den ausgeschriebenen Namen der Kirche hinzufügen, die den Ehrentitel verleiht.

Ein klärender Gang zum Anwalt kostete Kutte einschließlich der Rechtsberatung zunächst satte 240 Euro, dann weitere 1.400 wegen der Gerichtskosten.

Kuttes neue Visitenkarten haben jetzt wesentlich mehr Text, sein Namensschild an der Tür ist seit seiner Verurteilung ungleich größer. Das liegt aber auch daran, dass Kutte noch mal Geld in die Hand genommen hat und nun auch den Professorentitel führt, natürlich auch h. c. oder wie Kutte es auszudrücken pflegt: »honoris causa«.

11

TORTEN-TILS MÄUSCHEN

Torten-Til bewohnte bis zu seinem unfreiwilligen Auszug die Einzimmererdgeschosswohnung im Seitenflügel unserer Mietskaserne. Torten-Til, dessen richtiger Vorname wahrscheinlich Tilmann lautet, wurde von allen nicht deshalb Torten-Til genannt, weil er vielleicht Bäcker oder Konditor von Beruf war, sondern weil er seine häufig wechselnden Lebensbegleiterinnen »Torte« oder »Törtchen« zu nennen pflegte. Im Allgemeinen sprach Torten-Til seine aktuelle Angebetete zu Beginn einer Beziehung mit »mein zuckersüßes Erdbeertörtchen« an. Nach der ersten Verliebtheit redete Til dann nur noch von seinem »Törtchen«, danach von seiner »Torte«, im letzten Drittel der Partnerschaft von seinem »Plunderstück«, zum Ende vom »Kuchenkrümel«, nach der Trennung vom »Käsekuchen«.

Eines Tages lud mich Torten-Til mit stolzgeschwellter Brust in seine Behausung ein. Es gehe um ein Geheimnis, das er mir vorstellen wolle. Neben mir wurde auch Affi die Ehre der Einladung zuteil. Affi, der wegen der äußeren Ähnlichkeit seiner Kopfform zum Schimpansen eigentlich Affenschädel hieß, passte in den erlauchten Kreis der Eingeladenen, weil auch Torten-Til es vermied, Affi mit »Affenschädel« anzureden, sodass sich der Primatenkopf in unserer Gegenwart nicht diskriminiert fühlte.

Der Grund der geheimnisvollen Einladung schwamm in Torten-Tils Badewanne: ein kleiner Kaiman. Torten-Til war auf nicht näher zu beschreibende Weise Besitzer dieser kleinen zur Familie der Alligatoren gehörenden Echse geworden. So viel konnte Torten-Til aber verraten, seinen neuen Mitbewohner hatte er beim Pokern gewonnen. Das niedliche Tierchen sei interessanter, kuscheliger, treuer und häuslicher als jede seiner verflossenen Torten, die sowieso alle Käsekuchen waren. Anscheinend konnte Torten-Til auch Gedanken lesen. Er wandte sich zu mir und drohte: »Ja, dit is 'n illejaler Untermieter. Alter, een Wort zur Hausverwaltung, und ick schneide dir dein' Sack ab!«

»Und wenn«, antwortete ich, »ich habe schon zwei Kinder, dit stört mich nich.«

»Aba, dit Viech wird größer«, interessierte sich Affi für einen ganz anderen Sachverhalt, »wie willste dit ernähren als Hartz-Viera?«

»Null problemo«, antwortete Torten-Til und führte uns in sein Wohnzimmer. Affi und ich blickten auf ein geschickt in die Regalwand integriertes Terrarium und einen Käfig voller Mäuse. »Det Terrarium is Kais zu Hause. Da kommt Kai nachts zum Schlafen rin und zum Fressen. Ick nenne ihn Kai wegen Kaiman«, erklärte Torten-Til. »Und die Mäuse da drüber im Käfig sind seine Nahrung. Die vamehrn sich praktisch wie von selbst, sodass ick imma Nachschub habe.«

Torten-Tils Panzerechse sprach sich nach unserem Besuch wie ein Lauffeuer in der Nachbarschaft herum. Seine Einzimmerbutze avancierte zur Begegnungsstätte für Tierliebhaber, Sensationslüsterne und Eventhungrige. Am beliebtesten waren die Fütterungen, die Torten-Til geradezu zelebrierte.

Mit der Echse wuchs auch die Anzahl der Mäuschen in Torten-Tils Häuschen. Die kleinen Nager vermehrten sich schneller, als Kai fressen konnte. Bald reichte ein Mäusekäfig nicht mehr aus, bald nicht mehr zehn, irgendwann kampierte Torten-Til mangels Platzes nur noch im Schlafsack zwischen Kais Terrarium und knapp 100 Mäusekäfigen. Die versammelte Nachbarschaft, was sage ich, der gesamte Kiez belieferte Torten-Tils Echsenasyl aufgrund der unaufhaltsamen Futtervermehrung kostenlos mit Mäusekäfigen. Mittlerweile konnte die Wohnung wegen übelster Geruchsbelästigungen und fürchterlichem Quieken von Fremden nur noch mit Ohrschützern und Einwegmasken betreten werden, Torten-Til indessen hatte sich an Gestank und Geräuschkulisse gewöhnt. Die Mülltonnen quollen vor Mäuse- und Echsenkot über, die Mäusezucht hatte inzwischen auch Ratten, Raben, Turmfalken und Füchse angelockt, die Torten-Til problemlos mit schwungvollen Würfen lebender Mäuse aus dem Fenster mitunterhalten konnte.

Dann war Schluss. Veterinäramt, Polizei und Hausverwaltung schlossen in einer konzertierten Aktion Torten-Tils Mäusezucht. Er musste die Wohnung räumen, und es ward Stille fortan. Kein Mäusegequieke mehr, kein Oh und Ah zur Fütterungszeit, keine alkoholgeschwängerten Gesänge zu nächtlicher Stunde mehr aus der Mäuseunterkunft. Über unseren Hof konnte man nun wieder gehen, ohne über eine Ratte zwischen den Beinen zu stolpern oder einem tollwütigen Fuchs zu begegnen, aber es fehlte etwas: Torten-Til. Nach zwei Monaten tauchte er dann wieder in unserer Stammkneipe auf. Er wohnte von jetzt an nur einen Katzensprung entfernt und wollte Affi und mir unbedingt sein neues Zuhause präsentieren. Dies verfügte nun sogar über eineinhalb Zimmer. Raten Sie mal, wer oder was im halben Zimmer untergebracht war?

12

ZU VIEL LÄRM

Das Jobcenter hatte uns aufgrund der einschlägigen Gesetzeslage gezwungen, unsere Fünfzimmeraltbauwohnung aufzugeben und in eine 53-Quadratmeter-Neubauwohnung zu ziehen. Die Kinder hatten sich vor Jahren bereits vorsorglich aus der materiell erfolglosen Familienidylle abgesetzt und lebten woanders. So bestand unsere Bedarfsgemeinschaft nur noch aus meiner Lebensgefährtin, mir und nunmehr zwei Zimmern in der Siedlung. Die Verbannung in das Neubauviertel hatte mich nicht nur meines gewohnten Wohnraums, des Großteils meines Mobiliars und meiner Würde beraubt, sondern auch meiner Ruhe. Das dünne Mauerwerk unseres neuen Zuhauses machte alle Mitbewohner zu gläsernen Menschen, die man zwar nicht durch die wohnungstrennenden Gipskartonwände sehen, aber mehr als einem lieb war hören konnte. Jedes Mal, zum Beispiel, wenn es klingelte, rannte ich in Erwartung eines Besuches zu meiner Wohnungstür, um enttäuscht festzustellen, dass das Klingelgeräusch dem Nachbarn und nicht mir galt. Meine höfliche Bitte, der Ähnlichkeit zu unserem Klingelton wegen seine Klingel auszutauschen, wurde seitens dieses meiner Meinung nach asozialen Zeitgenossen mit einem wortlosen Türzuknallen und zukünftigen Grußverzicht beantwortet.

Der nächste Schreck der akustischen Allgegenwärtigkeit meiner Mitbewohner traf mich in der Toilette unserer neuen Behausung. Auf dem Becken harrend, vernahm ich über mir Schritte. Die Decke unseres Badezimmers hielt zwar menschlichen Belastungen, jedoch nicht den leisesten Geräuschen stand. Deutlich hörte ich jemanden in der Wohnung über mir hin- und hergehen. Würde ich die Person über mir hören, könnte sie mich ebenfalls wahrnehmen – und das beim Klogang.

Der Angstschweiß rann mir von der Stirn, ich stellte das Atmen ein. So konnte es nicht weitergehen. Will man beim Toilettengang nicht belauscht werden, muss man alleine gehen. Folglich lag es an mir, herauszufinden, wann der günstigste Moment für den Weg zu einer ungestörten Verrichtung der Dinge des täglichen Lebens gekommen sein würde – nämlich dann, wenn der Vorgang terminlich nicht mit denen der potenziellen Mithörerschaft kollidiert. Der Mensch ist ein Gewohnheitstier, also verschaffte ich mir einen substanziellen Überblick über die Badezimmergewohnheiten der über und unter mir lebenden Nachbarschaft. Mit Block, Bleistift und Stoppuhr verbrachte ich Stunden, Tage und Wochen in unserem Badezimmer, um zu lauschen und zu notieren. Ich protokollierte, wann sich wer mit welchem Begehren und wie lange über und unter meinem stillen Örtchen aufhielt. Dabei interessierten mich weniger die unwillkürlich zur Kenntnis gekommenen Geräusch-Items wie Lautstärke, Dauer und Druckresonanz, sondern die für meine statistischen Zwecke benötigten Messgrößen Uhrzeit, Regelmäßigkeit, Waschen, Baden, Duschen, Föhnen sowie Groß und Klein.

Nach Monaten der Felduntersuchung hatte ich statistisch signifikant erforscht, wann mir im Normalfall meine Toilette ungestört zur Verfügung stand. Der Forschungsgegenstand hatte mir mehr abverlangt, als mir lieb war, ich aß, schlief, lauschte und notierte akribisch im Forschungsfeld WC, verlor dabei aber den Anschluss an andere soziale Kontakte wie Treffen mit Freunden, Sportkameraden und Bekannten. Zum Schluss sah ich meine Frau nur noch, wenn sie mich vorübergehend aus dem Badezimmer bat, um es »wirklich nur ganz kurz« aufzusuchen.

Während meine Haut eine grün-gräuliche Badezimmerblässe annahm, war ich kurz nach Weihnachten sogar in der Lage, meiner Nachbarin aus dem Erdgeschoss aufgrund einer differenzierten Trenngeräuschanalyse ein hervorragendes Hausrezept gegen Brechdurchfall nach zu fetter Gänsekeule zu empfehlen sowie dem älteren Herrn aus dem vierten Stock eine dringend notwendige Prostatauntersuchung. Ja, so dünn waren die Wände im gesamten Haus. Sicherlich stellen Sie sich im Hinblick auf die geräuschdurchlässige Bauweise unserer Mietskaserne auch die Frage nach stimulierenden Geräuschen aus den Schlafzimmern unserer Nachbarn. Da ich nächtens Ohrstöpsel nutzte, um für ein paar wenige Minuten in den Schlaf zu finden, kann ich darüber keine sicheren Auskünfte erteilen. Was es zu nachtschlafender Zeit doch noch stöhnend bis zu den entlegensten Stellen meiner Hörorgane schaffte, musste irgendeinem Fernsehprogramm meines grußunfähigen Nachbarn entsprungen sein. Ich konnte trotz meiner Ohrstöpsel deutlich den Zusammenhang zwischen einem bestimmten Nachtprogramm im Fernsehen und zweifelsfreien Geräuschen aus seinen vier Wänden feststellen. Als unfreiwilliger Mithörer sämtlicher Badezimmergeräusche kann ich darüber hinaus definitiv versichern, dass sich die keifende Prostituierte aus dem Erdgeschoss links ein und denselben Lover mit ihrer frühreifen Tochter teilte. Sie trieben es allesamt im Bad. »Nun ja«, habe ich meiner Frau mitgeteilt, »da legen sie wenigstens Wert auf Sauberkeit. Immerhin duschen sie dabei.«

»Alle drei gleichzeitig?«, begehrte meine Lebensaufgabe weitere Details.

»Gott bewahre«, schob ich hinterher, »Mutti weiß nichts vom dualen System ihres Zuchis.«

»Zuchi?«

»Ja, der Doppelstecher ist gleichzeitig Mamas Zuhälter. Während er sein Geschäft erledigt, erledigt er telefonisch gleichzeitig diverse Verkupplungsgeschäfte – auf dem Klo im Bad. Er terminiert und koordiniert im Sitzen, wie sich das gehört.«

Offensichtlich wollte meine Lebensaufgabe noch besser ins Bild gesetzt werden. Wieso ich meinte, dass die Mutti nichts von der Liaison ihrer Tochter mit Mamas Arbeitgeber wisse?

»Ganz einfach«, klärte ich wissend auf, »Mama und Tochter stöhnen unterschiedlich, der feine Herr immer gleich. Sie stöhnen aber nie gemeinsam. Können sie auch nicht, weil es der Kerl immer dann mit dem Töchterchen treibt, wenn Mama es beruflich nebenan mit unserem Nachbarn macht. Meist dienstags und donnerstags, nicht im Bad, sondern im Wohnzimmer, den morschen Wohnzimmertisch sollte er übrigens auch mal ersetzen. Darüber hinaus hatten mir im Badezimmer unfreiwillig mitgehörte Bruchstücke der Konversation zwischen Tochter und Mamis Freivögler verraten, dass der Doppeldecker seine Freiflüge unter dem Radar der Mutter durchzuführen wünschte. Mutti bräuchte davon nichts zu wissen, sie sei so schrecklich eifersüchtig.«

Und noch ein Forschungsergebnis aus der Badezimmerwelt: Was das Geschäftemachen dieses feinen Herrn mit dem gleichzeitigen Geschäftemachen anbelangt, würden Sie sich wundern. Sie ahnen nicht, wie viele Menschen auf dem Klo hockend telefonieren: laut meinen Aufzeichnungen gute 60 Prozent. Belegen kann ich meine Aussagen leider nicht mehr. Meine Lebensaufgabe zwang mich, sämtliche nachbarschaftlichen Badezimmerprotokolle sowie die dazugehörigen Mieter-, Geräusch- und Gewohnheitsstatistiken zu vernichten. Dennoch darf ich immer noch von mir behaupten, aus dem Kopf zu wissen, welche Person meiner neuen Nachbarschaft sich zu einem beliebig von Ihnen genannten Zeitpunkt gerade im Bad aufhält und was sie dort veranstaltet.

Übrigens bietet sich im Resümee ein ungestörter Toilettengang in unserem Haus zwischen 2.10 Uhr und 3.35 Uhr nachts an.

Es sei denn, die Prostataproblematik aus dem vierten Stock verschlimmert sich oder der Kerl aus dem fünften Stock hat wieder mal zu viel gesoffen und hängt mit seinem Kopf – wie dann üblich – über der Schüssel. In diesem Zustand singt dieser alleinstehende Quartalssäufer häufig alte Schlager in die Toilettenschüssel rein. Das klingt dann so wie ein bekannter Barde aus der Volksmusikszene.

13

SPEED-DATING

In unserem Käseblatt fand ich eine kurze Stellenanzeige mit Handynummer und außergewöhnlich hohem Gehaltsversprechen: *Partner- und Heiratsvermittler gesucht – dringend!* Für einen flexiblen Arbeitssuchenden wie mich gerade das richtige Angebot zur richtigen Zeit. Ich hatte zwar nicht die leiseste Ahnung von den konkreten Aufgaben eines Heirats- und Paarvermittlers, stellte mir jedoch vor, Beziehung suchende Töpfchen zu unterstützen, das passende Deckelchen zu finden.

Was aber bedeutet in diesem Zusammenhang »passend«? Männliche Vorstellungen über das weibliche Geschlecht und die unterschiedlichen Beziehungsformen zu diesem waren mir aus der Zeit vor meiner Ehe, vielmehr aber noch aus dem erweiterten Bekanntenkreis geläufig. Sämtliche mir bekannten Männer hatten in den ersten sechs Wochen einer neuen Beziehung das ultimative Glück gefunden, nach sechs Monaten geschwankt und nach sechs Jahren resigniert. Wie es aber um die Vorstellungen der Frauen hinsichtlich der Beziehungen beschaffen war, blieb mir immer ein Rätsel. Suchten sie im paarungsfähigen Alter einen Lover zur Kinderzeugung, einen Versorger, einen Kulturbegleiter oder alles zusammen oder auch mal eine Frau?

Wollte ich den Job in der Paarvermittlung wirklich ergattern, wollte ich das Einstellungsgespräch im Heiratsinstitut erfolgreich bewältigen, musste ich mehr über die Wünsche, Vorstellungen und Erwartungen von Suchenden, vor allem von suchenden Frauen, erfahren – und dies am besten unter Echtarbeitsbedingungen. Erfahrungsraum dazu bieten heutzutage Singletreffs, die zum partnerorientierten Kennenlernen in Bars aufrufen und sich Speed-Dating nennen. Ich verortete also meine Feldstudie zu weiblichen Erwartungen an neue Beziehungen in die Räume einer Cocktailbar, die regelmäßig zum Speed-Dating aufrief. Um die soziologische Untersuchung zur Partnerwahl ungestört und unbeeinflusst durchführen zu können, ließ ich kurzerhand meine angetraute – wie ich bei der Gelegenheit feststellte auch schon leicht angegraute – Partnerin zu Hause, nicht aber ohne die übliche Kritik an meinem Outfit zu erhalten.

»Ah«, bemängelte sie, »du hast mal wieder den Anzug vom Flohmarkt an, der dir inzwischen viel zu klein geworden ist. Wie hast du denn die Hose zugekriegt?«

»Gar nicht«, antwortete ich, »der Gürtel mit der Riesenschnalle hält mein Beinkleid zusammen.«

»Das Sakko geht aber auch nicht mehr zu.«

»Heute trägt man das Sakko lässig offen.«

»Verstehe, deshalb auch das Hawaiihemd aus den 80er-Jahren, das bis fast zu den Knien reicht. Aber warum hast du dir dein lichtes Haar zu einem Irokesen hochgegelt und von Grau auf Grün gebügelt?«

»Das gehört zu meiner Legende als Beziehung suchender Erfolgsmensch«, klärte ich noch kurz auf, bevor ich die Wohnungstür hinter mir zuzog. Die nachgerufene Bemerkung meiner Frau, mit meinem Outfit könne man denken, dass der Rosenmontag auf den 29. September vorverlegt wurde, überhörte ich großzügig.

In der Speed-Dating-Bar setzte ich mich gleich mal hin, als ich für einen Cocktail 18 Euro hinblättern musste. Die Sitzplätze an den Speed-Dating-Tischen seien zunächst für die Frauen gedacht, wurde ich belehrt, und stand wieder auf.

Als die Glocke bimmelte, durfte ich mich zu der ersten Suchenden setzen, eine aufgequollene Blondine mit tiefem Ausschnitt und schiefen Zähnen. Bevor ich jedoch dazu kam, ihr meinen Zahnarzt und damit erheblich bessere Chancen bei Männern zu empfehlen, wollte sie mein Alter wissen. 56. »Ich hätte dich für um die 70 gehalten«, mutmaßte sie zurück. Was ich denn beruflich so mache?

»Kopfschlächter im Schlachthof«, fantasierte ich. Und meine Hobbys? »Jagen und Wildern, wenn Sie verstehen, was ich meine – Frischfleisch. Nicht nur von Berufs wegen!«

Der als Gag gemeinte Spruch kam überhaupt nicht gut an, aber schon war wieder Schluss und ab zum nächsten Tisch. Später hörte ich noch den gut gemeinten Tipp eines meiner männlichen Nachfolger an diese Kandidatin: »Nehmen Sie Geld in die Hand und investieren in eine Lückenbehandlung Ihrer vermoderten Kauwerkzeuge. Das bringt mehr, als Ihre frühzeitig ergraute Mähne zu blondieren!«

Das zweite Eilgespräch wollte ich mit einer anderen Identität führen. Als Beruf gab ich diesmal »Millionär« an und als Hobby die Suche nach einer sexbesessenen Hausfrau mit Fetischfantasien und der absoluten Bereitschaft zur Übernahme der Kochrezepte meiner Mutter. Da sich das vom Schicksal vergessene Untersuchungsobjekt offenbar sofort in mich verliebte, brach ich vor Ablauf der Frist das Gespräch ab und bestellte mir einen zweiten Cocktail für weitere 18 Euro.

Am nächsten Tisch erwartete mich ein Mann – als Frau getarnt. Bartstoppeln an Oberlippe und Kinn, tiefe Stimme und Riesenhände. Um gar nicht erst Erwartungen aufkommen zu lassen, beschrieb ich mich als arbeitslosen, notorischen Nörgler mit Hang zu hysterischen Gewaltausbrüchen. Genauso etwas hätte sie gesucht. Selbst gut verbeamtet, würde Madame Travestie mehr als ausreichend zum Einkommen beitragen können. Sie liebe geradezu harten, ungezügelten Sex und besäße Handschellen an Bettpfosten und Dusche. Dominante Männer machten sie besonders an, nach der Arbeit im Amt spiele sie gern das Heimchen am Herd. Ich riet der Dame zur Kontaktaufnahme mit der Frau am ersten Tisch. Oder mit dem Zuhältertypen hinter mir.

Am nächsten Platz saß Oma, wahrscheinlich mangels weiblicher Interessenten von den Veranstaltern zum Auffüllen hereingeschmuggelt. Oma stellte sich kurz und knackig als Frau in den besten Jahren vor. Sie erhalte eine durchschnittliche Witwenrente und wollte mal ihre Chancen checken. Im Bett sei sie noch so, und ballte dabei ihre rechte Faust am angewinkelten Oberarm. Ob ich mir vorstellen könne, sie abends mit dem großen Schwamm am ganzen Körper zu waschen? Ich konnte nicht, verwies aber wieder an den Zuhälter.

Einen Tisch weiter wartete auf mich eine überzeugte Vertreterin weiblicher Emanzipation. Warum ich arbeitslos sei und der Gesellschaft auf der Tasche läge? Ich hatte mich diesmal als überqualifizierten Experten vorgestellt, der wegen seiner sieben Ausbildungen und drei Hochschulabschlüsse von keinem Unternehmen zu bezahlen wäre. In den verbliebenen dreieinhalb Minuten philosophierte ich über das Paradoxon des Qualifizierungswahns und wurde mit den Worten verabschiedet: »Geh arbeiten, Alter, Schmarotzer braucht kein Land!«

Zur Erholung erhielten danach alle Teilnehmenden eine 15-minütige Pause, die mich weitere 18 Euro plus zwei Euro Trinkgeld kostete.

Im nächsten Date wollte ich mehr über die Einstellungen und Rollenerwartungen von Frauen erfahren, die ihren Prinzen noch nicht gefunden hatten. Ich provozierte meine Speed-Dating-Partnerin mit einer Klagetirade über die nicht zu erfüllenden Erwartungen des weiblichen Geschlechts an männliche Partner: Jung sollte er sein, erfolgreich, dominant in Liebesnächten, Arbeit haben, Sex mit Handschellen mögen und Frauen mit großen Schwämmen zu waschen in der Lage sein. Die Angesprochene unterbrach meinen Redeschwall und verabschiedete sich von mir vor Ablauf der Redezeit mit den Worten »verhuschte Memme«.

Meine Recherchen schienen mir nicht zielführend genug. In der nächsten Runde schlug ich vor, zuerst grundsätzliche Fragen zu geschlechterspezifischen Rollenerwartungen zu klären, weiterhin zu weiblichen Wünschen und Fantasien sowie zu den unterschiedlichen Lebenssituationen und Interessen von Frauen und Männern. Als ich den zugegebenermaßen umfangreichen Fragenkatalog vorgestellt hatte, klingelte es, weil die Zeit abgelaufen war, und ich erhielt keine Antwort mehr.

Der bisher unbefriedigende Gesamtverlauf meiner Speed-Datings hatte mich frustriert; ich hatte bislang gar nichts dazugelernt, nur Geld für Cocktails rausgeschmissen. Ich musste schmollen und rächte mich mit einer fünf Minuten dauernden Aussageverweigerung gegenüber der nächsten Fragestellerin. Das war dem Veranstalter nicht recht. Er drohte, mich wegen meines Spielverstoßes vom Speed-Dating auszuschließen. Konnte er vergessen! Ich hatte schließlich nicht erst über 50 Euro für schale Bowlegetränke hingeblättert, um dann einen Platzverweis zu erhalten.

Vorschriftsmäßig setzte ich mich nach dem Rüffel also einen Tisch weiter und verballerte lieblich säuselnd die gesamte Klaviatur der schönsten Komplimente an eine nette Frau mit Kurzhaarfrisur. Die Hochattraktive outete sich anschließend als Lesbe, die ihrer Partnerin zuliebe das Speed-Dating besuche, um zu Hause den männlichen Part überzeugender spielen zu können. Ich verstand den Sinn des Ganzen nicht und blieb zudem wegen der zu knappen Zeitvorgabe in der Überzeugungsarbeit stecken, mich versuchsweise gegen ihre Lebenspartnerin einzutauschen.

Frustriert schlich ich zum nächsten Kurz-Date: arbeitslose Frau, Mitte 30, einfühlsam und aufgeschlossen, dankbar und tolerant, Kleidergröße 38, Eigentumswohnung aus der gescheiterten Ehe und 3.000 Unterhalt im Monat vom Ex. Kein Interesse meinerseits.

Dann war die Veranstaltung beendet. Ich diskutierte an der Bar noch mit dem Zuhältertyp bis drei Uhr morgens und trank um sieben in der Früh mit der Lesbe einen Scheidekaffee.

Die insgesamt investierten 250 Euro für Bewirtungskosten wollte mir das Personal suchende Heiratsinstitut nicht ersetzen, sodass ich das verabredete Einstellungsgespräch boykottierte. Daheim mussten wir wegen meiner Spesen 14 Tage lang Pellkartoffeln mit Quark essen, und ich weiß immer noch nicht, wie Frauen ticken.

3

ARBEITSNEUROSEN

14

BEWERBUNG

Die fetten Jahre waren nach der Firmeninsolvenz meines Arbeitgebers auch für mich vorbei. Es folgten magere. Statt meines früheren Gehalts erhielt ich zuerst Arbeitslosengeld, dann Grundsicherung vom Jobcenter, aber keine Chance mehr am Arbeitsmarkt. Statt erfolgreiche Schlachten im Betrieb schlug ich nun erfolglose im tristen Alltag eines Arbeitslosen, dessen Achtung im Familien- und Bekanntenkreis bis unter null gesunken war. Meine Misserfolge bei Bewerbungen machten mich ebenso fertig wie meine Nachbarschaft mit ihrem Gerede über mich als arbeitsfaulen Plastiktütenpenner. Die verachtenden Blicke der Männer, Frauen und Kinder, die mein Schicksal kannten, verfolgten mich bis in die tiefsten Abgründe meiner regelmäßigen Albträume. Die behördlichen Anstrengungen, meine Arbeitslosenbezüge möglichst rasch wieder einzusparen, schlugen sich unter anderem in ultimativen Aufforderungen zur Teilnahme an sogenannten Eingliederungsmaßnahmen nieder. Nachdem ich durch etliche Zwangseinweisungen in jene Aktivierungs- und Bewerbungslehrgänge fit genug für den Arbeitsmarkt erschien, zündete das Amt die nächste Stufe meiner beruflichen Wiedereingliederung: das Eingliederungscoaching. Die Arbeitsverwaltung überhäufte mich mit Vermittlungsvorschlägen für mehr oder weniger attraktive Jobs. Gleichzeitig wurde ich schriftlich darauf aufmerksam gemacht, dass ich mich im Rahmen meiner Mitwirkungspflicht auf die mir angebotenen Stellen zu bewerben oder im anderen Falle finanzielle Sanktionen in Kauf zu nehmen hätte, zum Beispiel zeitweilige Streichung meiner Hartz-IV-Bezüge.

Ich sortierte also folgsam die Stellenofferten, entschied mich, die Helfertätigkeiten im Garten- und Landschaftsbau ganz nach hinten zu verfrachten, die beruflichen Beschäftigungsalternativen als Hilfsarbeiter davorzustellen und mich zuvorderst auf Anlerntätigkeiten zu bewerben. Dabei erschien mir ein Stellenangebot besonders interessant, in dem eine Firma einen Auskunftsassistenten suchte.

Die bunten, verschiedenfarbigen Seiten meiner Bewerbungsunterlagen sowie die beigefügte Zeichnung meiner achtjährigen Nichte, auf der ich in Sträflingskleidung mit einer großgliedrigen Fußkette an eine bleierne Kugel gefesselt zu erkennen war, zeitigten den erwarteten Erfolg – ich erhielt eine Einladung zum weiteren Auswahlverfahren. Gestählt und abgehärtet durch etliche Kurse zur Eigenvermarktung erwerbsfähiger Leistungsberechtigter mit multiplen Vermittlungshemmnissen trat ich zur Casting-Show für den Fulltime-Job an.

Vor dem Firmeneingang meines vielleicht zukünftigen Arbeitgebers schob ich mir auf Rat meines Freundes Kutte rasch noch einen großen Bonbon zwischen Zunge und Wange, band mir ein Tuch um den Kopf und täuschte so einen höchst motivierten Bewerber vor, der trotz höllischer Zahnschmerzen und eines unübersehbaren Entzündungsherdes im Kiefer den wichtigsten Termin seines Lebens wahrnahm. Im Warteraum angekommen, sah ich mich zwölf Mitkonkurrenten gegenüber, acht davon ebenfalls mit offensichtlich großen Zahnschmerzen. Anscheinend hatte sich Kuttes Strategie herumgesprochen. Wir alle begaben uns in einen großen Raum und mussten zunächst einen schriftlichen Test zum Allgemeinwissen absolvieren.

Ich beantwortete die lächerlichen Fragen als Schnellster und wurde demzufolge auch als Erster zum sich anschließenden persönlichen Bewerbungsgespräch gebeten. Mir gegenüber saßen drei bemühte Personaler, die zunächst auf den schriftlichen Test eingehen wollten. Als ich Ihnen zur Begrüßung meine Faust entgegenstreckte, zuckten sie sonderbar ängstlich zurück. »Habe ich im letzten Bewerbungstraining gelernt«, sagte ich, »man reicht zur Begrüßung wegen der Ansteckungsgefahr nicht mehr die Hand, sondern ballt die Desinfektionsfaust.« Ach so, ach ja. Ich faustete ab und setzte mich in einen bequemen Sessel, um die noch anstehenden Fragen zu stellen und zu beantworten.

Zunächst verliehen die Verhörspezialisten ihrer Verwunderung darüber Ausdruck, dass ich im schriftlichen Test auf die ersten beiden Fragen, nämlich wer in der Bundesrepublik Deutschland die Bundesminister ernennt und wer den Bundespräsidenten wählt, jeweils mit *die Falschen* geantwortet hatte. »Ich bin eben ehrlich«, sagte ich, »ein Auskunftsassistent sollte stets ehrlich sein, zuverlässig, motiviert, teamorientiert, leistungsorientiert, lernbereit, glaubwürdig, willig, pünktlich, sozialkompetent, höflich, freundlich, strebsam, treu dem Dienstherrn gegenüber, flexibel und zuverlässig – oder?«

Die weiteren Tugenden eines perfekten Mitarbeiters hob ich mir für später auf, um nicht gleich zu Beginn des Gesprächs mein gesamtes Pulver zu verschießen.

Warum ich bei der dritten Frage, wer Albrecht Dürer war, statt *ein Maler* zu schreiben, ein Fragezeichen gemacht hätte, ging man zum nächsten Komplex des ausgewerteten Allgemeinwissenstests über. Liebe Leserinnen und Leser, kennen Sie einen deutschen Maler namens Dürer? Wer soll das sein? Ich reagierte blitzschnell, übrigens auch eine für den späteren Gesprächsverlauf aufgehobene Tugend, und stellte die Gegenfrage: »Ja, kennen Sie nicht das kürzlich wiederentdeckte Bild dieses Künstlers mit dem Namen *Das Fragezeichen*? Ich habe das Fragezeichen auf meinem Antwortbogen als eindeutigen Wink verstanden wissen, Sie aber keinesfalls intellektuell überfordern wollen!«

Zur Untermalung meines Statements hob ich noch kurz beide Hände. Offensichtlich hatte ich die einstellenden Herrschaften mit meiner spontanen Gegenfrage überrascht, eventuell sogar bloßgestellt. Man konzentrierte sich nämlich nun auf meine Sitzhaltung und fragte, warum ich mich so in den Sessel fläze, die Arme lässig auf der Rücklehne ausgebreitet, die Beine gespreizt, den Kopf auf dem rechten Oberarm abgelegt.

»Das ist ein Ausdruck meiner Selbstsicherheit«, antwortete ich, »ein Auskunftsassistent sollte ein gewisses Maß an Selbstbewusstsein mitbringen, und immerhin repräsentiere ich demnächst ja Ihr Unternehmen.«

Kurzes Schweigen, ein paar Notizen, dann die nächste offene Frage: ob ich kurz mein berufliches Leben zusammenfassen könne. Nach 45 Minuten, ich war gerade bei der Schilderung meines dritten Ausbildungsjahres angekommen, unterbrach man mich freundlich mit dem Hinweis auf die noch zu führenden Gespräche mit den weiteren Bewerbern. Dabei hatte ich noch nicht die Geschichten erzählt, als ich meinen Ausbilder mit einer 17-jährigen Kollegin hinter den Paletten erwischte, und wie ich lernte, ein Fernsehgerät aus meiner Abteilung gegen zwei Anzüge aus der Herrenkonfektion zu tauschen – heutzutage nennt man das wohl eine personalinterne Win-win-Situation mit negativer Auswirkung auf die Inventur. Ja, auch aus meinem Ausbildungsbetrieb, einem großen Warenhaus, war viel rauszuholen.

Mit der Bitte um eine möglichst kurze Erklärung wollte man jetzt wissen, was es mit meiner der Bewerbung beigefügten Sträflingszeichnung auf sich hatte. Die Vermutung eines der anwesenden Personaler, die bleierne Kugel am Bein symbolisiere meine Arbeitslosigkeit, unter der ich wie ein Sträfling leide, musste von mir als verkehrt zurückgewiesen werden. Richtig war vielmehr, dass mit dem gezeichneten Sträfling zwar ich gemeint war, aber die zur großen Kugel am Bein führende Kette meine Abhängigkeit zu einem kapitalistischen System von Ausbeutern der Arbeiterklasse symbolisierte, an deren Ende der Arbeitgeber wie ein bleierner Klotz hing, auf dem Bild dargestellt als schwere Metallkugel. Anscheinend hatte mein genialer Einfall, die Bewerbungsmappe mit einem gemalten Bild aufzupeppen, seinen Aha-Effekt erzielt. Drei zukünftige Vorgesetzte schauten erst mich, dann sich und dann wieder mich nachdenklich an.

Die sich anschließende Frage, was ich mir unter der Tätigkeit eines Auskunftsassistenten vorstelle, konnte ich zugegebenermaßen nur suboptimal beantworten. Ich wähnte mich nämlich in einer gewerbsmäßigen Auskunftei, die private Schweinereien fremdgehender Ehepartner, verdeckte politische Skandale und Korruptionsaffären bestechlicher Beamter unter größter Geheimhaltung aufzudecken hätte. Nein, wurde mir mitgeteilt, hinter der Berufsbezeichnung Auskunftsassistent verberge sich nicht der Mitarbeiter einer Detektei, sondern der klassische und früher so bezeichnete Pförtner. Und man interessiere sich auch nicht für die privaten oder geschäftlichen Verhältnisse anderer, sondern als Energiekonzern für die Gas- und Stromversorgung der Bürgerinnen und Bürger. Mein Einwand, dass meine Interpretation und die meiner Gegenüber sich prinzipiell nicht ausschlössen, wollten die Herren nicht gelten lassen.

Das Gespräch wurde mir viel zu früh, aber wenigstens mit der altbekannten Frage beendet: »Wo sehen Sie sich bei uns in fünf Jahren?« Ich fragte nach dem Ranghöchsten meiner Gegenüber. Der Geschäftsführer war persönlich anwesend. Ich zeigte auf ihn und gab die knappe Antwort: »Auf Ihrem Stuhl.«

Zielstrebigkeit halte ich für eine wichtige Einstellungsvoraussetzung, offensichtlich nicht aber die Luschen dieses einstellungsbereiten Unternehmens. Die schriftliche Absage drei Tage später zeigte mir, dass dieses Unternehmen weder an Innovation noch an Expansion, schon gar nicht an Qualität interessiert war.

15

VOM FALLMANAGEMENT ZUM COACHING

Wenn der Staat ruft, geht man hin. Ich folgte der persönlich an mich gerichteten Einladung und reihte mich artig in die Warteschlange der außer mir noch Gerufenen ein. Bis ich endlich meine amtliche Zutrittsberechtigung vorzeigen durfte, vertrieb ich mir Zeit damit, das in der Eingangszone aufgebotene Wachpersonal so provokativ zu fixieren, bis man mir besorgt munkelnd besondere Beachtung zuteilwerden ließ.

»Sie hätten gar nicht zu warten brauchen«, verriet mir das Auskunfts- und Kontrollpersonal beim Blick auf meine Einladung. »Das hätten Sie mir auch früher sagen können«, brummte ich verärgert den Bediensteten an. »Anderthalb Stunden meiner kostbaren Zeit durch Warten verschwendet. Meinen Sie, ich hätte nichts anderes zu tun?«

Immerhin erklärte man mir den Weg zu dem Zimmer, das in meinem Schreiben mit *R 2.06a* angegeben war. Ich klopfte an die Tür, trat ein, nannte meinen Namen und zeigte das Schreiben vor.

»Wir hatten schon vor 20 Minuten unseren Termin«, wurde ich verwarnt, »aber Sie haben Glück, ein anderer Kunde ist nicht erschienen.«

Bevor ich in einen inhaltlichen Dialog einzutreten gedachte, erteilte ich dem Männlein am Schreibtisch eine 20 Minuten dauernde und ausnahmsweise kostenlose Lektion zum Thema Einladungs-Zeitmanagement und beschwerte mich ausführlich über die provozierenden und menschenverachtenden Blicke des meiner Meinung nach völlig überforderten Wachpersonals unten am Eingang. Dann bat ich meinen Gesprächspartner unter Hinweis auf die Mindeststandards einer Erziehung, sich mir gefälligst vorzustellen. »Ich heiße Schulze und bin Ihr Fallmanager«, streckte er mir seine Hand entgegen.

»Fallmanager«, fragte ich nach, »was ist denn das?« Nun ja, erwerbsfähige Leistungsberechtigte des Jobcenters mit multiplen Vermittlungshemmnissen kämen bei entsprechender Dauer der Arbeitslosigkeit in den Genuss eines Fallmanagers. Ich betrachtete diesen mir fremden Mann weder als Genuss, noch konnte ich trotz meines zweifelsfrei außergewöhnlich hohen Intellekts das bürokratische Geflecht seiner Kernaussage vollumfänglich erfassen.

»So«, sagte ich, »bevor Sie mir bitte einmal erklären, was sich hinter Ihrer nebulösen Phrase ›multiple Vermittlungshemmnisse‹

verbirgt, verstehe ich Sie recht, dass ich jetzt einen Manager habe?« Das eine hänge mit dem anderen zusammen. Langzeitarbeitslose, deren berufliche Eingliederung aufgrund des Alters, schwerwiegender persönlicher oder sozialer Probleme, häufig gescheiterter Bewerbungen und so weiter bislang nicht zielgerichtet umgesetzt werden konnte, erhielten im Jobcenter eben einen Fallmanager.

Zwar fühlte ich mich wegen der unsachlichen und völlig überflüssigen Anspielungen zu meinen gescheiterten Bewerbungsbemühungen stark diskriminiert, andererseits hatte ich jetzt wohl einen eigenen Manager. Nur, war er überhaupt geeignet? Ich wollte angesichts der mit dem Titel verbundenen Erwartungen die Eignung meines neuen Mitarbeiters fachlich abklopfen und fragte: »Aha, Sie bezeichnen sich also als Fallmanager. Welche Managerausbildung rechtfertigt Ihre Berufsbezeichnung? An welcher Hochschule haben Sie Management studiert? Gibt es Diplome, Bachelor- oder Masterabschlüsse – und wenn, mit welcher Abschlussnote?«

Kurzes Augenklimpern des Bewerbers um den Job als Manager, dann eine ausweichende Antwort: »Wir wollen heute nicht über mich, sondern über Sie und Ihre Eingliederungschancen sprechen.«

Mal ehrlich, würden Sie eine so immense Verantwortung wie die eines persönlichen Managers in die Hände einer Person ohne Qualifizierungs- und Erfahrungsnachweis legen? Ich insistierte weiter: »Können Sie Referenzen vorweisen? Und wen haben Sie in Ihrer bisherigen Laufbahn bereits gemanagt? Sind da Namen dabei, mit denen man was anfangen kann – Sportler, Sänger, Schauspielerinnen?«

Nein, keine Sänger, Sportler oder Schauspielerinnen, jedenfalls keine bekannten – aber viele Arbeitslose. Ich kam mir zu Deutsch gesagt veräppelt vor. Arbeitslose?

»Guter Mann«, sagte ich, »seien Sie mir nicht böse, aber würden Sie für sich selbst einen Manager beschäftigen, der wahrscheinlich aus gutem Grund keine Aussagen zu seiner Ausbildung macht und Ar-beits-lo-se managt?«

Mein Fallmanager überlegte kurz und antwortete: »Erstens verfüge ich über eine Ausbildung, ich habe bei der Bundesagentur für Arbeit gelernt, und zweitens verfüge ich über umfangreiche Erfahrung in der Betreuung von Kunden der Arbeitsverwaltung.«

Das Amtswürstchen tat mir leid. »Betreuung von Kunden der Arbeitsverwaltung«, gab ich meine sehr, sehr umfangreiche Lebenserfahrungen preis, »ich habe meine an Alzheimer erkrankte Mutter betreut, meine Kinder, heute noch meine Frau, manchmal Hunde von Freunden und Nachbarn, aber bin ich deshalb ein Manager? Stellen Sie sich bitte einmal vor, dass ich mich mit immerhin sieben verschiedenen Studiengängen – kaufmännischen, natur- und sozialwissenschaftlichen – und meiner erheblichen Lebenserfahrung irgendwo als Manager bewerben und nach meiner Erfahrung gefragt, antworten würde: mit Arbeitslosen. Würden Sie mich einstellen?«

Der Gesprächsverlauf behagte dem jungen Mann nicht, und so suchte er den Angriff: »Ich kenne Ihre Vita und weiß, dass Sie zwar in verschiedenen Studiengängen eingeschrieben waren, aber keinen beendet haben.«

Ich nickte verständnisvoll mit dem Kopf und erteilte eine kurze Geschichtsnachhilfe hinsichtlich der nicht abgeschlossenen Hochschulausbildungen: »Die schweren Zeiten nach dem Krieg. Wenn Sie wüssten ...«

Damit gab sich der Staatsdiener in Unkenntnis der real relevanten gesellschaftspolitischen Bedingungen meiner Generation nicht zufrieden. »Entschuldigung«, sagte er, »Sie haben in den späten 70er- und in den 80er-, sogar noch in den 90er-Jahren studiert, 32 Semester. Alles ohne Abschluss.«

Deutschland, deine Jugend! Ich klärte weiter auf: »Die Auswüchse der Nachkriegszeit, die Aufarbeitung der Elternschicksale der Nazidiktatur, die Studentenunruhen, die antiautoritäre Erziehung, die Hippiezeit, die Einführung des Farbfernsehens und neuer, berauschender Drogen – wie sollte man da angesichts der angestandenen existenziell relevanten Fragen und Probleme vernünftig studieren? Sie sitzen hier heute auf einem warmen Stuhl, um die Ecke habe ich Hungerstreiks organisiert. Es blieb einfach keine Zeit regelkonformer Gesellschaftsanpassung! Dass Sie heute in Ruhe arbeiten, was heißt in Ruhe arbeiten – mit mir gelangweilt diskutieren können –, haben Sie meinen unermüdlichen Kämpfen mit dem Establishment zu verdanken. Die Uni war seinerzeit kein Ort der Bildung, sie war ein Kriegsschauplatz. Leider. Wir haben gekämpft, gerungen, geweint und schließlich unter Opferung unserer eigenen Karrierebestimmungen gesiegt.«

Das Amtmännchen mir gegenüber wurde zusehends ungehaltener: »Ich kenne aber viele Menschen Ihres Alters, die trotzdem zu Ende studiert und anschließend Karriere gemacht haben.«

Ich lehnte mich lässig zurück. »Die Angepassten. Konservative und Reaktionäre. Jüngelchen, es gibt sie immer noch, und sie sterben nicht aus. Die Lobbyisten und Parasiten, die den Staat auf Kosten der Bürger und Bürgerinnen aussaugen, die Schmarotzer aus reichem Elternhaus, die heute wie damals auf ihren von Geburt an reservierten Chefsesseln sitzen und das Abi als Hochschulzugangsberechtigung durch Spenden ihrer Eltern hinterhergeworfen bekamen.«

Jüngelchen, das er sich übrigens als Anrede verbat, konnte die Meta-Ebene meines Gesprächs nicht halten und stieg wieder hinab auf die persönliche Ebene. »Aus Ihren Unterlagen geht aber nicht hervor, dass Sie das Abitur haben. Wie wurden Sie denn zum Studium zugelassen?«

Die Antwort war einfach: »Eingeklagt. Auch damals gab es nach dem Hochschulgesetz bereits eine Quote für Seiteneinsteiger. Haben Sie meinen historischen Ausführungen nicht folgen wollen oder folgen können? Ich sah uns alle damals einer real existierenden und infolgedessen drohenden gesellschaftlich relevanten Krise unseres und Ihres Staates gegenüber und war mit politischen Fragen und Aktionen beschäftigt. Wie war da Zeit für einen ordentlichen Schulabschluss?«

Endlich folgte eine Interessensbekundung meiner Person: »Und wie lange sind Sie überhaupt zur Schule gegangen?«

»Insgesamt 13 Jahre, also quasi Abi. In der Grundschule wurde ich zweimal zurückgestellt, heute nennt man das ›nicht erkannte Hochbegabung‹. In der Oberschule blieb ich aufgrund unfähiger Lehrer dreimal sitzen, dann meine politischen Aktivitäten, und so schließt sich der Kreis.« Verblüffung und Sprachlosigkeit. Nicht aber bei mir. »Statt multipler Vermittlungshemmnisse bei mir«, führte ich weiter aus, »erkenne ich gegenwärtig bei Ihnen wohl ein wenig Sorge um die Berechtigung Ihres eigenen Arbeitsplatzes. Aber da ich ein sozial denkender und handelnder Mensch bin, möchte ich nun den eigentlichen Grund meiner Einladung wissen. In Ihrem Schreiben steht etwas von einer Zielvereinbarung.«

Das Management-Jüngelchen war nun weitgehend eingespurt und schlug mir verschiedene Maßnahmen zu meiner »Eingliederung« vor, die er mit mir gemeinsam als Zielvereinbarung formulieren und zu beschließen beabsichtige: Zusatzqualifizierungen, von denen ich schon etliche hatte, die berühmten Bewerbungstrainings und ein Vermittlungscoaching.

»Abgesehen davon, dass ›Eingliederung‹ sehr missverständlich klingt und sich daher gewiss viele Frauen und Männer spontan dafür entscheiden«, antwortete ich, »interessiere ich mich für das Vermittlungscoaching, das ebenfalls falsch interpretiert werden kann, wenn Sie verstehen, was ich meine.« Das Bübchen verstand nicht. Ich erklärte den sexuellen Zusammenhang zwischen Vermittlungscoaching und Eingliederung, merkte aber, dass mein Fallmanager nur Amtsdeutsch, die zweite deutsche Fremdsprache, verstand und keine Sonderschulung zum wirklichen Leben mehr aufzunehmen in der Lage war. Überfordert.

Vielmehr bemühte er sich, mir auch noch einen Coach aufzuschwatzen, der sich regelmäßig mit mir treffen und über den Arbeitsmarkt, mein Bewerbungsverhalten und stabilisierende Maßnahmen zur Beschäftigungsaufnahme reden würde. Diese

Maßnahme sollte meine Handlungskompetenz steigern und mein Bewerbungsverhalten aktivieren. Offensichtlich war ich dem Jobcenter so viel wert, am selben Tag einen eigenen Manager und einen persönlichen Coach angeboten zu bekommen. Kein Wunder, dass in diesem Staat einiges schiefläuft. Ich coachte bereits seit eineinhalb Stunden einen Mitarbeiter des Jobcenters und managte zudem nebenbei noch dessen Zeit- und Büromanagement.

16

FALSCH GEPARKT QUASI

Den Strafzettel wegen falschen Parkens wollte ich schon aus Prinzip nicht bezahlen, ich halte nichts von staatlich organisierter Abzocke. Also schlug ich mich im Polizeipräsidium bis ins Büro des Referats für Verkehrsvergehen durch.

»Sie müssen aber bezahlen«, maßregelte mich mein Gegenüber am Schreibtisch, »sonst drohen Konsequenzen!«

»Moment mal«, entgegnete ich, »sonst drohen Konsequenzen? Wollen Sie mich quasi bedrohen?« Dann schob ich verdachtsnah fragend hinterher: »Sind Sie verbeamtet?«

»Ja, aber das tut hier nichts zur Sache.«

»O doch«, antwortete ich, »als Steuerzahler, und ich zahle Steuern, bis der Arzt kommt, bin ich quasi Ihr Arbeitgeber. Und dem sollte man tunlichst nicht drohen.«

Mit meinem Eingangsstatement hatte ich den Strafzettelvollstrecker wohl gereizt. Er hob ein wenig aus seinem Bürostuhl ab und schnauzte: »Benehmen Sie sich gefälligst und zahlen oder gehen Sie und warten den Mahnbescheid mit der Rechtshilfebelehrung ab.«

»Ich werde gar nichts abwarten, und rausschmeißen lasse ich mich schon lange nicht«, konterte ich und begann mit einer auf den ersten Blick unverfänglichen Frage, mein strategisches Netz zur Revision meines Verkehrsvergehens zu spannen:

»Sehen Sie mich an! Wie sehe ich aus? An wen erinnere ich Sie?«

Diese an sich harmlosen Fragen waren in diesem Falle eine Falle. Ich setzte sie ein, um in der aufgeheizten Stimmung eine Antwort zu provozieren wie »Sie sehen aus wie der letzte Husten« oder »Sie erinnern mich an meine verkackte Schwiegermutter«. Mit solch einer Antwort hätte ich dem staatlichen Geldeintreiber eine Dienstaufsichtsbeschwerde androhen und damit die vorliegende Zahlungsaufforderung mit Sicherheit abwenden können. Entgegen meiner Erwartung ging diese Strategie jedoch nicht auf. Der Staatsvertreter musterte mich zwar lange, schwieg aber beharrlich.

»Na los, mit wem habe ich quasi Ähnlichkeit?«, provozierte ich weiter.

Aber wieder keine ehrenrührige Antwort der Marke »Sie ähneln einem degenerierten Lackaffen, der für seine Ordnungswidrigkeit nicht einstehen will« oder wenigstens »Mit Ihrer Hackfresse ähneln Sie einem Stück Scheiße«.

Die Mensch gewordene Staatsobrigkeit ließ sich zu keiner gerichtsverwertbaren Beleidigung hinreißen. Entweder hatte der Schreibtischtäter die Provokation hinter meiner Frage durchschaut oder Gefallen daran gefunden, mit mir das Spiel zu spielen »Wessen Doppelgänger könnte ich sein?«. Er formte seine Hände zu einem Rahmen, durch den er vornehmlich mein Haupt betrachtete. Nach einer ganzen Weile glaubte er dann eine entfernte Ähnlichkeit zu einem Fernsehstar entdeckt zu haben: »Ilja Richter?«

»Falsch«, antwortete ich. Eine leichte Rahmenvergrößerung, verbunden mit einer winzigen Winkelkorrektur ließen mich, wie der Knöllcheneintreiber betonte, mit viel Fantasie sogar an einige andere Prominente erinnern: »Otto Schilly, vielleicht. Oder Wolfgang Neuss, bevor er seine Zähne verlor.«

Bei Letzterem handelt es sich um einen längst verstorbenen Kabarettisten und Schauspieler, der in den Jahren vor seinem Tod seiner äußeren Erscheinung nach an eine zahnlose Indianerfrau erinnerte. Vielleicht ließe sich aus diesem Vergleich ein neuer strategisch wertvoller Ansatz zur Vermeidung der verhängten Strafe finden: der Migrationsansatz. Es brauchte dazu lediglich noch einen weiteren, kleinen Schubser, und ich war nicht mehr der Verkehrssünder, sondern das Opfer ausländerfeindlicher Schikanen.

»Sehen Sie doch genau hin!«, forderte ich, ungehalten wie ein Oberlehrer, auf und präsentierte mein Konterfei von der Seite.

Der Aufgeforderte glotzte und glotzte. Dann entdeckte er eine neue Ähnlichkeit: »Winnetou?«

»Sie sind auf der richtigen Spur«, half ich motivierend weiter, um die Schlinge meiner Falle zuziehen zu können. Ich schien nahe dran, zum Nachteilsausgleich rassisch verfolgter Menschen, zu denen Winnetou heutzutage zweifelsfrei zählen könnte, von der Verkehrsstrafe befreit zu werden.

Offensichtlich aber fand der Geldeintreiber keinen Gefallen mehr an meinem Ratespielchen. Er schaute mich noch einen Moment an und sagte dann: »Ich habe keine Ahnung, und das hilft Ihnen auch nicht weiter. Sie müssen für das falsche Parken bezahlen.«

»Sie haben es soeben selbst gesagt: Sie haben keine Ahnung! Und Sie waren mit Winnetou quasi so nah dran«, brach es aus mir heraus. Um der Situation einen zusätzlichen Schuss Dramatik zu verleihen, krampfte ich mir ein paar strategische Tränen ab und schluchzte lauthals: »Mein Großvater war Peruaner. Und ich habe ihn nie gesehen.«

»Das tut mir zwar leid, aber darauf kann ich keine Rücksicht nehmen. Und das tut auch nichts zur Sache«, zeigte die Bürokratie wenig Verständnis.

»Ist Ihnen klar, dass in meinen Adern quasi Latinoblut fließt? Im Dritten Reich hätte ich Ihnen nicht mal gegenübersitzen dürfen – quasi als rassisch Verfolgter.«

Der Beamte schaute mich an. »Ich Ihnen auch nicht. Meine Mutter war Halbjüdin und hat das alles nur knapp überlebt.«

»Typisch Beamter«, schluchzte ich, fügte eine strategische Pause ein und fuhr fort, »es geht hier aber um mich, nicht um Sie und Ihre Biografie. Was glauben Sie, wie lange schon ich die Last des schweren Verlustes, meinen Großvater nie gesehen zu haben, mit mir herumtrage? Er musste Deutschland in der schweren Zeit fluchtartig verlassen, ohne Frau und Kind. Wissen Sie überhaupt, was es bedeutet, nicht arisch zu sein?«

»Wie gesagt ...«, schaute mich der Beamte ein wenig hilflos an. »Aber beruhigen Sie sich erst mal.«

»Wie denn?«, antwortete ich unter Tränen. »Da hat man für den Staat quasi sein Leben geopfert und nun das.«

»Wovon sprechen Sie? Für welchen Staat haben Sie Ihr Leben geopfert?«

Da auch meine Migrationstaktik nicht den erhofften Erfolg gezeitigt hatte, zog ich die nächste Karte meiner Verhandlungsstrategie: der geheime Auslandseinsatz für den Staat mit traumatologischen Folgen. Ich bat um ein Taschentuch, erhielt es und drehte wimmernd auf: »Ich spreche davon, dass ich quasi auch einmal Beamter war wie Sie, aber ganz weit oben. Hätten Sie Abitur, wüssten Sie, wovon ich rede.«

»Ich habe Abitur.«

Während ich die herausgequetschten Tränen trocknete, griff ich weiter an: »Und was haben Sie daraus gemacht? Sie sitzen hier in einer verruchten Amtsstube und bearbeiten Knöllchen. Mit Ihrem Abi könnten Sie quasi längst Rat oder Oberrat sein. Macht Ihnen der Job überhaupt Spaß? Verdienten Bürgern wegen einer lächerlichen Parksünde Geld abknöpfen, so weit haben Sie es gebracht!«

Der Mann schaute in mein verheultes Gesicht.

»Ich bin hier der Dezernent und vertrete heute nur eine Kollegin wegen massiver Unterbesetzung.«

Ich fasste mich und schaute dem Mann tief in die Augen.

»Na, dann ist mir alles klar. Quasi herabgestiegen aus dem Elfenbeinturm des Stellenleiters.« Es folgte wieder eine kurze taktische

Redepause, dann die Fortsetzung meines Frontalangriffs auf die einnehmende Staatsobrigkeit: »Sie haben als Chef quasi völlig den Draht zur Realität verloren. Quasi kein Mitgefühl mehr, keine Bodenhaftung. Und die Bürgernähe, die quasi alle bis zur Bundeskanzlerin hin postulieren, ist im Laufe der Zeit zugunsten der eigenen Karriere auf der Strecke geblieben.«

»Entschuldigung, dass ich mich nach Jahren der Bewährung im Dienst am Kunden nach oben bewegt habe«, rechtfertigte sich der Beamte.

»Na, nun wollen mir mal nicht übertreiben von wegen nach oben bewegt. Oben ist ganz woanders«, sagte ich.

»Sie sind ja ein ganz Schlauer«, fing Meister Amtsstube zu sticheln an. Okay, sagte ich mir, dann wollen wir mal sehen. Ich drehte mich kurz nach rechts und links um und fragte mit deutlich gedämpfter Stimme: »Gehe ich recht in der Annahme, dass Sie als Beamter zur Verschwiegenheit verpflichtet sind und quasi mit beiden Füßen auf dem Boden des Grundgesetzes stehen?«

»Ja, natürlich«, kam die Antwort. Ich beugte meinen Oberkörper leicht vor und sprach noch ein wenig leiser.

»Ganz oben … war ich. Ganz oben! Aber dann hat man mich frühpensioniert. Ich war quasi ein Kollege von Ihnen. Aber … psst!« Dabei führte ich den Zeigefinger zum Mund.

Der Beamte beugte sich mir neugierig entgegen, um besser verstehen zu können: »Weiter!«

»BKA, falls Ihnen das was sagt«, fuhr ich fort, »Personalbegleitschutz für Minister und Ministerinnen … bis es nicht mehr ging.«

Die Beamtenaugen wurden größer und größer und ich gesprächiger: »Sie nannten es Burn-out. In Wirklichkeit aber wurde ich quasi sexuell belästigt … und genötigt … auf den vielen, vielen Reisen, die ich als Bodyguard die Ministergarde zu begleiten hatte. Ich nenne keine Namen, weil ich immer noch zum Stillschweigen verpflichtet bin. Nur so viel: Auch Ministerinnen nehmen nicht immer ihren Mann mit, wenn sie in Staatsgeschäften unterwegs sind.«

»Und da wurden Sie, quasi, sexuell belästigt?«, fragte der Beamte nach. Jetzt hatte ich seine gesamte Aufmerksamkeit. »Notgeilheit. Ich war ihr persönlicher Bodyguard und sie unersättlich.« Ich kramte eine Packung Zigaretten heraus. »Darf ich?« Der leitende Beamte stellte eine Untertasse auf den Schreibtisch und nickte, sich selbst auch einen Quarzhalm zwischen die Kiemen drückend: »Ich auch!«

Wir nahmen gleichzeitig den ersten Zug, dann führte ich weiter aus: »Bis ich körperlich nicht mehr konnte. Quasi sexuell kaputt gespielt. Statt neben den Staatskarossen herzulaufen, wurde ich dann zum Schirmhalter degradiert, dann weggelobt, schließlich in den vorzeitigen Ruhestand versetzt. Die quasi vorsätzliche Körperverletzung hat mir letztlich zwei Orden der Regierung eingebracht. Sie hängen im Schlafzimmer unter meinem zwei mal ein Meter großen Nacktporträt. Quasi als Schweigeprämie.«

»Wieso haben Sie ein zwei mal ein Meter großes Nacktfoto von sich im Schlafzimmer zu hängen?«, wunderte sich mein Mitraucher.

»Zum 82. Geburtstag meiner Frau ursprünglich als Monat Mai eines sexuell stimulierenden Fotokalenders angefertigt und dann als Einzelbild vergrößert. Die Orden hängen übrigens nicht unter dem Foto, sondern – genauer gesagt – an den Glocken.« Der Beamte schaute ein wenig verwundert und schien mit seinen Gedanken abzudriften. Ich versuchte, ihn wieder in die Realität zurückzuholen: »Wir waren bei meinen Auslandseinsätzen für diese – wie gesagt – hohe, sehr hohe Staatspolitikerin stehen geblieben. Weit bevor Olli Kahn von *Eier zeigen* gesprochen hat, wollte das meine Ministerin von mir im wahrsten Sinne des Wortes umgesetzt sehen. Tagtäglich. Unentwegt. Bis es körperlich einfach nicht mehr ging.« Ich fing wieder zu schluchzen an und erhielt ein weiteres Taschentuch.

Mein Beamter schien aber immer noch dem zwischenzeitlich privat angesprochenen Sachverhalt verhaftet: »Sie haben eine 82-jährige Frau?« Ich zuckte mit den Achseln, zog noch einmal an meiner Zigarette und drückte sie dann aus.

»Ich war damals 16 und sie 40. Seit sie aus dem Klimakterium heraus ist, wird es zunehmend anstrengender. Es dauert und dauert. Und sie will jede Nacht, beinahe wie mein Staatsauftrag. Und es tut weh.«

Der Beamte wurde neugierig. »Jede Nacht? Und es tut weh?«

»Ja«, sagte ich, »meine Frau, ich nenne sie liebevoll meine Lebensaufgabe, besteht nur noch aus Haut und Knochen. Es pikt fürchterlich. Und sie ist … quasi unersättlich.«

»Donnerwetter«, kam es lobend, »noch jede Nacht!«

»Und jeden Tag«, ergänzte ich freimütig, »tagsüber habe ich mich inzwischen aber freigekauft. Mit der Pflegestufe zwei für meine Frau habe ich einen Pfleger engagieren können. Der muss sie im täglichen Wechsel von Bürste und Dildo verarzten. An den graden Tagen kommt die Wurzelbürste zum Einsatz, an den ungraden der Dildo. So kann man sich das merken.«

Der Beamte war baff: »Mann, Alter, was Sie durchgemacht haben …«

»Und durchmachen, trotz des Bundesverdienstkreuzes im Wohnzimmer«, sinnierte ich.

»Wie, Sie sind Träger des Bundesverdienstkreuzes?«

»Ich erwähnte doch, dass ich Ministerinnen und Minister auf Auslandsreisen begleitet habe. Warum ich zusätzlich zu den anderen Orden mit dem Bundesverdienstkreuz ausgezeichnet wurde? Quasi als Schweigegeldersatz. Glauben Sie ernsthaft an die Treue viel reisender Männer? Ich kenne aus meiner Begleitschutztätigkeit Edelpuffs in Ost- und Südeuropa, Südamerika, Asien und den Vereinigten Staaten.«

Der Beamte öffnete zum Lüften das Fenster und schüttelte den Kopf. »Das alles soll ich Ihnen glauben?«

»Immerhin bin ich Inhaber eines Schwerbehindertenausweises mit 100 Prozent. Sehen Sie mich an! Glauben Sie ernsthaft, dass meine Gebrechen quasi 100 Prozent Schwerbehinderung rechtfertigen? Ich habe das Merkzeichen *BL* im Schwerbehindertenausweis zu stehen. Das bedeutet »mit Begleitung«. Ja, ich werde stets und ständig begleitet. Quasi unbemerkt. Geheim. Auf den Gängen Ihres Gebäudes werden Sie während meines Besuches unauffällige Menschen sehen, die unzweifelhaft nicht zu Ihren Mitarbeitern gehören. Aber keine Sorge, meine Exkollegen stellen für Sie keine unmittelbare Bedrohung dar. Als Geheimnisträger der Kategorie 1 A werde ich noch heute observiert, tagtäglich. Bis zu meinem Lebensende.«

»Ja aber«, fragte mich der Beamte, »warum konnten Sie denn mit Ihren Kontakten diese lächerliche Parksünde nicht anders regeln lassen? Sozusagen von allerhöchster Stelle.«

Ich atmete tief durch und schnipste die Kippe aus dem Fenster. »Soll meine Tarnung auffliegen? Wollen Sie wegen dieser Lappalie quasi Druck von ganz oben? Wenn das, was Sie hier heute verbocken, an die große Glocke kommt, können Sie die Zeit bis zu Ihrer Pensionierung vielleicht noch grade mal im dunklen Keller Ihres Archivs absitzen. Wenn ich das quasi von oben regeln lasse, sind Sie aber ganz weit unten. Haben die oben nichts anderes zu tun, als sich mit Parksündeneintreibern zu befassen, die verdiente Geheimnisträger quasi berauben? Außerdem gebe ich zu bedenken: Was meinen Sie, was passiert, wenn ich in meinen demnächst erscheinenden Memoiren Ihren Namen und Ihren Rang erwähne? Und dann das noch verbunden mit Ihrer schwach ausgeprägten Menschenkenntnis und Ihrer dafür umso mehr ausgeprägten Ausländerfeindlichkeit?«

Der Mann zerriss den Strafzettel und begleitete mich sogar noch bis zur Tür. Ein vorsichtiger Blick den Gang zu beiden Seiten hinunter versicherte ihm, dass er nichts mehr zu befürchten hatte.

17

POLITISCHE ENTSCHEIDUNGEN

Kaum stehen Wahlen vor der Tür, lauern die seltsamsten Gestalten mit ihren Ständen vor den Eingangstüren unserer Ladengeschäfte. Kann ich das aufdringliche Gehabe vor meinem Eintritt in den Supermarkt gerade noch ab, kotzt mich beim Verlassen des Einkaufsladens das aufgesetzte Grinsen zum Anhalten nötigender Parteimitläufer regelrecht an. Die politischen Stimmenwerber scheinen ausschließlich von ihrem Missionierungsauftrag beseelt und nehmen keinerlei Rücksicht auf mit Tüten und Taschen bepackte Wirbelsäulengeschädigte, die schmerzverzehrt vom Einkauf nur nach Hause wollen, um sich die Riefen der Innenseite ihrer Hände einzucremen und die Plastiktütenindustrie stundenlang zu verdammen.

Und irgendwann war Schluss mit lustig. Der mir den Weg versperrende Fähnchenschwenker war dran. Ich stellte meine Fressalienbeutel auf den Bürgersteig und verwickelte das werbende Parteibuch in eine Grundsatzdiskussion über die Weltpolitik. Dabei nahm ich, nach sechs Stunden zu Hause angekommen, sogar den verwesenden Geruch meiner im Supermarkt erworbenen Tiefkühlware in Kauf. Schließlich hatte ich dem Parteifußvolk gehörig die Meinung gegeigt – und einen Aufnahmeantrag zur Mitgliedschaft in der Tasche. Mir schien mit diesem Straßengespräch die Flasche erst halb leer, sie musste nun konsequent ausgetrunken werden. Meine Lebensaufgabe hielt mich natürlich für verrückt – ich und in die Politik. Allein die Aussicht, eine Zeit lang nicht mehr die ausufernd vorgetragenen Statements der globalen Weltpolitik ertragen zu müssen, veranlasste sie, mich vorläufig von häuslichen Pflichten zu entbinden. Vornehmlich Ehefrauen trauen ja bekanntlich ihren Gefährten nach der Verliebtheitsphase grundsätzlich nicht mehr zu als mit einem vorgeschriebenen Zettel einkaufen zu gehen und den

Müll runterzutragen. Sie können nicht wissen oder wollen nicht wahrhaben, wozu ihre Männer fähig sind.

So saß ich also kurze Zeit später im miefigen Saal eines parteipolitischen Ortsverbandes und verschaffte mir einen Überblick über das gewöhnliche Parteiverhalten. Ich lernte, konspirativ mit dem intimen Parteifreund umzugehen, wie ich ebenso auch den innerparteilichen Feind freundlich mit einem Messer hinter dem Rücken begrüßte, beklatschte und mit feinen Intrigen zu beseitigen hatte. Ich lernte schnell und hatte bald Satzung, Grundsatzprogramm, nichts sagende Worthülsen sowie natürlich auch politische Floskeln im eigenen Programm. Um aber wirksam und nachhaltig etwas verändern zu können, musste ich aufsteigen – von der Kreisliga in die Oberliga. Und dazu braucht es mehr als Hinterfotzigkeit und Schadenfreude. Ich investierte in einen Rhetorikkurs der parteinahen Gewerkschaft sowie in Biografien geliebter und verhasster Berufspolitiker. Ich wälzte Geschichtsbücher und verschluckte Golfbälle, die ich zur klareren Aussprache während meiner Stimmübungen im Mund jonglierte. Zudem fand ich auch Zugang zu einem der bekanntesten Frauenversteher im Haushalt: dem Kleiderschrankspiegel. Ich übte vor meinem Alter Ego Posen und Pausen, nickte Tausenden imaginären Zuhörern zu, intonierte Reden am offenen Fenster bis zur nachbarschaftlichen Anzeige wegen ruhestörenden Lärms.

Nebenher überrundete ich einen nach dem anderen meiner Parteigenossen, bestach abstimmungsberechtigte Mitglieder und stieg so Schritt für Schritt als neuer Heilsbringer auf. Aber viel Feind – viel Ehr. Zweimal musste ich ein Parteiausschlussverfahren wegen meines angeblich zu ähnlichen Habitus der Personen De Gaulle und Hitler überstehen, einmal wollte man mir zusätzlich nötigende Erpressung unterstellen, ein anderes Mal sollte ich bis zur endgültigen Klärung meines Steuerhinterziehungsverfahrens mein Mandat in der Bezirksverordnetenversammlung niederlegen. Ich darf an dieser Stelle verraten, dass sich auf Geburtstagen und in entsprechenden Etablissements erarbeite persönliche Kontakte zu den Parteispitzen so gut wie immer problemlösend auf derartige Schmutzkampagnen auswirken. Von Parteibonzen werden besonders enge Freunde gelegentlich mit dem Kürzel »safe« geadelt, eine Art Universalversicherung gegenüber der Judikative.

Der zunehmende Erfolg löste bei mir bisher unbekannte Suchttendenzen aus. Vor meinem Spiegel entwickelte ich größenwahnähnliche Ansprachen, vor meinem Publikum bestechende Reden. Einstige von mir ausgebootete Parteifreunde wurden nun zwangsläufig zu missgünstigen Opfern meines Aufstiegs. Aber das machte mir nichts aus. Wer in die Politik geht, muss auch in der Lage sein, ehemalige ausgebootete Parteifreunde als Kollateralschäden zurückzulassen.

Ich riss die Massen mit, was angesichts der von mir kopierten Einpeitschrituale durchschnittlicher Hotelanimateure wirklich nichts Besonderes war. Wenn es im Urlaub kreischenden Sportstudenten gelang, zwei- bis dreihundert Pauschalreisende so zu manipulieren, dass sie mit hoch gestreckten Armen alberne Hotellieder grölen, war es auch nicht schwerer, politische Versprechen ohne jeglichen Wahrheitsgehalt an Wähler zu adressieren und Stimmen wie der Rattenfänger von Hammeln zu sichern. Ich hatte bei meinem Aufstieg sogar ein gutes Gefühl, weil ich für Arbeitsplätze sorgte: Meinem Dienstwagen wurde ein Chauffeur zugeteilt. Auf dem Höhepunkt meiner politischen Karriere verfügte ich zusätzlich über zwei persönliche Referenten, drei Bürokräfte und eine von mir erfundene Geliebte, die ich meinen inner- und außerparteilichen Gegnern geschickt zum Fraße vorwarf. Da sie von mir erfunden war, konnte ich publikumswirksam sämtliche von mir selbst inszenierten und geschickt gestreuten Gerüchte über außereheliche Verhältnisse mit Abscheu und Nachdruck zurückweisen.

Meine Lebensaufgabe störte sich weniger an dieser imaginären Frau als an meiner ständigen Abwesenheit. Gremienarbeit, Fraktionssitzungen und Bordellbesuche mit Lobbyisten nagten am beschaulichen Alltag der eintönigen Familienidylle. Statt des Feierabendbiers konsumierte ich nun Sekt, Kaviar und auch Champagner. Meine Autogrammkarten ließ ich der Menge wegen von studentischen Hilfskräften und Praktikanten signieren, meine Anzüge beim Schneider maßfertigen, meine Reisen in die Karibik durch Wirtschaftsbosse finanzieren.

Sie liegen nicht falsch, wenn Sie mich hinter mehreren einschlägigen Gesetzesvorlagen vergangener Legislaturperioden vermuten. Einfuhrzollbestimmungen für geschälte Äpfel, die Abschaffung der Doppelbesteuerung für erbrachte Dienstleistungen nicht selbst angetriebener Schubkarren im bilateralen Verkehr oder die Verordnung über das Wunsch- und Wahlrecht der Gummi produzierenden Industrie bei der Gestaltung öffentlich und privat genutzter Thermoskannen sind auf meinem Mist gewachsen. Fabrikanten rannten mir die Tür ein, das Fernsehen war mein ständiger Begleiter, Boxpromotoren luden mich zu weltweit übertragenen Veranstaltungen ein. In der Adventszeit besuchte ich regelmäßig über 80 Weihnachtsfeiern, verfügte infolgedessen über ein unerschöpfliches Reservoir an halbseidenen Witzen und amüsierte mich über zig Einladungen zu Silvesterfeiern im großen und im kleinen Kreis. Ich musste nicht an Marktständen stehen und Luftballons aufpusten. Ich stand an weiß gedeckten Bistrotischen und prustete vor Lachen, wenn seriöse Männer in Anzügen Klein-Erna-Witze erzählten.

Irgendwann aber wurde es langweilig. Allmählich begann ich zu merken, dass meine gesunde Vorsicht gegenüber der Staatsobrigkeit im Allgemeinen und Politikern im Besonderen einer parteiübergreifenden Beliebigkeit gewichen war. Ich war bei meinen Gegnern gefürchtet und bei den Menschen beliebt. Dafür hatte ich gekämpft. Nun wollte ich endlich aber auch etwas für das Volk tun. Für diejenigen, die mich schließlich zu ihrem Sprachrohr gemacht hatten. Gesetzesvorlagen und Erlasse waren mir nicht mehr genug. Ich gelangte zu der Überzeugung, dass unser pluralistisches Parteiengemenge abgeschafft werden müsse. Das Schicksal der Gesellschaft sollte basisdemokratisch ohne Wenn und Aber zum Bürger selbst zurückgeführt werden: mit einem Wahlrecht für alle Menschen ab der Geburt. Neugeborene und Kleinkinder vor der Einschulung sollten bei Wahlen anhand zweifelsfreier Mimik votieren dürfen, ältere Menschen auch; Lächeln im Gesicht sollte dafür, Weinen dagegen bedeuten.

Statt bürokratisch aufgeblasener Ministerien sollte nur noch eine Regierungsstabstelle mit einer geachteten und vom Volk geliebten Person an der Spitze die erforderlichen Bedarfe umsetzen. Bei dem obersten Mandatsträger dachte ich an eine aus dem Volke kommende Person, die sich auch vor Einkäufen im Supermarkt nicht fürchtet, die sich gegebenenfalls durch eine längere Partnerbeziehung mit in Demut geführten Hausarbeiten auskennt, notfalls auch nackt vors Volk zu treten in der Lage ist und Menschen einfach begeistert. Aus dem Bewerberkreis auszuschließen wären allerdings im Ausland weilende Hotelanimateure, um einer instrumentalisierenden Manipulation des Volkes präventiv entgegenzuwirken – es sei denn, das Volk entscheidet per Volksentscheid anders.

So naheliegend die bürgernahe Reformierung auch schien, meine politischen Ideen zur Erneuerung des Staates fielen nicht auf fruchtbaren Boden. Selbst meine intimsten Parteifreunde sahen nicht ein, den Kuchen mit der Unterschicht zu teilen, den Bürger selbst entscheiden zu lassen und mich zur Übernahme sämtlicher Staats- und Regierungsgeschäfte ins Spiel zu bringen.

Musste ich wirklich erst die Keule der erzwungenen Zustimmung herausholen und alle Kolleginnen und Kollegen durch mehr oder weniger sanften Druck davon überzeugen, meine Ideen laut, deutlich und vor allem medienwirksam zu transportieren? Ja gut, ich kannte den dazu erforderlichen Alkoholspiegel maßgeblicher Politikerkollegen, genauso wie ich die geheime Spielsucht oder andere Leichen im Keller einflussreichster Volksvertreter zur Durchsetzung meiner politischen Pläne hätte nutzen können. Ich wusste, wo, wann und wie ich ansetzen muss, um parteiübergreifend die notwendigen Zustimmungen über mein politisches Vorhaben zu erzwingen. Aber soll man alles, was man weiß, nutzen, um einen politischen Trend zu entzünden und eine neue Ordnung im Staate durchzusetzen? Politiker sind auch nur Menschen. Dies ist wirklich keine Floskel. Warum sonst sollten sich erwachsene Männer aus höchsten politischen Kreisen gern von Frauen in entsprechenden Etablissements heimlich züchtigen lassen? Und was bringt gestandene Politikerinnen in hohen Ämtern dazu, heimlich knabenhaften Jünglingen beim Bauchtanz mit Bananenkostümen zuzusehen? Wäre jetzt nicht der Zeitpunkt gekommen, ordnungspolitisch ein für alle Mal Klarheit zu schaffen?

Meine politischen Karrierevorstellungen und meine sittlichen Moralvorstellungen standen sich diametral gegenüber. Ich zog mich zurück und ein Resümee: In der Anfangszeit meiner politischen Laufbahn glaubte ich wirklich, dass jedes von Menschen gemachte System fehlertolerant sein müsse und nackt geführte Fraktionssitzungen den Fair-Trade-Gedanken befördern. Aber sollte die Politikern oft nachgesagte Versteiftheit nicht doch oberhalb des Sitzungstisches bleiben? Irgendwann konnte ich von Politkollegen nicht mehr hören: »Als Politiker sind wir so zugeknöpft, lass uns mal in die Sauna gehen.« Ich bin nicht prüde, wirklich nicht, aber Beschluss fassende Absprachen wollte ich einfach nicht mehr im Fokus männlicher und weiblicher Geschlechtsteile bei über 60 Grad treffen. Zudem hatte sich infolge der Bitte, nur nicht in eine Dampfsauna zu gehen, weil man den Parteifreund in seiner Gesamtheit erfassen müsse, seit jener Zeit bei mir eine Saunaphobie manifestiert.

Seit meiner politischen Aktivistenzeit kann ich übrigens auch keine mir in die Ohrmuschel geflüsterten Beleidigungen mehr ertragen. Schauen Sie den Politikern einmal genau aufs Maul, wenn sie süffisant lächelnd dem Koalitionspartner das Ohr abkauen. Und ganz gefährlich ist es, wenn der Angeknabberte mit einem Lächeln reagiert. In politischen Kreisen bedeutet dies: Ich hasse dich auch. Das Händeschütteln verrät, wer im wahrsten Sinne des Wortes am

Zuge ist. Aber wem erzähl ich das. Ich hatte jedenfalls irgendwann die Schnauze voll und stieg aus. Glücklicherweise, sonst wäre ich heute womöglich Kanzler.

18

SOZIALARBEIT INTERN

Ich erinnere mich gerne an die Zeiten, als die Sozialarbeiterinnen mit wallenden Kleidern und ihre männlichen Kollegen mit Latzhosen und selbst gestrickten Schwedenpullovern herumliefen. In den frühen 80er-Jahren konnte man das Geschlecht jener selbst ernannten Gutmenschen mit Helfersyndrom allenfalls von vorne erkennen, von hinten sahen alle wegen der lockigen Mähnen, die ein gutes Stück über der Schulter getragen wurden, gleich aus. Ich arbeitete damals in einer therapeutischen Familienberatungsstelle, die in seelische Not geratenen Menschen psychotherapeutische Hilfe versprach.

Eines Tages im Hochsommer betrat ich morgens frohgemut und ein Liedchen pfeifend die Arbeitsstätte – und sah in das abtörnend konsternierte Gesicht einer Kollegin.

»Sag mal«, hörte ich sie sagen, »wie unsensibel bist du denn?« Fragende Blicke. »Du kommst hier lächelnd und pfeifend rein«, fuhr sie fort, »ohne zu bemerken, dass ich mich gerade in einer existenziellen Lebenskrise befinde.« Sofort stellte ich die Mimik auf kollegiales Mitleid um und folgte der versteckten Aufforderung, mich der Klagenden einfühlsam und professionell zu widmen: »Was ist denn passiert?«

Die Kollegin stopfte sich eine hinten dünne, vorne dicke Selbstgedrehte ins Gesicht, schüttelte das lange Haar affektiert zweimal hin und her und pustete provokant langsam den Rauch ihrem aus dem Bürofenster schweifenden Blick hinterher.

»Ich bin unzufrieden, ungeliebt und unbefriedigt, werde weder begehrt noch geliebt noch geleckt. Scheiße!«

»Geleckt?«, fragte ich Verständnis heuchelnd nach. Die kollegiale Klientin lehnte sich einen weiteren Zug nehmend zurück.

»Typisch Mann«, fuhr sie fort, »achtet nicht auf das Wesentliche, ergötzt sich an Details und hat null Empathie.« Sie inhalierte hastig den nächsten Zug, um dem Gegenüber keine unmittelbare Entgegnung zu ermöglichen. »Männer sind eben als Therapeuten ungeeignet. Können nicht zuhören, sind unsensibel und immer nur – respektive dauernd – mit der Bewältigung ihrer ödipalen Kindheitserlebnisse beschäftigt.«

Ich schaute meine Kollegin schweigend an. Dann hauchte ich therapeutisch: »Willst du lieber mit Ute oder Brigitte sprechen?«

Ute und Brigitte waren Kolleginnen. Die offensichtlich vom Leben Vernachlässigte drückte ihren Stummel aus, kramte eine verchromte Tabaksdose hervor und drehte sich fix mit der Hand den nächsten Genussstängel. Zweimal das Haar hin und her wedelnd, fuhr sie, mich immer noch keines Blickes würdigend, fort: »Ute und Brigitte sitzen in der Kaffeeküche und supervidieren gegenseitig ihre Beziehungskonflikte. Die haben keine Zeit.«

Ich lehnte mich etwas nach vorne, um Interesse zu signalisieren, und wurde weiter in Kenntnis gesetzt.

»Ute hat gerade ihre Lebenspartnerin rausgeschmissen und Brigitte ist gestern Abend von ihrem Lover verlassen worden. Scheiß Kerle!«

»Wie denn das?«, hakte ich besorgt nach. Heller Qualm mit süßlichem Geschmack wehte durch das Zimmer. Haarschütteln und tiefes Inhalieren. »Utes immerhin fast vier Jahre andauernde lesbische Beziehung hat ihr Coming-out als bisexuell Orientierte durch einen heftigen Flirt mit Brigittes Freund und anschließender Nummer mit dem Arschloch dokumentiert. Scheiß Fahnenflüchtige.«

»Utes Freundin und Brigittes Mann?«, überlegte ich laut, was sogleich eine ernsthafte Mahnung nach sich zog. »Hey, ich bin die, der es schlecht geht. Könntest du dich bitte ausnahmsweise mal mir widmen, statt dich am Leid deiner Kolleginnen aufzugeilen!«

Ich konzentrierte mich wieder auf den akuten Fall, um der Krisengeschüttelten Anteilnahme vorzugaukeln.

»Dir geht es schlecht«, versuchte ich, den Gesprächsfaden in die Hand zu bekommen. Die Rauchende lehnte sich gemütlich in die Couch.

»Natürlich geht es mir schlecht. Und hör bitte mit deinen gestelzten Therapieformulierungen auf. Es geht mir sehr, sehr schlecht.«

Dann machte sie eine ihre momentane Stimmung untermauernde Pause. »Immer bin ich nur für andere da, sorge mich um alles und jeden. Meiner sensiblen Haltung für das Leid der gesamten beschissenen Menschheit steht euer unsensibles, verschissenes Verhalten gegenüber – und das überfordert mich. Auf der Schiene kann ich nicht weiterarbeiten.« Es folgten strafende Blicke: »Verdammt noch mal, werdet endlich erwachsen und lernt gefälligst, dass ich nicht die Mutter der Nation bin!«

Ich hatte aufmerksam zugehört und insistierte: »Du sagtest soeben ›euer unsensibles Verhalten‹. Wer ist ›euer‹? Wen meinst du damit?« Mein Gegenüber inhalierte tief und reagierte heftig.

»Ich sag mal, euch alle. Harald hat heute Morgen auch schon angerufen.« Harald war ein Kollege, der sich gerade in der vierten psychotherapeutischen Ausbildung und seit zehn Jahren in Eigenanalyse bei einem stadtbekannten Psychoanalytiker befand.

»Er bittet dich, in den nächsten vier Wochen seine Fälle zu übernehmen, da er auch Lebenskrise hat und die Zeit zum Sinnieren am Wannsee benötigt.«

Ich schaute verdutzt. »Ich soll schon wieder Harald vertreten, zu meinen auch noch Haralds Fälle übernehmen?«

»Entschuldigung«, paffte es mir entgegen, »alle anderen von uns laufen psychisch auf dem Zahnfleisch und können das Unglück vom höchsten Berge nicht mehr übersehen. Und nach der neuesten Übertragungstheorie von Professor Heimberg aus der

Schweiz gilt ohnehin der gleichgeschlechtliche Personalersatz bei Verhinderung von Stammtherapeuten als Mittel der Wahl.« Ich wusste um diesen kleinen Kniff, immer dann, wenn man mangels objektiv nachweisbarer Argumente diesen Professor Heimberg aus der Schweiz ins Spiel brachte. Den Mann gab es im Gegensatz zu der schönen Stadt Bielefeld überhaupt nicht, allerdings auch noch nicht das Internet mit seinen Suchmaschinen und der Möglichkeit, das gegnerische Argument umgehend ad absurdum zu führen. »Ach«, dämmerte es mir laut, »ich soll Haralds mit ausgedehnten Sonnenbädern am Strandbad Wannsee kombinierte Faulheit kompensieren!«

Kurzes Kopf- und Haarschütteln auf der anderen Seite. »Ja. Es sei denn, du bist ein sozial verarmtes Kollegenschwein mit narzisstischen Persönlichkeitszügen und der Tendenz zu psycho-motivationalen, an Schwächeren ausgelebten Gewaltfantasien.« Kurze Pause. »Um wie viele Fälle handelt es sich denn?«, fragte ich.

Erst ein tiefer, genüsslicher Zug, dann die emotionslose Antwort: »Volle Hütte. Ich habe die Akten schon auf deinen Schreibtisch gelegt.« Ich stand auf, um mein Büro aufzusuchen.

»Ich werd mich dann mal zu Ute und Brigitte setzen«, hörte ich beim Rausgehen, »Frauenpower braucht das Scheißland!«

19

KRAUSES HOCHZEIT

Krause aus der Buchhaltung verbrachte jeden seiner Urlaube in Thailand. Da Krause Single war, wurde hinter seinem Rücken munkelnd gerätselt, ob er das begehrte Reiseziel wegen der Frauen oder wegen der Bübchen aufsuchte. Weder seine Kleidung noch seine Sprache oder seine Gesten ließen verlässliche Rückschlüsse auf Krauses sexuelle Präferenz zu. Er selbst schwärmte von der Schönheit des Landes und zeigte nur Fotos mit grünen Landschaften oder herrlichen Stränden. Bis er eines Tages die gesamte Abteilung zu seiner Hochzeit einlud.

Krause aus der Buchhaltung hatte sein Glück in Thailand gefunden, dort auch schon seine 21-jährige Traumfrau geheiratet und war wild entschlossen, die Ehe auch vor einem deutschen Standesamt zu legalisieren. Dazu hatte er Schmitti, unseren Hausmeister, als Fahrer seines für die Hochzeit gemieteten Rolls-Royce auserkoren sowie meine Kollegin Babsi und mich als Trauzeugen. Die besonderen Ehren wurden uns laut Krause zuteil, weil wir uns nicht an den hinter seinem Rücken geführten Wetten über seine sexuellen Vorlieben beteiligt hatten. Aus Anstandsgründen, aber auch weil er keine eigene Familie hatte, wollte er trotz alledem seinen gut 40 Personen umfassenden Kollegenkreis sowohl am Polterabend als auch an der standesamtlichen Zeremonie mit anschließender Feier im Hotel am See teilhaben lassen. Buchhalter Krause konnte sich die aufwendigen Feierlichkeiten erlauben, weil er gut mit Zahlen umgehen konnte und außer für seine Auslandsaufenthalte in Thailand kaum Geld ausgab.

Zum Polterabend fuhr ich ohne meine Lebensaufgabe, da sie Hausmeister Schmitt wegen seiner platt vorgetragenen sexistischen Witze nicht mochte und Babsi mit ihrer für meine Frau zu offenherzigen Kleidung lieber von hinten als von vorne sah. So verpasste sie eine aufgestrapste Kollegin in einer durchsichtigen Bluse und einen Polterabend mit Alkohol bis zum Abwinken. Nachts um halb zwei fuhr ich Schmitti nach Hause, der eine Kollegin im Schlepptau hatte, die eigentlich Ludmilla mit Vornamen hieß, von ihm aber unentwegt mit Ludovika angesprochen wurde. Ludmilla oder Ludovika kicherte über jeden von Schmitti im Alkoholrausch gesäuselten Witz und entschwand mit ihm in seiner Haustür und der von mir vorsorglich noch hinterhergerufenen Mahnung: »Denkt dran, dass Schmitti nachher den Trauwagen fahren soll. Ich hole euch um 8.30 Uhr ab.«

Um eine Minute vor halb neun klingelte ich Sturm an Schmittis Wohnung. Wir hatten verabredet, zur neunten Stunde beim Autoverleiher zu sein, das Brautpaar um halb zehn Uhr abzuholen und um zehn Uhr beim Standesamt einzutreffen. Die Eheschließung war für 10.20 Uhr terminiert, sodass noch etwas Reservezeit einkalkuliert werden konnte. Ich klingelte mir mittlerweile die Finger wund, aber niemand öffnete. Was hatte Hausmeister Schmitt veranstaltet, mein Klingeln und jetzt auch noch mein massives Klopfen zu überhören? Ich bummerte an der Tür, rüttelte am Knauf, trat mit den Füßen gegen den Briefschlitz in Kniehöhe, doch nichts tat sich. Es waren inzwischen gut 15 Minuten vergangen. In den Etagen über und unter Schmittis Wohnung regte sich lauter Unmut wegen des Krachs am frühen Morgen. Dann die Erlösung: Schmitti stand, wie Gott ihn schuf, vor mir und fragte sternhagelvoll, was ich wolle. Ich tippte auf meine Armbanduhr und schrie in Panik: »Zehn vor neun, wir wollten um neun Uhr den Rolls-Royce für Krause abholen!« Schmitti strich sich mit der Hand durchs fettige Haar: »Welcher Krause? Und welcher Rolls-Royce?« Dann trat er schwankend einen Schritt auf mich zu und flüsterte: »Außerdem geht das jetzt nicht – ich habe Damenbesuch.«

Unter der Dusche kehrte allmählich Hausmeister Schmittis Erinnerungsvermögen zurück. Um den Reinigungsvorgang zu beschleunigen, hatte sich Ludmilla oder Ludovica mit in die Duschkabine gedrängt, was die Sache aber sichtbar entschleunigte. Ich zog es vor, außerhalb des Badezimmers zu warten und lieber jede Minute laut zu fordern: »Beeilt euch, wir sollten in zehn Minuten bei dem Brautpaar sein!«

Mit nassen Haaren und hoch verkatert zwang sich Schmitti nach dem Duschgang in einen Anzug, der mir irgendwie aus einem Film, der in den 30er-Jahren des vergangenen Jahrhunderts spielte, bekannt vorkam. Unrasiert, mit Joggingschuhen aus den 80ern und dem verschwitzten Hemd vom Polterabend stürzte Schmitti mit Ludoweißichwas und mir zur Tür heraus.

Stopp und wieder zurück in die Wohnung.

Der Chauffeur des Brautwagens brauchte zum Kutschieren des Fahrzeugs seinen Führerschein. Wir durchsuchten die ganze Wohnung, durchstöberten erst die Schränke, dann Schmittis Kleidung. Zum Schluss rissen wir alle Schubladen auf und schütteten deren Inhalte auf den Boden. Die amtliche Fahrerlaubnis war nicht auffindbar. Um 9.45 Uhr fiel Schmitti ein, dass er die Pappe vor knapp sechs Monaten für ein Jahr wegen Alkohol am Steuer abgegeben hatte und Buchhalter Krause und seine Zukünftige ohnehin schwarz transportieren wollte.

Die Uhr verriet uns, dass die Zeit für die Abholung des Rolls-Royce längst verstrichen war, es jetzt nur noch um mein pünktliches Erscheinen als Trauzeuge gehen konnte. Um es noch einigermaßen rechtzeitig zum Standesamt zu schaffen, rannten wir zu meinem Wagen und mussten dabei die vor Erschöpfung keuchende Ludosonstewas zurücklassen. Während der Fahrt zum Rathaus ereiferte sich Hausmeister Schmitti, dass Ludovica im Bett mal hätte so keuchen sollen oder unter der Dusche.

Im Eiltempo rasten wir die Treppen des Rathauses hoch – und standen vor verschlossenen Türen des Standesamtes. Na ja, Schmittis Eiltempo glich mehr der Geschwindigkeit einer Seniorengruppe beim Tai-Chi, was mich wieder an Krauses Braut erinnerte. Und an meine Aufgabe als Trauzeuge. Diese konnte nun nicht mehr wahrgenommen werden. Die Zeremonie hatte pünktlich ohne Schmitti und mich begonnen, die Tür des Hochzeitssaals war für Zuspätgekommene unwiderruflich versperrt und ich bei Buchhalter Krause höchstwahrscheinlich für immer unten durch. Allein Schmitti mit seiner gehörigen Portion Restalkohol im Gehirn wollte diese Tatsache nicht akzeptieren. Einen Hausmeister Schmitt, dem allein schon beruflich die Schlüsselposition zustand, schrie er laut, versperre man keine Tür. So wie ich Stunden vorher an seiner, klopfte und bummerte Schmitti randalierend an der verschlossenen Tür zur Hochzeitsversammlung. Er drohte allen Anwesenden und Eingesperrten, zur Abschreckung drei Köpfe von Standesbeamten an die Rathaustür zu nageln, sollte er nicht unverzüglich Einlass zum Saal finden. Die Tür blieb trotz der massiven Drohung verschlossen. Die Zeit bis zur Wiedereröffnung verbrachte unser Betriebshausmeister mit lallenden Anrufen bei allen bekannten Tageszeitungen, um über den Skandal und seine nun eintretenden Konsequenzen zu informieren.

Im Überschwang seiner Gefühle gestattete der glückliche Bräutigam mit seiner seltsam kindlich aussehenden Ehefrau Schmitti und mir die nachträgliche Einreihung in die Hochzeitsgesellschaft. Statt meiner Person hatte sich rasch ein Ersatztrauzeuge finden können und vorher auch noch ein Nachbar, der das wartende Hochzeitspaar rechtzeitig zum Rathaus gebracht hatte. Ein Dauerstreit zwischen Schmitti und dem Hochzeitsfotografen, der Schmitti mehrmals, aber vergeblich bat, auf dem Bild der Hochzeitsversammlung nicht so hin und her zu schwanken, verzögerte die Abfahrt zum Hotel um rund 15 Minuten, was aber das Brautpaar weniger störte als unseren Kollegenkreis, der bereits das Buffet im Kopf hatte und schon förmlich im Magen spürte. Am Buffet fiel unser Hausmeister dann doch noch mal unangenehm auf, seine deftige Beschwerde beim Servicepersonal über den lauen Kaffee wurde mit den Worten zurückgewiesen, dass es sich bei dem Getränk um eine Schildkrötensuppe handele. Im Betrieb sprachen die Kolleginnen und Kollegen drei Wochen lang nicht mehr mit Schmitti und mir. Außer Krause, der mir weltmännisch erklärte, dass auf jeder Hochzeit mit solchen Vorkommnissen zu rechnen sei, und Ludovica, die früher mal Ludmilla hieß, auch noch rechtzeitig den Weg in das Hotel gefunden hatte, um sich am Buffet und mit Schmitti zu amüsieren.

20

ZU VIEL KOPFKINO

Ich hatte mal wieder keine Arbeit, leistete mir aber weiterhin den Luxus einer Familie, deren Daseinszweck scheinbar ausschließlich darin bestand, mich jeden Tag auf Geld und auf meine fehlende Bereitschaft anzusprechen, dieses in Massen anzukarren.

Irgendwann durch die steten Anfeindungen meiner engsten Angehörigen zermürbt, begleitete ich einen Freund, der sich gelegentlich als Kleindarsteller beim Film etwas hinzuverdiente, zu einem Casting für eine Produktion in die Babelsberger Filmstudios nach Potsdam. Ich brauchte dringend mal wieder Marmelade auf dem Brot, meine Familie Kaviar, mein Kumpel Begleitung. Was macht man nicht alles mangels Masse oder wegen massenhaften Mangels.

Die Aussicht auf eine Tagesbörse von 50 Euro, die als Komparsengage versprochen wurde, verband ich zugleich mit der Hoffnung, an einem Film mitwirken zu dürfen, den sich meine Urenkel vielleicht noch ansehen werden. Unter unzähligen Komparsen, die letztlich aber nur als nichts sagende Gäste in einer Restaurantszene des Films herumsitzen sollten, wurden meinem Kumpel und mir die tragenden Rollen zweier Kellner übertragen, die in der besagten Szene mit beladenen Tabletts an den beiden Hauptdarstellern vorbeilaufen sollten. Wir hatten uns die Kellnerrollen mit einer überzeugenden schauspielerischen Leistung ermogelt, in der wir uns als ehemaliger Oberkellner und als Souschef eines 3-Sterne-Restaurants ausgaben. Die Frage »Wieso ehemalige?« beantworteten wir mit unserer homosexuellen Identität, die uns zueinander, dadurch aber auch aus dem gut bezahlten Job gebracht hätte. Mit diesem, unserem Schicksal hatten wir einen nicht geringen Teil der Filmcrew zu Tränen gerührt und erhielten unserer hervorgehobenen Rollen wegen 25 Euro mehr als die gewöhnlichen Kleindarsteller sowie zwei Kellneroutfits.

Bevor unser Auftritt aufgezeichnet werden sollte, musste er mehrmals geprobt werden. Dabei bemerkte die an einem opulent gedeckten Tisch sitzende Hauptdarstellerin, eine mir unbekannte Diva mit affektivem Gehabe, dass mein Kumpel und ich vom Wuchs her zu groß wären und sie daher in dieser Szene nur ungünstig aufgenommen werden könne. Ihr Tischpartner, ein deutscher Fernsehstar, der mir im Fernsehen immer größer und wuchtiger erschien, passte aufgrund seiner tatsächlichen knabenhaft mickrigen Figur bestens zu der keifenden Schauspielerin. Man erwog zunächst, meinen Kumpel und mich gegen zwergenwüchsige Kellnerkomparsen auszutauschen, fand aber auf die Schnelle keine. Also erhielten Hauptdarstellerin und Hauptdarsteller aus dem Fundus der Requisite ganz hohe Stühle mit überlangen Beinen und sahen sich nun wieder auf Augenhöhe mit »denen da«, wie wir genannt wurden. Mein gut gemeinter an die Regieassistentin gerichteter Ratschlag, bei der Besetzung eines Films zukünftig mal auf die Körpergröße der Hauptdarsteller zu achten, kostete mich fast mein Engagement.

Die Lösung des Körpergrößenproblems hatte inzwischen so viel Produktionszeit in Anspruch genommen, dass für die Aufnahme der Szene ein weiterer Drehtag anfiel und damit erfreulicherweise eine weitere Tagesgage für mich. Die Nacht zwischen den monumentalen Auftritten verbrachte ich mit der Lektüre des Drehbuchs, das ich unauffällig mitgehen ließ. Und da fiel mir so einiges auf. Während am folgenden Tag der Regisseur weder Zeit noch Lust hatte, mit mir über das Drehbuch zu sprechen, verschaffte mir mein Kumpel einen Kurztermin bei dem ausführenden Produzenten des Meisterwerkes, dem Mann, der am Filmset über Geld und Zeit wacht. Ich hatte nämlich einige Ideen zur Senkung der Produktionskosten entwickelt. Zunächst war das Drehbuch zu lang. Nächtens hatte ich mir die Mühe gemacht, unwichtige Szenen und unnötige Dialoge zu streichen. Aus 90 Minuten Filmdauer hatte ich 32 gemacht und mich dabei geärgert, nicht auf glatte 30 gekommen zu sein. Der Produzent schaute mich ungläubig an. »Ich zeig's Ihnen«, sagte ich und schlug die Seite mit dem ersten Änderungsvorschlag auf, »hier haben wir eine fast zwei Minuten dauernde Sexszene im Schlafzimmer des Hauptdarstellers. Können wir sparen. Wir verlegen die Bettszene einfach in die Küche und machen einen 15-sekündigen Quickie draus, auf der Arbeitsplatte neben dem Herd.« Der Produzent schaute mich fragend an. Ich hatte damit gerechnet, dass mein Kürzungsvorschlag Irritationen hervorrufen würde. »Natürlich«, fuhr ich fort, »weiß ich, dass meine Korrektur erhöhte Anforderungen insbesondere an den männlichen Part der Szene stellt, aber bedenken Sie die Einsparung der Produktionskosten bei der Reduzierung der Aufnahmezeit!«

Die Liebesszene im Bett, entgegnete der Produzent, sei aber künstlerisch enorm wichtig, weil sie die tragenden Gefühle der Zerrissenheit des Protagonisten transportiere und dem Zuschauer anhand der sich in körperlicher Liebe verlierenden Verletzbarkeit sichtbar mache.

»Seien Sie mal ehrlich«, zertrümmerte ich das Gegenargument, »wohnen Sie als Zuschauer lieber einer langweiligen, Ihnen bestens bekannten Bettszene bei aus der ätzenden Öde der eigenen Paarbeziehung oder einem knackigen Quickie, der unverhofft, kurz und heftig einschlägt wie der Blitz im Hause des Chefs?« Das wäre Ansichtssache und eine Frage der persönlichen Einstellung, keinesfalls aber künstlerisch wertvoll.

»Gut«, sagte ich und blätterte weiter, »schauen wir auf das Bild Nummer 87. Hier prügeln sich Hauptdarsteller und Nebenbuhler in einer Szene geschlagene 35 Sekunden. Lassen wir doch den Nebenbuhler als Gewinner der Prügelei einen Schlagring tragen. Damit haut er einmal kräftig zu und gut is, wie der Berliner sagt. An der Stelle sparen wir glatt eine halbe Minute.«

Aber auch dieser Vorschlag fiel nicht auf fruchtbaren Boden. Welcher Zuschauer, wurde ich abgebügelt, würde Geld an der Kinokasse für eine romantische Kriminalkomödie ausgeben, die nur 32 Minuten dauert. Diesem Argument konnte ich mich – objektiv gesehen – nicht entziehen. »Wie wär's«, schlug ich vor, »wenn wir zur Kompensation der zeitlichen Einsparungen die Rollen der beiden Kellner im Restaurant etwas ausbauen?« Der eine könnte ein verdeckter Ermittler des Sittendezernats sein, der den Hauptdarsteller nach Jahren der ergebnislosen Strafverfolgung endlich der Zuhälterei überführen wird, der andere, gespielt von meinem Kumpel, ein verklemmter Einzelgänger mit Hang zu obszönen Anspielungen in der Kommunikation mit weiblichen Gästen und dem männlichen Küchenpersonal.

Nein. Das Drehbuch sei in seiner jetzigen Fassung genügend, nämlich insgesamt achtmal, überarbeitet worden und nun endgültig zur Produktionsreife gelangt.

Auch mein letzter Versuch der Zeit- und Kostenersparnis wurde verworfen: Ich wollte die beiden vom Wachstum her zu kurz geratenen Hauptdarsteller im zweiten Drittel des Films bei dem Versuch sterben lassen, durch die Einnahme einer verbotenen Substanz aus der Küche des Restaurants auf eine Körpergröße von 1,65 Meter zu wachsen. Im Schlussbild gleich groß, aber tot würden sie auf Kinderstühlen eingequetscht am opulent gedeckten Tisch des Restaurants mit weißen Stoffservietten am Kragen zu sehen sein. Vor dem Eintritt des Exitus hätten sie noch rasch einander ein größeres Leben im Jenseits versprochen und wären dann langsam, aber sicher durch die Wirkung des Wachstumsmittels von den Holzstreben ihrer Kinderstühle stranguliert worden.

Meine Optimierungsvorschläge führten tatsächlich zu einer kurzen Unterbrechung der Dreharbeiten. Der Produzent, ein Aufnahmeleiter, die ebenso rotzfreche wie eitle Regieassistentin sowie Leute von der Security zogen sich in der nächsten Drehpause für vielleicht zwei Minuten zurück. Offenbar waren meine Änderungsvorschläge auf fruchtbaren Boden gefallen. Zumindest hatten sie ein – wenn auch nur kurzes – Nachdenken bei den Filmemachern bewirkt. Was ganz genau zu der folgenden Entscheidung geführt hat, kann nur spekuliert werden, ich fand es von der Filmproduktionsgesellschaft allerdings höchst unprofessionell, mir und meinem Kumpel ein sofortiges Drehverbot zu erteilen und uns vom Drehort entfernen zu lassen. Mit einem strafenden Blick der Regieassistentin wurden wir in Begleitung zweier Wachschutzleute zum Studioausgang geführt und des Filmgeländes verwiesen. Unsere Kellnerrollen erhielten zwei andere Komparsen und wir keinen Cent. Den fertigen Film habe ich später im Fernsehen angeschaut und die Restaurantszene dabei genauestens analysiert – die Kellner waren wirklich nicht besonders, und die beiden Hauptdarsteller wirkten viel größer, als sie in Wirklichkeit sind. Richtig geärgert hat mich nur, dass beide in der Tischszene ihre Designerkleidung durch weiße Servietten am Kragen schützten – meine Frau lachte sich tot über den humoristischen Einfall, und ich ärgerte mich über den unverfrorenen Diebstahl geistigen Eigentums.

4

SOZIALNEUROSEN

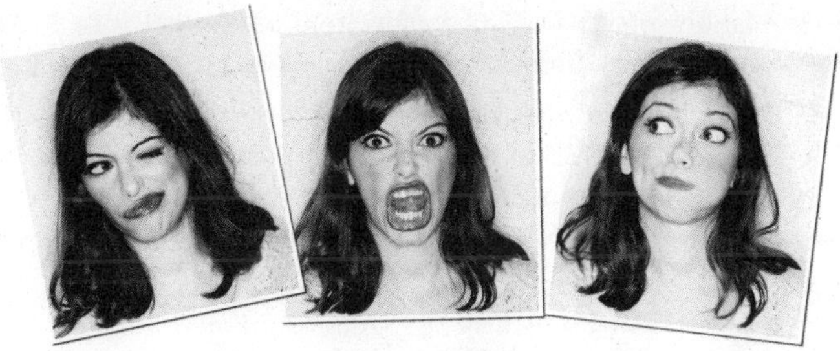

21

SONNABENDLICHE GEBURTSTAGSPLANUNG

Irgendwann störte mich meine Angetraute während der Zeitungslektüre mit den Worten: »Ist mal wieder so weit.« Eine Bemerkung, mit der – außer Frauen – niemand etwas anfangen kann und die in der Regel nichts Gutes verheißt. Ängstlich lenkte ich meine Aufmerksamkeit von der Sportseite in das Gesicht meiner Lebensaufgabe. »Na, dein Geburtstag!«, half sie mir auf die Sprünge.

»Mmh«, murmelte ich, was sie wie immer zum Anlass nahm, mich nachzuäffen. »Mmh, ist das alles, was dir dazu einfällt?«

Was sollte einem Best Ager noch zu seinem Geburtstag einfallen – vielleicht »Kenne ich« oder »Sieh an, wie die Zeit vergeht«?

»Ich habe mir da schon was ausgedacht für deine Feier«, fuhr sie fort. Bei mir bimmelten die Alarmglocken. Wenn Frauen so anfangen, bedeutet das Stress pur. Noch bevor ich etwas – natürlich aus ihrer Sicht Dummes oder Unüberlegtes – sagen konnte, klärte sie mich über eine der vielen von Frauen erfundenen Regeln auf: »Diesmal planen wir eine richtige Geburtstagsfeier mit allem Drum und Dran.«

»Ich will aber gar nicht feiern, schon gar nicht mit allem Drum und Dran«, antwortete ich, der schon zu viele dieser eher unangenehmen Prozeduren über sich hatte ergehen lassen müssen.

»Schatz, deshalb übernehme ich ja die Planung«, klärte mich meine Lebensaufgabe weiter auf, »das Ding wird der Hammer!« Das Alarmglockengebimmel steigerte sich bei mir zum stillen Schrei.

»Ich werde irgendetwas um die 50 rum, da muss ich keine Hammergeburtstagsfeier haben«, versuchte ich noch, das Schlimmste abzuwenden, »Mit Drum und Dran und Hammer feiert man runde Geburtstage, den 60. vielleicht, besser noch den 80. oder den 100.«

»Papperlapapp«, antwortete sie, »wer weiß, ob du überhaupt 60 wirst oder 80. Und 100 bei deinem Lebenswandel? Scherzkeks!«

Ich befand mich bereits im Strudel weiblicher Gesprächstaktik, einer strategischen Waffe, der wir Männer ohnehin hilflos ausgeliefert sind.

»Wir können nicht alle einladen, das würde zu groß, aber ein wenig mehr als im letzten Jahr gehört sich einfach«, fuhr Madame fort.

»Im letzten Jahr waren wir 20 oder so«, wollte ich sie korrigieren und wurde dabei harsch unterbrochen.

»Eben. 20. Wo allein unsere Familie schon weitaus größer ist. Und dann der Freundeskreis.«

Ich zählte meine wenigen Freunde an einer Hand ab und dann die paar Hanseln meiner Familie, zu denen ich noch Kontakt pflegte.

»An wie viele und vor allem an wen hast du denn gedacht?«, fragte ich besorgt.

»Nach reiflicher Überlegung und von mir in vielen Nächten hin und her bewegten Sitzordnungen habe ich eine gelungene Auswahl der Gäste eruiert. Übrigens habe ich bereits die Gästeliste erstellt«, referierte die Partyplanerin und überreichte mir einen Zettel, der mir beim raschen Querlesen Schwindelgefühle verursachte.

»Wer zum Teufel ist denn Müller-Hackestein?«, fragte ich.

»Wenn du dich ein bisschen mehr für deine Umwelt und deine Mitmenschen interessieren würdest, wüsstest du, dass Frau Müller-Hackestein eine ganz alte Schulfreundin von mir und außerdem Obergerichtspräsidentin ist.«

Die Namen auf der Gästeliste waren mir schon egal, ich zählte nur noch die Anzahl.

»62 Leute«, entfuhr es mir. »Wer zum Teufel ist das alles?«

»Ich wollte eigentlich genau 58 Gäste einladen«, dozierte die Lebensaufgabe, »58 wie dein Geburtstag. Aber ich konnte die Meierbrinks nicht ausladen; die laden uns auch jedes Jahr ein.«

»Aber wir gehen nie hin«, sagte ich.

»Eben. Weil wir nicht hingehen, müssen wir sie wenigstens einladen«, wurde ich mit weiblicher Logik aufgeklärt. Ausgerechnet die Meierbrinks, kochte ich innerlich. Das unangenehmste und widerlichste Ehepaar nebst ihren vollneurotischen Bälgern, die richtige Hackfressen haben und nichts weiter im Kopf, als andere Kinder und Erwachsene zu gängeln.

»Sag mal«, fiel mir ein, »warum hast du die Leute nicht zu deiner Geburtstagsfeier eingeladen, wenn dir so viel daran liegt?«

»Weil ich, wie immer, für dich zurückstecke«, kam es zurück, »so eine wie die jetzt extra für dich geplante Feier kann man sich nicht jedes Mal leisten.«

»Gut, dass wir darüber sprechen«, fing ich mich wieder. »Hast du dir eigentlich überlegt, was uns der Spaß kostet?«

»Na klar, alles schon berechnet«, war die Antwort, »bis hin zum Champagner.«

»Champagner?«, entfuhr es mir.

»Ja, acht Kisten. Mit Sonderrabatt.«

Ich rieb vor meiner Frau Daumen und Zeigefinger.

»Knappe Einszwei«, hörte ich eine stolze Frau sagen, »nun kommst du!«

»Wie, Einszwei?«, fragte ich mit leichtem Schwindelgefühl nach.

Meine Lebensaufgabe kramte einen zweiten Zettel hervor: »Hier, alles berechnet und schon bestellt. Auf den Cent genau.«

Ich überflog das Blatt und merkte, dass mein Blut zu stocken anfing. »5.360 Euro?«

»Und 22 Cent«, ergänzte sie.

»Darling, unser Konto ist im Dispo am Anschlag!«, rief ich.

»Irrtum«, wurde ich berichtigt, »ich habe unseren Bausparvertrag aufgelöst, und nun sind wir um fast 6.000 Euro reicher. Es bleibt also nach Abzug aller Geburtstagsaufwendungen sogar noch etwas übrig.«

»Du hast was?«, fragte ich und fuhr entsetzt fort: »Ich habe da über zehn Mille eingezahlt. Und du hast den Bausparvertrag aufgelöst und nur 6.000 herausbekommen?«

Meine Lebensaufgabe schaute mich verständnislos an. »Keine Sorge, der Mann von der Bausparkasse hat mir alles genau erklärt.

Bei den laufenden Zinserträgen war dies exakt die richtige Maßnahme. Man soll gutes Geld schlechtem nicht hinterherwerfen.«

Ich fasste mir an den Kopf. Über 10.000 eingezahlt und nur 6.000 zurückbekommen. Wo befand ich mich? In einem Irrenhaus? In einem Albtraum? Und der endete nicht.

»Es liegt schon ein unterschriftsreifes Angebot des netten Mannes von der Bausparkasse vor. Wenn wir wollen, können wir mit der Restsumme des Auszahlbetrages gleich einen neuen Bausparvertrag anfüttern. Mit besseren Konditionen. Und nun kommst schon wieder du, Amigo!«, brüstete sich eine wahrlich emanzipierte Frau.

»Was für ein unterschriftsreifes Angebot?«, schrie ich.

»Jetzt ist mein bald 58-Jähriger aber vor Freude aufgeregt«, strahlte die Lebensaufgabe, »Mutti bekommt satte 1,2 Prozent, wenn wir monatlich 260 Euro in einen neuen Vertrag investieren. Laufzeit zwölf Jahre.«

»Da bin ich 70 bei der Zuteilungsreife«, gab ich zu bedenken. »Und eben meintest du noch, dass ich die 60 vielleicht nicht mehr erreiche.«

»Schnuckelchen«, hörte ich es aus der Ferne, weil ich die Schwelle zur Ohnmacht überschritten hatte, »mehr Sport, Ernährungsumstellung, kein Alkohol und keine Zigaretten mehr. Statt Kaffee Tee. So wirst du vielleicht noch die Auszahlung miterleben, und im Übrigen finanzieren wir ja mit dem Rest des Auszahlungsbetrages aus unserem gekündigten Vertrag bereits einen Teil des neuen Bausparvertrages. Du musst Mutti nur machen lassen.«

Ich hing leblos in meinem Stuhl am Küchentisch. Die Wände kamen immer näher, und die Decke wölbte sich plötzlich an den Seiten schelmisch herunter. Ich versuchte, langsam und tief zu atmen: »Und wo soll die Feier stattfinden?« Meine Lebensaufgabe bekam meine Luftknappheit nicht mit; sie war in ihrem Element. »Auf unserer Terrasse natürlich.«

»Auf unserer Terrasse? Über 60 Leute auf 25 Quadratmetern?«

»Typisch Mann«, hörte ich aus weiter Entfernung, »tun immer so, als ob sie rechnen können. 25 Quadratmeter sind 550 Meter. Überleg doch mal, unser Wohnzimmer ist 23 Meter groß, und wie viele Menschen haben da schon reingepasst. 20, 30 und früher, ich betone früher, als du noch jung warst, vielleicht 40?«

Ich glitt langsam vom Stuhl dem Fußboden entgegen. Der Terrazzoboden schien sich kreisförmig vor mir zu öffnen.

»Übrigens ist im Budget auch ein neuer Anzug für dich vorgesehen. Nur, falls du dich über den Etat wunderst. Ein neues Outfit ist schon lange fällig und für die Feier nicht mehr angemessen.«

Sollten mich meine Sinne während des Abtauchvorgangs in die Schlucht unseres Küchenfußbodens nicht gänzlich im Stich lassen, hatte ich immer am 29. Juli Geburtstag und trug stets kurzärmlige Hemden und meistens Shorts.

»Ich habe drei Anzüge. Und die passen«, entgegnete ich aus der verschleierten Dämmerung meines Nervenzusammenbruchs.

»Aus den 30er- oder aus den 40er-Jahren?«, wurde ich mit meiner Textiltreue konfrontiert. Und es ging weiter: »Die augenscheinlichen Maße sind dem Herrenschneider schon durchgegeben. Es wird ein dunkelblauer Zweireiher. Am Dienstag ist Anprobe.«

Nun platzte mir der Kragen. Unvermittelt aufkommende Wut hatte den Dämmerzustand Panik schiebender Existenzängste abgelöst. Dienstag war der einzige Tag, an dem ich noch Zeit für mich und meine wenigen Freunde hatte. Skat.

»Dienstags spiele ich seit Jahr und Tag Skat mit Olli, Hermann und Kutte. Jeder andere Tag ist dir und der Familie gewidmet«, hörte ich mich wehren.

»Olli, Hermann und Kutte werden einmal auf dich verzichten müssen. Das sollte ihnen die Freundschaft zu dir wert sein. Außerdem hat der Herrenschneider noch etwas anderes zu tun, als auf die Freizeitaktivitäten des gnädigen Herrn Rücksicht zu nehmen«, trommelte es auf mich ein.

Urplötzlich beschlich mich ein weiteres unbehagliches Gefühl. Ich nahm noch einmal die Geburtstagsliste und studierte die Namen. Kein Olli, kein Hermann, kein Kutte.

»Warum stehen meine besten Freunde nicht auf deiner Liste?«, fragte ich halb aus dem Koma zurück.

»Ganz einfach«, wurde ein für alle Mal klargestellt, »erstens, weil du mittlerweile bemerkt haben solltest, dass ich die Liste erstellt habe. Und zweitens können wir nicht alle Menschen dieser Welt einladen, was ich nebenbei gesagt auch schon deutlich angemerkt hatte. Kannst du mir nicht ein einziges Mal zuhören?«

Ein Geburtstag ohne meine Freunde? Dies schien mir völlig unmöglich zu sein. Ich sammelte meine letzten Kräfte und zog mich am Stuhlbein vom Fußboden hoch. »Hey, Olli, Hermann und Kutte bezeichnest du als alle Menschen der Welt?«

Die Planerin guckte mich mit großen Augen an: »Du kannst froh sein, dass ich diese zur Gattung Persona non grata gehörenden Lebewesen noch in den Stand der Menschen erhebe. Für mich handelt es sich bei jedem einzelnen dieser Exemplare um ein unerwünschtes. Und, wie ich schon tausendmal sagte, können wir uns an deinem Ehrentag nur den engsten Kreis unseres Social Network leisten. Und sag mal, was suchst du denn die ganze Zeit auf dem Fußboden?«

Mir dämmerte, dass meine Lebensaufgabe offensichtlich mal wieder völlig ausgeflippt war. Logisch, war ja auch Samstagvormittag.

»Persona non grata, unerwünschte Exemplare? Hallo, du sprichst von den einzig Verbliebenen, die nach unserer Hochzeit durchgehalten haben und trotz deines Eintritts in meine kleine Welt noch mit mir verkehren.«

Meine Lebensaufgabe blickte mir streng in die Augen. »Abgesehen davon, dass diese Gestalten hoffentlich nicht mit dir verkehren, wie man verkehren verstehen kann, dient dein Geburtstag praktisch der Erweiterung deines Freundeskreishorizontes. Schau doch mal richtig auf die Gästeliste, da finden sich bestimmt Namen, die dich im Leben weiterbringen und nicht so vulgär sind wie deine Kuttes, Ollis und Hermänner.«

An Samstagvormittagen empfiehlt es sich nicht, mit streng blickenden Frauen zu streiten, sie gewinnen zu dieser Zeit jeden Krach und jede partnerschaftliche Auseinandersetzung. Hilflos, gedemütigt und am Boden zerstört, fixierte ich weiter das zu Papier gebrachte Gekrakel meiner Lebensaufgabe. Da fand sich die beknackte Friseurin meiner Gattin ebenso wieder wie der blasierte Banker unserer Sparkassenfiliale. Und, na klar, ihre beiden Lieblingskolleginnen, die ich vor Jahren schon als verkappte Emmas mit einem unstillbaren Durst nach Männerhass enttarnt hatte.

»Wer sind denn Frau und Herr Woitkowski?«, las ich laut.

»Dummerchen«, erinnerte mich der samstägliche Stressor, »Woitkowskis haben wir 2002 auf unserer Urlaubsreise in die Toskana kennengelernt. Du beginnst aber relativ früh mit deiner senilen Alzheimerdemenz.«

Es dämmerte mir. Das Aufschneiderehepaar aus Schweinfurt. Er mit kackefarbener Bräune aus dem Sonnenstudio, sie am Strand stets oben ohne mit ledergegerbten Spitzbrüsten, vor denen sogar Säbelzahntiger zurückschrecken würden.

»Damals standest du doch auf die Möpse von der Woitkowski, so was vergessen Männer doch nie«, schwelgte der Störenfried in Erinnerungen, »schließlich musstest du damals jedem davon erzählen.«

Ich schüttelte den Kopf, weil ich wusste, dass diese Aussage definitiv so nicht stimmte. Zurück aus dem Urlaub, konnte ich mich seinerzeit nur durch gründliche Aussprache im Freundes- und Kollegenkreis aus dem Trauma mich im Nachtschlafe verfolgender Lederschläuche mit Tütenaufsatz befreien.

»Tja, ich kümmere mich um Urlaubsbekanntschaften. Du vergisst die leichtfertig ausgesprochenen Einladungen«, musste ich mir anhören, während sich meine geschwächten Pupillen weiter auf das Blatt fokussierten. Dann blankes Entsetzen: »Die Gorbaumlinger auch?«

Die Gorbaumlinger sind unsere Nachbarn zur Rechten. Er, Polizist mit Altersglatze und dem zwangsneurotischen Wahn, seine Nachbarn kontinuierlich mit Anzeigen zu bombardieren. Sie, eine großkotzige Besserwisserin, die allen Menschen über den Mund fährt und behauptet zu wissen, dass Elvis lebt und Adolf Hitler auch.

»Schau, mein langsam vergreisender Ehemann«, wurde ich belehrt, »laden wir die Gorbaumlinger ein, ersparen wir uns eine Anzeige wegen nächtlicher Ruhestörung und Lärmbelästigung. Außerdem passt sie mit ihren Verschwörungstheorien bestens zu Dr. Kutsch, der ja bekennender Buddhist ist.«

Den logischen Zusammenhang verstand ich zwar nicht, aber die Gefahr. »Du weißt schon, dass der Nachbarbulle alle Menschen verklagt, die seiner Alten nicht in voller Gänze recht geben?«, fragte ich.

»Dafür, dass dieses nicht passiert, bist du zuständig«, wurde ich instruiert, »es ist ja immerhin deine Geburtstagsfeier, und um alles kann ich mich schließlich auch nicht kümmern.«

22

SELBSTWAHRNEHMUNG – FREMDWAHRNEHMUNG

Hat man Kinder, hat man Elternabende. Und spätestens auf diesen lernt man Eltern hochbegabter Kinder zuhauf kennen. Bereits beim ersten Elternabend der Kindertagesstätte meines Sohnes rutschte eine Übermutter ungeduldig auf ihrem Kinderstuhl hin und her. Endlich konnte sie unter dem Tagesordnungspunkt »Verschiedenes« die Erzieherin zu ihrer Übertochter befragen. Ob es aufgefallen wäre, dass ihr Töchterchen schon ganz allein den Tisch decken und mit Messer und Gabel essen könne. Es war. Frau Übermutter fragte nur deshalb, weil das Töchterchen zu Hause auch schon allein immer den Tisch decke, was bei Kindern gleichen Alters ja noch nicht der Fall wäre. Die anderen Eltern äußerten sich dazu nicht, weil sie lieber gleich noch über andere Themen in der Pizzeria an der Ecke quatschen wollten. Frau Übermutter wollte sich eigentlich nur kurz erkundigen, ob ihre Tochter dem außergewöhnlich großen Entwicklungsvorsprung geschuldet unter den anderen Kindern zu leiden hätte oder zum Schaden der weiteren Entwicklung unterfordert wäre. Schließlich sei es gar nicht einfach, mit einem hochbegabten Kind zu leben angesichts der fehlenden Rücksichtnahme auf diese Besonderheit in städtischen Kindertagesstätten. Und im Übrigen ja, der Kinderarzt weise sie bei jedem Besuch darauf hin, dass ihre Tochter weiter als andere wäre.

Eine Mutter aus der dritten Reihe hinter uns konnte ihre Leidensgenossin verstehen. Ihr Sohn spiele als Dreijähriger schon seit anderthalb Jahren beidhändig Klavier und sie ernte als besorgte Mutter nur verständnislose Kritik, weil Sohnemann täglich zweieinhalb Stunden Klavierunterricht bekäme. Dabei übe er doch so gerne, und sie zerfließe vor Glück beim Zuhören.

»Da sollten Sie mal meine Leonie hören«, trug eine Mutter mit Brille und selbst gehäkeltem Pullover bei, »mit ihrem Gesang erreicht sie alle Verwandten und Bekannten. Wenn Leonie auf Geburtstagfeiern, an Weihnachten und sonst auch zu jeder anderen Gelegenheit singt, geht einem das Herz auf, sie bringt die Menschen regelmäßig zum Weinen. Sie berührt alle mit ihrer Stimme.« Bei beiden wurde, nur nebenbei erwähnt, das absolute Gehör festgestellt. Bei dem Jungen durch den Klavierlehrer, bei Leonie durch den Opa, der Mitglied des Harmonium-Orchesters Zieh Blank e. V. war.

Da es wahrscheinlich nun nichts mehr mit dem Pizzeriabesuch werden würde, fragte ich leise die Mutter meiner Kinder, ob wir eingedenk der strapaziösen Selbstbeweihräucherungen wahnverfolgter Mütter nicht gehen könnten. Sie zischte mir zu, ich solle mich melden und gefälligst en détail beschreiben, wie unser Sohn letzten Sonntag mit einem Hammerschuss die Vase aus der dritten Etage des Bücherregals unseres Wohnzimmers schoss. Ich lehnte mich frustriert auf dem Kinderstuhl zurück und antwortete resigniert: »Mach du!«

Mit dem Hinweis auf das außergewöhnliche Fußballtalent unseres Erstgeborenen musste meine Lebensaufgabe allerdings noch einige Zeit warten. Bevor sie das Wort ergreifen konnte, berichteten andere Eltern von den ersten selbst gemalten Aktbildern ihrer Sprösslinge auf Acryl, von Hollywood-reifen Schauspielkünsten Marke Brad Pitt, von sagenhaften in der Spielküche hergestellten Menüs à la Lafer, von selbst verfassten Gedichten ihrer Brut, die alle auf »la la« enden, und von schier unglaublichen Reflexen ihrer Kinder bei animierten Computerspielen auf Level zwölf.

Da im Aufenthaltsraum der Kindertagesstätte langsam der Sauerstoff ausging und mich die vielen Heldentaten anderer Kinder ermüdeten, verfiel ich in einen dämmernden Halbschlaf, der mich zu dem Spielplatzaufenthalt mit meinem Sohn am Wochenende vor dem Elternabend entführte. Während seinerzeit das kleine Kerlchen mit seiner Schippe im Sand der Buddelkiste spielte, lauschte ich auf der Bank der Prahlerei mehrerer Übermütter. Es ging um die erste Banane. Eine Mutter mit Pickeln im Gesicht wusste von dem Glückgefühl zu berichten, das sie übermannte, als ihr Kleiner vergangene Woche die erste Banane verspeiste. Mit eineinhalb Jahren. »Das ist aber spät«, wunderte sich Mutter zwei. Ihr Sohn habe schon mit einem Jahr feste Nahrung zu sich genommen. Mutter drei erhöhte den Fresswettstreit mit den Worten: »Mein Rico verfrühstückte seine erste Banane mit acht Monaten. Na ja, er war halt schon immer weiter als die anderen, wie mir der Kinderarzt ständig sagt.«

»Meine Caroline«, trumpfte die vierte Mutter auf, »hatte ihre erste Banane mit knapp sechs Monaten. Wir wollten ja nicht, weil es doch ein bisschen früh war. Aber mein Mann meinte, möglichst früh fördern. Möglichst früh!«

Ich weiß nicht, was mich dazu trieb, als ich mich in das Gespräch einmischte. Aber ich verspürte angesichts dieser gequirlten

Bananenscheiße einen nicht zurückzuhaltenden Drang und sagte: »Mein Sohn presste sich mit einer Banane im Mund durch den Geburtskanal, mit einer von ihm selbst vorher abgeschälten! Fragen Sie die Hebamme!«

Die Frauen schauten mich erst entgeistert, dann entsetzt an, dann setzten sie sich woandershin.

Vielleicht fehlt uns Vätern die lässige und mitfühlende Empathie von Müttern, die immer und irgendwie in ihren Kindern etwas ganz, ganz Besonderes sehen. In wie viele Kinderwagen habe ich schon staunend geschaut, weil irgendwer die Hände mit den Worten zusammenschlug: »Gott, ist die hübsch!«

Und immer wieder bin ich hereingefallen.

Grad letztens musste ich wieder gucken, weil sich eine ältere Dame für ein sooo niedliches und sooo süßes Kind in einen Kinderwagen beugte. »Sieht im Gesicht aus wie eine verschrumpelte Gewürzgurke«, stellte ich unvorsichtigerweise fest. Den anschließenden Aufschrei der Mutter hätten Sie mal hören sollen. Ich konnte den Eklat auch nicht mehr mit dem weltbekannten Spruch abwenden: »Das verwächst sich noch!«

Ich hätte halt nicht in den Kinderwagen schauen dürfen. Schließlich hatte ich meine Erfahrungen. Denn kurze Zeit vorher hatte mich ein Rentner aufs Glatteis geführt, der im Supermarkt das Neugeborene einer Kundin betrachtete und die Mutter mit den Worten beglückwünschte: »Richtig süß und niedlich. Das haben Sie gut gemacht.« Aus purer Neugier und weil ich am Wurststand warten musste, warf ich auch einen Blick in den Kinderwagen. »Oh«, sagte ich, »sieht aus wie eine Mischung aus Rollbraten und Spätkartoffel. Ist das Ihr Kind oder der heutige Einkauf?«

Auch in diesem Fall musste ich feststellen, dass eine ehrliche Meinung, der im Wesentlichen eine objektive Betrachtung zugrunde liegt, was Kinder anbelangt, nicht erwünscht ist.

Während der Entbindung unseres ersten Sohnes wartete ich im Kreißsaal vergeblich auf den geschilderten Reflex von Männern, die ihren Frauen bei der Entbindung zur Seite gestanden hatten. In den Erzählungen berichteten die männlichen Verursacher der Austreibung von den glücklichsten Momenten ihres Lebens, von Freudentränen ohne Ende. Da platzte nicht nur die Fruchtblase. Da platzte der Mond. Da boxte der Papst. Als mein Sohn das Licht der Welt erblickte, fragte ich die Hebamme bei der Erstbetrachtung, wo der Unterkiefer des Babys geblieben sei. »Ach, das verwächst sich noch!«, war schon seinerzeit die Standardantwort. Mein zweites Kind vermittelte mir unmittelbar nach dem Verlassen des Geburtskanals die Assoziation zu einem Feldhasen, dem man die Haut abgezogen hat.

Vielleicht sind wir Männer die Auslöser der Wochenbettdepression? Wir sollten, statt ehrlich zu sein, wenigstens in diesem Punkt besser die Unwahrheit sagen: »Oh, was für ein prächtiger Oberkiefer!« und »Voll süß – wie ein zartes Kaninchen!« Und einfach abwarten. Wie bei den kleinen Genies aus dem Kindergarten damals, deren vorbestimmte Lebensentwürfe andere Verläufe als die erwarteten nahmen. Gute 20 Jahre später ist schließlich aus der früh begabten Servicekraft eine Mehrfachstraftäterin geworden, die nun nicht mehr Tische deckt, sondern ihre Komplizen. Die Bestecke messer hat sie Polizeiberichten zufolge gegen Springmesser eingetauscht, von Löffeln schlürft sie seit Langem keine Suppe mehr, sondern heißes Dope. Der frühkindliche Klaviervirtuose spielt seit mehreren Jahren als Hausmann die zweite Geige bei seiner ebenfalls erwerbslosen Frau. Leonie konnte mit ihrem Gesang auch im zehnten Versuch nicht bei *Deutschland sucht den Superstar* die Herzen der Juroren brechen und kellnert heute ungelernt in einer Kaschemme. Was aus den Bananenkindern vom Kinderspielplatz geworden ist, weiß ich nicht.

23

SCHÖNHEIT IST NICHT ALLES

Erstaunt nahm ich vor einiger Zeit die an mich gerichtete Stimme eines Fremden wahr, der mich sehr vertraut in der Berliner City ansprach: Die Stimme gehörte meinem alten Spezi Claas. Er hätte mich zufällig auf der Straße erkannt, ich ihn im Leben nicht. Vor Jahrzehnten hatten wir Freunde uns trotz unserer gemeinsamen Sturm-und-Drang-Zeit aus den Augen verloren. Aus beruflichen Gründen hatte es Claas seinerzeit aus Berlin in die weite Welt verschlagen, der Kontakt zu mir und den anderen Homies brach dann irgendwann ab. Mich verband zu Claas nicht nur das Band einer gemeinsamen Kindheit und vieler Abenteuer in der Jugend, sondern auch die Erkenntnis, dass erheblich viele Frauen auf Männer mit großen blauen Augen stehen. Augen, die gleichzeitig das weite Meer wie auch die Unendlichkeit des Himmels im schönsten Sonnenschein eines goldenen Spätsommers widerspiegeln. Sollten diese Augen zudem eingerahmt sein von schulterlangen, blond gelockten Haaren, flogen sämtliche Frauenherzen, eingeschlossen der mühsam von anderen Männern angebaggerten, diesen Eroberern des weiblichen Geschlechts zu, ohne dass diese Jünglinge nur einen Finger krümmen mussten.

Doch die Zeit heilt auch diese Wunden aller von der Natur nicht so leuchtend ausgestatteten Männer und fordert ihren Tribut durch den biologischen Verfall der jugendlichen Anmut – auch bei den schönsten Menschen. So war es auch bei Claas geschehen. Sein ehemals engelsgleiches Haar war einer Halbglatze gewichen, das einstige Porzellangesicht, dem in unseren wilden Zeiten alle Frauen zu Füßen lagen, war tief zerfurcht und vom Leben gezeichnet. Die Skulptur des ehemals athletischen Körpers war im Verlauf mehrerer Jahrzehnte dreidimensional zu Länge, Höhe und markanter Breite mutiert. Claas schob nun einen beträchtlichen Bauch vor sich her, seine meerblauen Strahleaugen waren von einer Hornbrille eingerahmt, zudem schien er unter Luftknappheit zu leiden.

Er berichtete, in Berlin zu Besuch zu sein, da er das Grab seiner Mutter besuche, die vor Jahren schon das Zeitliche gesegnet habe. Nach vielen Jahren in Frankfurt, Köln, München und Hamburg habe er den Faden zu seinen ehemaligen Kumpels wie mir verloren, dies zwischendurch immer wieder bereut.

Aus gegenseitiger Neugier und der alten Freundschaft wegen, suchten Claas und ich ein Café auf und besprachen die alten Zeiten. Bei schönem Wetter und frischer Luft saßen wir qualmend im Außenbereich und schwelgten in Erinnerungen. Als Claas seine zweite Packung Zigaretten entjungferte, wurde es interessant. Er war mit seiner Biografie inzwischen in der Gegenwart angekommen, werde in Abständen von Gichtanfällen überfallen, humpele daher zuweilen und blicke auf drei gescheiterte Ehen mit fünf Kindern und vorläufig sieben Enkeln zurück. Die hochglanzweißen Zähne im Mund waren mittlerweile unecht und er frühpensioniert. Aber, so betonte er, unglücklich sei er nicht.

Was war aus meinem Claas geworden? Früher hübsch und begehrt, nun eigentlich ein Wrack. Sein großes, ihm zugedachtes Steckenpferd, die Liebe zu Frauen, wusste er zu berichten, hatte ihn nie den sicheren Hafen einer wirklich nachhaltigen Ehe erreichen lassen, ihn schicksalhaft zu einem Getriebenen fremder Städte gemacht. Noch während Claas berichtete, dankte ich im Geiste Gott und meiner Lebensaufgabe, lediglich nach Ehestreitigkeiten hin und wieder zu Medikamenten greifen und darüber hinaus das Bein nicht nachziehen zu müssen. Nun ja, eine Brille trug ich auch, aber sie verbarg nie etwas, wonach sich Frauen so sehr sehnten. Während meine Augen nach wie vor unscheinbar braun waren, schien das Strahlen im Gesicht meines alten Freundes verblasst zu sein. Ich fragte ihn nicht, schätzte aber die Seheinschränkung auf mindestens 6,5 Dioptrien.

Claas berichtete weiter, dass er der Gicht geschuldet nicht mehr Sport treibe und Essen nun eine seiner Lieblingsbeschäftigungen sei. Er legte dabei die Hände an seinen Wanst und wippte ihn ein wenig. Während der alte Freund im Monolog die Trennungsgründe seiner Ehen und etlicher weiterer Beziehungen vortrug, schalteten meine Synapsen eine philosophische Region meines Bewusstseins zu. Eine tiefe Dankbarkeit über meinen Lebensweg erklomm mein Herz. Jede weitere Ausführung des alten Kumpels über die Vergänglichkeit des weiblichen Körpers, das Verwelken weiblicher Schönheit und der Suche nach der wahren Liebe stimulierte mein Gehirn zu der Äußerung: Sei so zufrieden mit deinem Leben. Er mag Hunderte Frauen geliebt und besessen haben. Du hast immer noch die eine. Also, sei auf ewig dankbar.

Anscheinend hatte Claas während seiner Berichterstattung meine nicht ganz uneingeschränkte Aufmerksamkeit mitbekommen. Er blickte auf seine mit Edelsteinen besetzte Armbanduhr, zog dann das neueste Smartphone aus seinem offenbar maßgeschneiderten Anzug und entschuldigte sich kurz. Seinem Telefonat entnahm ich, dass er wünschte, abgeholt zu werden. So sehr ich mich über das Wiedersehen mit Claas freute, so sehr bedauerte ich ihn.

Aus Höflichkeit und seltsamer Betroffenheit wollte ich ihn nicht gehen sehen, ohne Auskunft zu seiner momentanen Befindlichkeit zu erhalten. Er wiederholte, dass es ihm ganz gut ginge. Die gescheiterten Ehen mit durchweg gut situierten Frauen hatten ihm – neben satten Abfindungen, Versorgungsausgleichen und zwölf Mietshäusern – eine Stadtvilla in Hamburg, eine Finca mit Swimmingpool auf Ibiza und eine Ferienwohnung in Kitzbühel eingebracht. Zudem erhalte er ja noch seine Gewinnausschüttungen aus der Beteiligung an drei Firmen. Ach so, neben dem Essen habe er das Reisen zu einem weiteren Hobby gemacht. Schließlich habe er als Unruheständler, wie er es nannte, Zeit ohne Ende. Dann winkte Claas seinem liebsten Hobby zu, wie er mir verriet: Vor dem Straßencafé hielt ein offener Rolls-Royce mit zwei Blondinen an. Er könne sich bei Frauen immer noch nicht entscheiden, erklärte er lächelnd. Und den Rolls-Royce wolle er demnächst gegen einen

Bentley eintauschen, auch wieder in Weiß. Mit einer Umarmung und 50 Euro Trinkgeld für den Kellner verabschiedete er sich von mir. Man sieht sich. Scheißtag!

24

ALTERNATIVE WORTSCHÖPFUNGEN

Nach der vierten Verurteilung wegen Beleidigung und einer weiteren wegen Verleumdung musste ich mir etwas einfallen lassen. Mein Rechtsempfinden stand völlig entgegengesetzt den Auffassungen der vorsitzenden Richter gegenüber, die sich anscheinend einen Jux daraus machten, ihre Strafquote an mir abzuarbeiten. Ich war meiner Meinung und der der deutschen Rechtsprechung nach zu angreifbar. Zwar konnte jedermann mir taktlos und unhöflich gegenübertreten; wehrte ich mich aber, war gleich die Rede von einer ehrverletzenden Kundgabe mit strafrechtlichen Konsequenzen. Es wurde lediglich bezüglich des Strafmaßes unterschieden, ob ich mit oder über jemanden ehrenrührig gesprochen hatte.

So machte ich mir meine Gedanken und beschloss, der Strafverfolgungsbehörde ein Schnippchen zu schlagen. Ich verkniff mir in unvermeidlichen Zwangslagen zuallererst das Du, was schon als herabwürdigend gilt, und wehrte mich in mir aber auch andauernd aufgezwungenen Konfliktsituationen mit irgendwelchen willkürlich zusammengesetzten Vokabeln – und wähnte mich mit diesen neuen Wortschöpfungen juristisch sicher. Mitarbeiterinnen des Ordnungsamtes, die sich im eingeschränkten Halteverbot vorsätzlich hinter mein Auto schlichen, um mich nach meinem 30 Sekunden dauernden Zeitungskauf auszurauben, bezeichnete ich nach ergebnislosen Verhandlungen als »Mistficken«. Bauarbeiter, die mein Auto nach dem mitternächtlichen Aufstellen von Halteverboten morgens um sieben Uhr abschleppen ließen, verabschiedete ich nicht mehr mit »Arschloch«, sondern mit »Sie Popoausgang«. Polizisten, die mir nachts beim Fahrradschieben, weil ich getrunken hatte, ein Verwarnungsgeld für fehlende Rückstrahler aufdrückten, verabschiedete ich höflich mit. »Danke noch, Sie Warmwurstwichser!« So, dachte ich, konnte ich ungefährdet meinem Frust bei Angriffen auf die Integrität meiner Person abbauen und wäre juristisch unangreifbar – wegen dieser nicht im Duden stehenden Wortschöpfungen. Doch weit gefehlt. Das Gericht erkannte auch in diesen Wortschöpfungen einen ehrabschneidenden Zusammenhang, was mich wegen des Wortes »ehrabschneidend« in einen Lachflash versetzte und weitere 750 Euro Strafe kostete.

Mein verbales Abwehrsystem war einfach nicht ausgereift. Entweder reihte ich mich angesichts meiner gerichtlich vollstreckbaren Ratenzahlungen zukünftig in das Heer der unzähligen Opfer ein, die alles mit sich machen lassen und noch freundlich Danke sagen, wenn sie fertiggemacht werden wie ein Salat, oder ich musste meine Abwehrstrategie feiner justieren. Ich probierte auf Selbstbeschimpfungen vor dem Badezimmerspiegel mit einem verzeihenden Lächeln zu reagieren, stellte aber beim Scherbenaufkehren fest, dass mir nicht die Gabe der in sich ruhenden Nachsicht tibetischer Mönche gegeben ist.

Aufgrund traumatisch nachwirkender Prügelstrafen im Kindesalter wegen ungefragten Einmischens in Erwachsenengespräche gehöre ich auch nicht zu den schnell schaltenden Verbalkomikern, die auf den pöbelnden Vorwurf »Wichser« geistreich mit »Nichts gegen Wichser« zu antworten in der Lage sind. Vielmehr fallen mir oft erst am nächsten oder übernächsten Tag die griffigen Antworten auf die Gemeinheiten ein, die mir täglich widerfahren. Manchmal erreicht mich der Blitzgedanke einer passenden Antwort auf eine mir verabreichte Verbalohrfeige erst nach Jahren im Urlaub. Dann muss ich meiner Lebensaufgabe die Geschichte erzählen und sie fragen: »Warum ist mir vor 52 Jahren nicht eingefallen, meiner Lehrerin zu sagen, dass sie eine *Knallerbse* ist?« Meiner leider nur durchschnittlich ausgeprägten Frustrationstoleranz schuldete ich unangreifbare Antworten auf den täglich gegen mich gerichteten Verbalterrorismus. Ich ersann neue Wortschöpfungen wie »Nullsummenzipfel« und »Hängetaschenschalter« vor meinem Spiegel, stellte aber eine fehlende Passgenauigkeit fest. Die Entgegnungen »Sie sind doch für mich nur ein lächerlicher Nullsummenzipfel!« oder »Na und, dafür sind Sie ein Hängetaschenschalter« hielten in der Selbstkonfrontation wegen der fehlenden Treffsicherheit nicht ausreichend stand. Auch der »Papierdünndarm« und die »Genussspaltritze« wirkten in einer verbalen Auseinandersetzung zu klobig und unbeholfen. Was aber gab die deutsche Sprache noch her, um aus willkürlich zusammengesetzten Wörtern eine spitze Waffe auf verbale Anfeindungen zu schmieden? Nichts.

Beim Kauf eines neuen Schlafzimmerspiegels brachte mich der nuschelnde Verkäufer auf eine Erfolg versprechende Idee. Ich musste dreimal nachfragen, bevor ich verstand, was er vor sich hin nuschelte. Genau, es bedurfte einer völlig neuen Wortschöpfung. Einer sprachlichen Entgleisung zur Spannungsabfuhr, die aber außer mir niemand kannte. Mit dieser Waffe müsste ich jeden Angreifer fertigmachen können, ohne je der Willkür eines Richters ausgesetzt zu sein.

Nach fünf Monaten hatte ich meine Favoriten. Drei Prachtexemplare neuer Schöpfungshöhe, die ich im Wortgefecht – je nach Angriffssituation – wie ein feingliederiges Florett, einen spitzen Degen oder ein tödliches Schwert zur Abwehr einsetzen konnte. Das Florett nannte ich »Flixluppe«, den Degen »Baschlemme«, das Schwert »Nuck-Nacke«.

Bei passender Gelegenheit, zum Üben auch bei unpassender, beschimpfte ich nun je nach Anlass und Stimmung meine Kontrahenten mit »Sie kleine Flixluppe!« oder mit einem abwertenden Blick als »Baschlemme« oder gar lautstark als »Nuck-Nacke!!!«. Das System funktionierte. Die von mir übel Beleidigten konnten mit meinen Beschimpfungen nichts anfangen. Unfähig einer angemessenen Reaktion, winkten sie resigniert ab oder fragten noch einmal um Verständnis bittend nach. Oder standen entwaffnet blank wie ein Kinderpopo da.

Meine exklusiven Verbalinjurien schienen im Freundeskreis Anklang zu finden. Man beschimpfte den Mitspieler beim Skat nunmehr und ganz vornehm mit Baschlemme, die eigene Frau als konsumgeile Flixluppe und den gefoulten Fußballgegner als Nuck-Nacke, der vor eigener Schwäche umgefallen sei. Meine Schimpfwortkreationen erfreuten sich zunehmender Beliebtheit. Nachts an der Currywurstbude hörte ich schweigend lächelnd einer alkoholisierten Bierkundin zu, die sich über ihren Männe mit den Worten beschwerte: »Mein Mann ist eine richtige Baschlemme. Diese Nuck-Nacke von Kerl schickt mich jetzt noch zum Bierholen, als wäre ich eine billige Flixluppe.« Kult, dachte ich mir, deine Worte sind Kult, und spendierte eine Standrunde. Die neue Wortgewalt drang unaufhaltbar ein in den Wortschatz zunächst meines Umfeldes, dann meiner Stadt, schließlich des gesamten Landes. Gut ein Jahr später verurteilte mich das Amtsgericht wegen fortgesetzter Beleidigung. Die Baschlemme hatte es in den erlauchten Kreis der »ehrenrührigen Kundgaben juristisch relevanter Verbalinjurien« geschafft. Machen Sie mal einem deutschen Gericht klar, dass Sie der Erfinder dieser Wortschöpfung sind und als Hobbyangler damit lediglich eine neue Fischart in den ortsnahen Gewässern benannten.

25

PROFESSIONELLE AUSBILDUNG

Das erziehungswissenschaftliche Seminar sollte meinen pädagogischen Horizont als Berater in allen Lebenslagen erweitern. Ich belegte an der Uni den Kurs »Sozialisation im Kindes- und Jugendalter«, der sich mit der Formung des jungen Menschen zu einem gesellschaftlich akzeptablen Mitglied beschäftigte. Als Dozent wählte ich einen Professor, der die Studierenden duzte und sich deshalb größter Beliebtheit im Kreise aller Nachwuchsakademiker erfreute. Zudem galt er als ein »Papst« seines Fachgebietes, eine Auszeichnung, die nur den absolut besten Wissenschaftlern zuteil wurde.

Mit Spannung betrat ich am ersten Seminartag den viel zu kleinen Schulungsraum, der mit jungen Frauen und Männern hoffnungslos überfüllt war. Aus massivem Platzmangel wurden nicht nur Stühle und Tische zum Sitzen genutzt, sondern auch Fensterbretter und der Fußboden, auf dem sich Heerscharen im Schneidersitz niederließen. Zum Ende des akademischen Viertels war vom Prof immer noch nichts zu sehen, geschweige denn zu hören. Die Wartenden tuschelten aufgeregt, begannen alle Sätze ihrer Small Talks mit »Du, …« und lobten den Dieter, wie der Hochschullehrer mit Vornamen hieß, in den höchsten Tönen.

In das Gemurmel mischte sich plötzlich die Stimme einer Studentin höheren Semesters. Sie ließ im Auftrage Herrn Professors verlauten, »dass Dieter etwas später kommt, weil er noch kurz zur Toilette muss«. Geklopfe auf den Tischen und Headbanging ob so viel Offenheit. Dann erschien, wie auf Knopfdruck, der Fixstern des erziehungswissenschaftlichen Hochschulfirmamentes. Die Zuhörergemeinde reckte die Köpfe, um die Koryphäe in seiner ganzen Körpergröße wahrnehmen zu können. Die Menge beruhigte sich umgehend, schwieg andächtig und war sich des ehrfurchtsamen Augenblicks für immer und ewig bewusst. Da ich dem Hochschullehrer niemals vorher begegnet war, kannte ich auch nicht sein von Natur aus hohes Sprechorgan. Mit akademischer Fistelstimme richtete er eine provokative Frage an seine Hörerschaft: »Bitte mal melden, wer in der letzten Sonntagsausgabe der *FAZ* meinen Artikel zur demografischen Intoleranz sozialisationsbedingter Erziehungsdefizite bei Retardierungen in der Adoleszenz gelesen hat!« Kein Arm ging hoch, niemand meldete sich. Entweder hatten die anderen, wie auch ich, am Wochenende anderes vorgehabt, als abseitige Wissenschaftsartikel zu lesen, oder man traute sich nicht, mit dem Autor persönlich über Inhalt und Aussage des Artikels zu debattieren. Die Augen des Profs maßen den Seminarraum von links nach rechts ab, dann ließ er leise und offensichtlich tief enttäuscht seine Kopfstimme vibrieren: »Gut, dann können Sie jetzt alle den Hörsaal verlassen.« Die Hörerschaft senkte betroffen die Häupter, tiefe Scham spiegelte sich in den Gesichtern der eigentlich so Lernbegierigen.

»Herrschaften, war alles nur ein Spaß«, lachte der Prof und nickte freundlich in die Runde. Der Seminarraum tobte, alles war gut, Dieter hatte nur einen Aufwärmgag gemacht, Dieter war eben der Allerbeste. Ja, Dieter hatte seine Studentinnen und Studenten im Griff. Der gewiefte Didaktiker kritzelte nun mit Kreide und für alle gut lesbar das Wort »Kindheit« an die Tafel.

»So, Herrschaften, mein heutiges Seminar beschäftigt sich mit der Kindheit. Wer von euch erinnert sich noch an sein frühestes Kindheitserlebnis?« Wieder Schweigen im Walde. Noch einmal konnte und durfte sich die Gruppe nicht verweigern. Ein langhaariger Student aus der dritten Reihe verlor als Erster die Nerven und reckte zögerlich seinen Arm in die Höhe. Professor Doktor Dieter erteilte dem Mutigen mit Piepsstimme das Wort.

»Na ja«, druckste der Redner herum, »wenn ich ehrlich bin, erinnert mich mein frühestes Kindheitserlebnis daran, wie ich eines Nachts meine Eltern beim Sexualakt überrascht hatte.« Zunächst erhielt dieses Bekenntnis tiefes Schweigen. Aber noch während der Bekenner unsicher zu Boden schaute, erhielt er eine ermutigende Aufforderung seines Professors: »Bitte fahren Sie fort!«

Der Aufgeforderte erhob sich, erntete dabei erste anerkennende Schulterklopfer und schilderte im Stehen en détail, was er damals im elterlichen Schlafzimmer hörte, sah und spürte. Offensichtlich verfügten viele seiner Kommilitonen über ganz ähnliche Erfahrungen. Eine sexuelle Geschichte reihte sich an die andere. Mehr und mehr erfuhren wir alle über die Intimgewohnheiten unserer Eltern, die sich besonders in den frühsten Kindheitserinnerungen zukünftiger Pädagogen zu manifestieren beliebten. Die Geschichten ähnelten sich zwar grundsätzlich, erwiesen sich aber für die jeweiligen Erzählerinnen und Erzähler als so wichtig und prägend, dass sie es wert schienen, vorgetragen zu werden. Mal waren die Berichterstatter drei, mal vier Jahre alt, mal erwischten sie Mama und Papa im Bett, mal ertappten Sie Mama mit dem Nachbarn oder Papa mit der Friseurin, mal Papa mit einem anderen Mann, mal Mama mit zwei fremden Frauen, hin und wieder auch ein Elternteil mit dem Staubsauger oder irgendeinem Plüschtier.

Die 90 Minuten Seminarzeit vergingen wie im Fluge, die Berichterstatter ernteten Applaus wie Stand-up-Comedians und übertrumpften sich gegenseitig.

Zum Schluss malte Herr Professor mit großen Lettern das Wort »Jugend« an die Tafel und näselte: »Das nächste Mal erwarte ich eure Redebeiträge zu diesem Thema.«

Dann verließ die akademische Sopranstimme unter tosendem Applaus den Hörsaal, gefolgt von vorwiegend Studentinnen unterer und höherer Semester. Der Donner zu Fäusten geballter Hände, die begeistert auf Tischplatten, Stuhllehnen und Türrahmen klopften, hallte noch minutenlang nach. So einfach, dachte ich mir, kann Unterrichten sein, im nächsten Leben werde ich auch Professor.

26

KUTTE, EMI UND DAS HAUSHALTSBUCH

Ich war überrascht, mein sonst so knickriger Freund Kutte bestellte für uns beide auf seinen Deckel. Die Bestellung belief sich auf drei Halbe – zwei für Kutte, einen für mich. Der Anlass seiner offensichtlichen Verzweiflungstat war wirklich ernster Natur, Kutte wollte sich scheiden lassen. Und das nach 33 Ehejahren, zwei heimlichen Affären und drei Kindern, einem davon mit einer anderen Frau, die daher nicht zu den heimlichen Affären zählte, aber die Fremdgängerbilanz faktisch erhöhte.

In seiner bittersten Stunde suchte Kutte nun jemanden, dem er sich anvertrauen konnte, und so machte er mich zum Adjutanten seiner generalstabsmäßig geplanten Trennungsoffensive. Wie aber konnte ich unterstützen? Wo sollte ich helfen? Worin genau sah Kutte meine Aufgabe? Und warum wollte sich der Ehe-Dino überhaupt scheiden lassen? Ich fragte nach.

»Zuhören«, befahl Kutte, »einfach nur zuhören!« Dann schüttelte er nachdenklich sein Haupt. »Alles fing mit der scheiß Emi an.«

Ich unterbrach: »Emi? Hast du schon wieder eine Affäre? Und ist ein Seitensprung es wert, nach der Mühsal von 33 tapfer durchstandenen Ehejahren das Handtuch zu werfen?«

Kutte lehrte mit einem Zug die Hälfte seines Halben. »Unsinn. Emi ist nicht der Name einer Frau, Emi ist die Abkürzung für die Erwerbsminderungsrente, der ich seit nun schon sechs Monaten mein Frührentnerdasein verdanke.«

Dass Kutte durch geschickte Täuschungen von Ärzten, Behörden und seinem Arbeitgeber in den Genuss einer vorfristigen Berentung gekommen war, wussten alle im Freundeskreis. Worin lag nun aber das entscheidende Übel der Frühberentung, das für das Eheaus verantwortlich gemacht wurde? Meine Vermutung, dass die Erwerbsminderungsrente ein dauerhaftes Loch in die Haushaltskasse gerissen und dieser Umstand daher zu einem scheinbar unlösbaren Dauerstreit geführt haben könnte, war ebenso falsch wie die Annahme, dass sich das Paar wegen Kuttes nun ganztägiger Aufenthalte in der gemeinsamen Wohnung permanent auf den Docht ging. Nein, wurde ich berichtigt, Kuttes berühmt berüchtigte Sparsamkeit habe für ein ausreichend finanzielles Polster auf dem Girokonto gesorgt, und das nach dem Renteneintritt zum Hobbyraum umgewidmete ehemalige Kinderzimmer ließe Kutte an allen

Werk- und Feiertagen für acht bis neun Stunden aus dem Blickfeld seiner Nochgattin verschwinden.

»Die scheiß Emi-Rente«, analysierte Kutte beim Leeren des Glases, »hat Fluch über meine Ehe gebracht, mit ihr fing alles an.« Dann fuhr er fort: »Mein Renteneintritt hat nicht nur die 33 Jahre lang verborgen gebliebenen schwerwiegenden Schwächen meiner Angetrauten offenbart, sondern auch die beharrliche Verweigerung derselben, gegenüber einer gemeinsamen, von Vertrauen und Verantwortung geprägten Haushaltsmittelbewirtschaftung.«

Ehrlich gesagt, konnte ich mit den vorgebrachten Vorwürfen nicht viel anfangen und bat Kutte, konkreter zu werden. Und er wurde: Nach seinem Ausscheiden aus dem Erwerbsleben hatte Kutte das eingeführt, was seiner Meinung nach zu jedem korrekt geführten Haushalt gehört und von seiner Frau 33 Jahre lang boykottiert wurde – ein Haushaltsbuch. »Ganz einfach zu führen«, unterwies mich Kutte, »links stehen die Einnahmen und rechts die Ausgaben, diese noch einmal unterteilt in fixe Kosten, Essen, Auto, Freizeit, Wohnungseinrichtung, Geschenke und Verschiedenes.« Bevor er fortfuhr, griff Kutte rasch noch zum nächsten Glas. »Wie gesagt, Verschiedenes, um im Hause Kutte genau untersuchen zu können, ob auf Verschiedenes unter Umständen auch verzichtet werden kann. Nach dem hanseatischen Prinzip einer soliden, sparsamen und wirtschaftlichen Haushaltsführung.«

Da mich mein Freund nun schon mal auf ein Bier eingeladen hatte und dieses Ereignis angesichts seines allerorts bekannten Geizes nichts weniger bedeutete als die größtvorstellbare Auszeichnung, bemühte ich mich weiter um eine einfühlsame Einarbeitung in die Scheidungsproblematik. Diese hatte offensichtlich weniger mit der Berentung zu tun, sondern vielmehr mit der von Kutte eingeführten Nachweispflicht der Familienausgaben, welcher seine Frau nicht nachkommen wollte. Zum besseren Verständnis der Haushaltsbuchführungsproblematik bat ich um ein Beispiel für die Rubrik »Verschiedenes«, die es Kutte wohl am meisten angetan hatte.

»Zum Beispiel«, erklärte Kutte, »verbuche ich unter der Rubrik ›Verschiedenes‹ Kosmetika und den anderen überflüssigen Kram im Badezimmer. Im Grunde reichen zur Bedarfsdeckung der Nasszelle Seife, Zahnbürste, Zahnpasta und Klopapier, die allesamt im Supermarkt gekauft und daher praktisch und effizienter unter der Kostenstelle ›Essen‹ verbucht werden könnten. Die anderen, ausschließlich von meiner Exverlobten gekauften Hygieneartikel wie Düftchen und Wässerchen, Salben, Cremes und Abdeckstifte zähle ich zu den verzichtbaren Luxusgütern. Für wen sollten wir uns nach 33 Ehejahren noch aufhübschen und einsprayen? Für die Kinder, die schon seit Jahren ausgezogen sind, oder für die Nachbarn oder für den Briefträger?«

»Lass mich raten, deine Frau ist mit der Spalte ›Verschiedenes‹ nicht einverstanden«, schlussfolgerte ich.

»Wenn es nur das wäre«, erzählte Kutte weiter, »sie verweigert nicht nur kontinuierlich den unbedeutenden Verzicht auf diese kosmetischen Überflüssigkeiten, sondern insgesamt die verlässliche Zuarbeit für eine ordnungsgemäße Führung unseres Haushaltsbuches. Vom Einkaufen bringt sie nur jedes zweite oder dritte Mal die Kassenbons mit, angeblich hätte sie die anderen vergessen oder verloren.« Kutte machte eine kurze Trinkpause und fuhr dann frustriert fort: »So kann ich nicht arbeiten, so kann ich nicht führen, so kann ich nicht leben.«

Verzweiflung mischte sich im Gesicht meines Freundes mit erkennbarer Resignation. Die Ehekrise hatte den grundgeizigen Pedanten in den Alkoholmissbrauch getrieben, er bestellte sich den nächsten Halben. Ich hatte nicht schnell genug mitgetrunken, sodass für Kutte mit einem kurzen Blick auf mein noch gut gefülltes Glas eine Verdopplung seiner Order entbehrlich erschien. Die fehlende Mitarbeit der Gattin an der Haushaltsbuchführung ließ Kutte einfach nicht los.

»Schau mal«, blickte er mich Hilfe suchend an, »ist es so schwer, den Parkschein der Parkraumbewirtschaftung aufzuheben und an mich auszureichen? Ich meine, ich führe unser gemeinsames Haushaltsbuch, um meine Frau endlich von einer Aufgabe zu befreien, der sie 33 verdammte Jahre sowieso nicht nachgekommen ist. Wiegt ein Parkschein so viel, dass sie ihn nicht aus dem Auto bis in unsere Wohnung tragen kann?« Dann exte er den nächsten Halben weg. »Ist es zu viel verlangt, für eine am Kiosk gekaufte Zeitung einen Buchungsbeleg zu erbitten? Ist es zu viel verlangt, für eine 50-Cent-Spende, die meine Frau wöchentlich dem Arbeitslosen vor unserem Einkaufsladen in den Becher wirft, eine steuerabzugsfähige Spendenbescheinigung, die vielleicht drei Gramm wiegt, mitzubringen? Ganz abgesehen davon, dass ich nicht weiß, wie ich ohne Beleg die regelmäßig anfallenden drei Euro Trinkgeld beim Damenfriseur buchen soll.«

Kutte hatte sich in Wallung geredet. Er berichte weiter, zum Beispiel über den nicht ordentlich verbuchbaren Kauf einer Briefmarke, die seine Frau neulich am Automaten ohne Quittung erstanden hatte, über das nirgendwo zuordenbare Treppengeld, das seine Frau an den Paketboten in einem unkontrollierten Anfall verschwenderischer Sucht ausgereicht habe, und über den fehlenden Fahrschein, den die Frau anlässlich des Besuchs seiner Eltern im Seniorenheim erworben haben wollte, als Kutte das Auto für die Fahrt zur Stammkneipe benötigte.

»Nun ja«, überlegte ich laut, »da das von dir geführte Haushaltsbuch nicht einer Außensteuerprüfung des Finanzamtes anheimfällt, könntest du notfalls auch ohne Beleg die korrekten Beträge eintragen oder einen Ersatzbeleg herstellen.«

Mein sachdienlicher Vorschlag fiel nicht auf fruchtbaren Boden. Kutte schaute mich mit finsterer Miene an. Ob ich ihn nicht richtig verständen hätte? Ob ich mit seiner Frau unter einer Decke stecken würde? Ob ich wirklich so doof sei, wie ich aussehe?

»Was glaubst du, wie – zum Teufel – ich meine Alte zu einem kooperativen Verhalten zwingen kann, wenn ich ihr solche Persilscheine und Blankoschecks ausstelle? Da sind Luftbuchungen vorprogrammiert, da sind dem Abrechnungsbetrug Tür und Tor geöffnet!«

Ich versuchte, zu beruhigen: »Immerhin könntest du in gut 30 Ehejahren ein wenig Vertrauen zu deiner Frau aufgebaut haben. Allem Anschein nach hat dich deine liebe Frau finanziell nicht ruiniert. Soweit ich weiß, habt ihr keine Schulden und lebt sorgenfrei.«

Kutte hatte inzwischen das vierte Bier ausgetrunken und bestellte zur besseren Verträglichkeit einen Kurzen, außerdem zur Schaffung einer ordentlichen Unterlage zwei Currywürste mit Salat mit zwei Buletten obendrauf. Augenscheinlich hatte ihm die Aussicht auf die kulinarische Spezialität des Hauses wieder Lebensmut eingehaucht. Es sprudelte regelrecht aus ihm heraus:

»Schau, wenn nicht einer von uns das Geld zusammenhält, und das bin ich seit meiner Frühberentung, droht vielleicht irgendwann doch der finanzielle Zusammenbruch.« Dann beugte Kutte sich vertraulich zu mir herüber: »Meine drei Sparbücher weisen je etwas über 100.000 aus. Was is'n das schon? Meine beiden Lebensversicherungen werden eine im nächsten, die andere im übernächsten Jahr fällig, das wären dann noch einmal 450 Mille. Aber reicht das?«

Ich dachte nicht nach, sondern antwortete: »Mir schon.«

»Siehste«, flüsterte Kutte, »mir auch. Daher lasse ich mich scheiden. Meine Frau weiß weder von den Sparbüchern noch von den Lebensversicherungen. Alles hübsch vor der Ehe angelegt und heimlich weiterfinanziert. Ich wusste schon, warum ich sie nie wissen ließ, was ich verdiene. Sieh dir ihre Haushaltsführung an, sie hatte es nie geschafft, was zur Seite zu legen. Obwohl ich ihr das Haushaltsgeld pünktlich und regelmäßig zuteilte, du kennst mich.« Nein, dachte ich, so richtig kenne ich Kutte nicht.

27

WOHER?

Ich begegnete dem Mann auf der Straße, wir kannten uns. Aber woher? Noch während er mithilfe eines breiten Grinsens seiner Freude über unser unverhofftes Wiedersehen Ausdruck verlieh, ratterte die uns allen bekannte Suchmaschine im Kopf: Woher kenne ich den Typ? Arbeit? Bekanntenkreis? Verein? Alzheimer?

Eine heftige Umarmung verriet mir, dass mein Gegenüber zu den »Umarmern« gehörte und damit zum Kreis von Menschen, denen ich offenbar relativ nahestehe und die mich darüber hinaus sogar mögen. Auf die Frage, wie es mir gehe, antwortete ich ausführlicher als sonst, um meiner geistigen Suchmaschine weitere Zeit zum Recherchieren einzuräumen – ein Fehler, den ich häufiger beging und aus dem ich einfach nicht lernte. Denn je weiter das Gespräch mit einem unbekannten Bekannten verläuft, desto schwieriger wird es zu fragen, woher man sich kenne. Es schickt sich einfach nicht, nach einer halben Stunde intensivsten Austauschs über eigene Krankheiten, die Weltpolitik und die bucklige Verwandtschaft den Gesprächspartner zu fragen: »Entschuldigung, aber mit wem habe ich es zu tun?«

Außerdem griff die geistige Suchmaschine – wie jedem hinreichend bekannt – recht schnell auf den Suchmodus zurück, der sich »tiefer bohren« nennt und mir dann unter anderem folgende Ergebnisse nannte: Vielleicht handelt es sich bei der Personenfeststellung meines Gegenübers um Tom, der mir damals im Jugendfreizeitheim eiskalt eine Braut ausgespannt hatte. Oder es handelt sich um diesen ehemaligen Schwippschwager, der immer alles besser wusste und meine Wohnung »echt total abstoßend« fand. Oder um meinen Hausarzt, der mir kürzlich die genetische Disposition für Altersdemenz anhand meiner Familienanamnese nachgewiesen und sich im Zuge der erschreckend schnell einsetzenden und rasant fortschreitenden Erkrankung bis zur Unkenntlichkeit verändert hatte.

Ich hatte inzwischen die mir gestellte Frage beantwortet, immer noch keinen blassen Schimmer, wer vor mir stand, und nur noch die Chance, durch geschickt gestellte Gegenfragen die Identität eines Mannes zu enthüllen, der mich mitten auf der Straße und vor aller Welt körperlich berührt hatte: »Und, wie geht's dir und deiner Familie?« Mit dem zweiten Teil meiner Frage hatte ich offensichtlich alte oder neue, jedenfalls Wunden aufgerissen. Der Mann trat einen Schritt zurück und blickte mir mit einer gehörigen Portion Liebesentzug ins Gesicht. »Machst du Witze? Schlimm genug, dass meine ganze Familie auf einen Schlag ausgelöscht wurde und ich am Grab öffentlich geschworen habe, die Restzeit bis zum Lebensende der Trauer um meine Liebsten zu widmen. Und nun stellst du mir ernsthaft die Frage, wie es mir und meiner Familie geht?« Tränen rollten über sein Gesicht?

»Nun ja«, entschuldigte ich meinen Fauxpas, »man hat allseits gehofft, dass du nach dem schweren Schicksalsschlag sowie einer gewissen Zeit der ehrlichen Trauer den Weg zurück ins Leben findest und dich vielleicht um des Seelenfriedens willen doch noch einmal neu bindest.« Der Mann suchte einen weiteren Schritt Abstand zu mir. »Drei Wochen nach der Beerdigung? Willst du mich verscheißern?« Eines war jetzt relativ sicher, mein Arzt war es nicht, der mir gegenüberstand, der pflegte nämlich nicht, seine Patienten zu duzen.

In einer meinem schlechten Gewissen geschuldeten Übersprungshandlung trat ich auf den Weinenden zu und umarmte ihn: »Ist ja gut, Alter, lass uns ein Bierchen an der Ecke trinken, ich geb einen aus.« Das Häufchen Elend trocknete mit einem Papiertaschentuch die Tränen im Gesicht. »Du müsstest wissen, dass ich seit 20 Jahren trocken bin und keinen Alkohol mehr anrühre. Aber eine Cola nehme ich.« Etwas unbeholfen versuchte ich, meine Unkenntnis zu überspielen, und antwortete: »Natürlich weiß ich von deiner Alkoholerkrankung, aber wer hätte dir nach diesem Schicksalsschlag einen Rückfall übel nehmen wollen?«

Das nächste Taschentuch wurde gezückt.

»Du hältst mich also auch für einen willensschwachen, charakterlosen Zeitgenossen …« Okay, hakte ich im Stillen ab, Tom von früher kann es auch nicht sein, der hatte nicht so nah am Wasser gebaut. Dann schlenderten wir wie ein vertrautes Paar auf die Kneipe an der Ecke zu. Ich streichelte verständnisvoll schweigend den Arm des Armen und stellte fest, dass er sein rechtes Bein nachzog. In meinem Eifer, dem von mir immer noch nicht Erkannten ein wenig Zuneigung zuteil werden zu lassen, brach ich mit einer kleinen Kopfbewegung auf seinen Hinkefuß das Schweigen: »Ist immer noch nicht besser? Gibt es noch irgendeine Aussicht auf Besserung, oder bleibt's so?«

»Weiß ich nicht, bin ja erst vor zehn Minuten über den Bordstein gestolpert.«

In der Kneipe bestellte ich einen Halben für mich und eine Cola für den frischen Witwer. Mein Suchmodus »Personenidentifikation« zermarterte mir weiter den Kopf und verlinkte mich schließlich mit der Programmdatei »Frustration«. Diese schaltete wiederum das Notprogramm »Hoffnung« ein, und so hörte ich mich die bohrende Frage stellen: »Ich habe, obwohl wir uns so nahestanden und der tiefen Trauer geschuldet, den Namen Deiner verstorbenen Frau verdrängt – wie hieß sie noch gleich?«

Der Trauernde starrte auf sein Colaglas und antwortete monoton: »Ich war nie verheiratet, bin von Geburt an homosexuell.« Okayyy, damit fielen etliche weg, die mein Gedächtnisspeicher vor mir versteckt hielt.

»Aber deine Familientragödie und der Schwur am Grab …« Das Trauerklößchen griff zum Glas, leerte es und bestellte einen Kaffee, auf meine Rechnung.

»Meine Familie waren meine drei Pudel Pinky, Dinky und Winky. Die Staupe hat sie ausgerottet. Mit einem Zug. In einem

Rutsch. Ich schaffe mir nie wieder Hunde an, das schwor ich auf dem Hundefriedhof, und das bleibt so.«

Da der Kaffee bestellt war, entschloss ich mich aus Solidarität, ein weiteres Bier zu ordern. Als die Getränke kamen, erhielt ich ein ebenso überraschendes wie gleichermaßen brauchbares Indiz zur Personenfeststellung meines sein drittes Taschentuch benutzenden Trauerkloßes. Der Wirt spitzte nämlich beim Abstellen der Getränke seine Lippen zu einem Kussmäulchen: »So, ihr Süßen, eure Getränke.« Mit dieser durch Worte untermauerten verräterischen Geste offenbarte er sein Wissen um die sexuelle Identität meines unbekannten Freundes. Ich beschloss, das wandelnde Bierfass bei nächster Gelegenheit anzuzapfen und um weitergehende Auskünfte zu bitten. Weiß ein guter Wirt etwas über seine Gäste, weiß er alles. Und die kussmäulige Servicemaschine schien ein guter Wirt zu sein. Mit ein paar Kurzen für ihn und mich und einer in Aussicht gestellten Stubenlage könnte meine vergessliche Personengedächtnisquelle wieder sprudeln und ich abends doch noch in den Schlaf finden.

Die Cola und der Kaffee hatten den Papiertaschentuchhalter verbal stimuliert. Er lud mich auf eine schier endlose Fahrt durch das langweilige Leben eines passionierten Hundehalters ein. Seine ekstatischen Schilderungen über den Nutzen ausgedehnter Spaziergänge mit Hunden, um himmlische Männerbekanntschaften zu machen, und die Biere ließen mich zunehmend müder zu werden. Konnte ich die Identität des Zufallsbekannten heute nicht mehr klären, würde ich mich abends im Bett wenigstens auf den nächsten Tag freuen, auf einen Tag, der mir ein begründbares Bierchen in dieser gemütlichen Kneipe versprach und mehr Gewissheit über den Mann mir gegenüber.

Eine zärtliche Berührung riss mich aus meinem Tagtraum. Auf meiner Hand lag eine andere, bis zu den Fingern stark behaarte, die kurz zuvor noch ein Papiertaschentuch führte. »Wenn du magst, gebe ich jetzt dir ein Bierchen aus. Danach könnten wir noch einen

Kaffee bei mir zu Hause trinken.« Ich mochte nicht und gab vor, einer dringenden Erledigung wegen aufbrechen zu müssen. Als ich gezahlt hatte, wandte sich mein Partner mit den Worten an mich: »Sag mal, ich traue mich einfach mal, dich zu fragen: Woher kennen wir uns eigentlich?«

5

FREIZEITNEUROSEN

28

MÄNNERGEFLÜSTER

Olli erschien wie immer als Letzter unserer Skatrunde und setzte sich zu uns mit einer kreisenden Handbewegung in Richtung Wirt. Der Mann am Tresen verstand und brachte uns vier Halbe – ein Alkoholfreies für mich, die drei nicht kastrierten für Hermann, Kutte und Olli.

»Und«, fragte Hermann, »wie geht's?«

»Hör uff«, antwortete Olli. Eine Aussage, mit der, wie wir wissen, nie ein Themenwechsel gemeint ist, sondern immer der Auftakt für eine endlose Klagelitanei. »Ich komme gerade vom Männergynäkologen. Prostatavorsorge.« Die anderen nickten wissend. »Kennen wir, die reinste Qual. Tat's weh?«

»Der Schlächter hat mir fast die Rosette gesprengt, ich kann kaum sitzen«, jammerte Olli und fuhr fort: »Ehrlich, Jungs, ich habe eine Hammerkeule zu hängen, aber wahrlich noch nie einer Frau so wehgetan wie dieser Arzt heute mir.«

Mitleidvolle Blicke in der Runde. »Kann ich verstehen«, tröstete Kutte, »nach meiner Untersuchung im letzten Jahr traute ich mich drei Tage nicht mehr, auf der Toilette zu pressen, solche Schmerzen hatte ich. Ich kaufte sechs Wochen lang nur noch Obst.«

»Für die Urologen sind Prostatauntersuchungen lästige Routinearbeiten, die sie wegen der Rumfummelei im Kasten nur widerwillig und unsensibel erledigen. Außerdem werden sie beim Anblick meines Gemächtes stets neidisch und rammen deshalb die zur Faust geballte Hand extra hart rein«, wusste Hermann zu erzählen.

»Da sollen sich die Frauen mal beschweren, wenn sie zum Frauenarzt gehen. Die Frauenärzte erwärmen ihre Hände vorher, um nicht gefühlskalt zu wirken«, bemerkte ich.

»Kunststück«, erhellte Kutte die weitere Sachlage, »Arzt Mann – Patientin Frau.« Olli rutschte vorsichtig auf seinem Stuhl hin und her. »Leute, die Kimme brennt wie Feuer!« Die Skatrunde verzog mitfühlend das Gesicht.

Hermann kannte den Schmerz aus einem anderen Zusammenhang und erweiterte das Spektrum leidvoller Krankheitserfahrungen: »Bei dem Thema ›Brennen‹ fällt mir meine Nierensteingeschichte ein. Nach der OP erhielt ich einen Katheter zum Wasserlassen. Als der wieder entfernt wurde, lief ich 14 Tage im Dreieck. Als wenn jemand ein Streichholz in eine Pipeline wirft. Schon bei der Einführung hatten sie Probleme, den Schlauch einzuführen – wegen der Länge meines Apparates.«

»Bei meiner Nierenstein-OP haben sie einen Stent gesetzt«, konnte ich ergänzen. »Und wisst ihr, wie sie den wieder entfernt haben?« Furchtvolle Blicke. »Mit einer örtlichen Betäubung. Und ratet mal wohin?« Drei Männer kniffen die Augen zusammen. »Ja«, fuhr ich fort und machte die bekannte Anglergeste, »mit so einer Spritze!« Die Männer mir gegenüber verzerrten die Mundwinkel, als hätten sie in eine Zitrone gebissen.

Olli, das heutige Opfer, fing sich als Erster wieder: »Und wenn ich nach Hause komme, sagt Ute bestimmt wieder, ich soll mich nicht so haben. Unsensibel wie Frauen sind. Außerdem hat mir das Schwein von Arzt so in die Glocken gekniffen, dass ich bis zum hohen C kam.« Besorgt erkundigte Hermann sich, ob der Arzt auch die obligatorische Frage nach Erektionsschwierigkeiten gestellt habe. »Logo«, kam die Antwort, »ich habe ihm gesagt, dass ich die Frage nicht beantworten könne, da noch nicht Weihnachten ist.« Kurzes Lachen in der Runde und wieder zurück zum Thema.

»Weil du gerade von deiner Ute sprichst«, sagte Kutte, »unsere Frauen verstehen uns einfach nicht. Wenn wir mal krank sind, verharmlosen sie alles und behandeln uns, als ob wir Simulanten wären.«

»Stimmt«, pflichtete Olli bei, »im letzten Jahr war ich wegen der Schmerzen in der Brust und im Arm siebenmal nachts in der Notaufnahme. Bis zum fünften Mal ist meine Olle noch mitgekommen.

Die beiden letzten Besuche musste ich allein machen, zu Fuß. Der Spaziergang tue mir gut, hörte ich meine Frau sagen. Leute, ich hätte abkratzen können! Versteht ihr?«

Wir verstanden. Frauen wollen starke und gesunde Männer, gesundheitseingeschränkte Ernährer gefährden die Familienexistenz und sind nichts mehr wert. »War es das Herz?«, fragte ich nach.

»Also erst mal habe ich von der Nachtschwester immer den gleichen Spruch gehört: Warum ich so spät komme, mit Herzinfarkten solle man nicht spaßen. Wisst ihr, wie peinlich es mir ab dem sechsten Besuch war zu erklären, dass mich meine eigene Frau alleine auf den vielleicht letzten Weg meines Lebens geschickt hatte?!«

War es nun das Herz?

»Nein«, antwortete Olli, »jedes Mal hieß es, die Schmerzen rührten zu 99 Prozent von einem Bandscheibenvorfall in der Halswirbelsäule her. Ich solle einen Orthopäden aufsuchen. Aber das eine Prozent?«

»Kenne ich«, pflichtete ich bei, »war bei mir genauso. Und kein Arzt, kein Krankenpfleger und keine Krankenschwester übernimmt nachher die Verantwortung, wenn das eine Prozent eingetroffen ist und wir tot auf dem Friedhof liegen, wenn der Rest unserer Bagage am Grab steht und einsieht, dass es falsch, unsensibel und mehr als grob fahrlässig war, uns als übersensible Hypochonder abzustempeln.

»Meine Herren, Sie haben alle recht«, ergänzte Hermann mitfühlend, »es ist das Restrisiko, das unser aller Leben so gefährlich macht. Und die Frauen sehen es einfach nicht ein. 99 Mal geht es gut, aber beim 100. Mal bist du weg. Und dann stehen sie da.«

»Dann stehen sie nicht da«, entgegnete Kutte, »dann suchen sie sich einen reichen Freund und machen erst mal eine Weltreise. So sieht's nämlich aus!«

Die ernüchternde Erkenntnis erforderte Biernachschub. Es wurde geordert. Hermann konnte sich anscheinend perfekt in Olli und mich hineinversetzen: »Die Schmerzen in der Brust kenne ich auch. Übrigens gehe ich inzwischen nicht mehr ins Krankenhaus, sondern rufe den Notarzt an. Könnt ihr euch vorstellen, dass meine Frau beim vierten Mal nachts noch nicht einmal mehr aufgestanden ist? Ich sterbe vielleicht allein wartend auf den Notarzt, und das Fräulein schläft durch.« Und, war es wenigstens bei Hermann das Herz? »Nein, angeblich künstliche Aufregung. Ich soll nicht so viel Kaffee trinken und Sport treiben.«

Mir schwoll der Hals: »Da gibt man Tag für Tag, Woche für Woche, Monat für Monat und Jahr für Jahr sein Bestes im Bett, und wenn's mal darauf ankommt, wirst du von der eigenen Frau aussortiert und im Stich gelassen.«

Kurzes, betretenes Schweigen im Kreis. »Apropos im Stich lassen«, führte Herman aus, »nur weil ich nicht mehr wie in früheren Jahren affenähnlich rammle, ernte ich heute Hohn statt Mitleid, wenn ich krank bin.«

»Du konntest wie ein Affe?«, fragte ich nach.

»So oft und so gut«, stellte Hermann klar.

»Ich konnte wie ein Hengst«, mischte sich Kutte ein. Bewunderndes Nicken in der Runde. Olli beugte sich schmerzverzerrt vor und schöpfte aus seinem Erfahrungsschatz: »Die Quantität war früher wichtig, als wir noch im vollen Saft standen. Heute überzeuge ich durch Erfahrung und Technik. Nicht die Anzahl der Nummern ist für Frauen entscheidend, sondern die Qualität – Fingerfertigkeit und Zungenspiel.« Der Schmerzverzerrte erntete stillen Beifall.

»Ich habe in letzter Zeit Angst vor Zungenkrebs«, führte Hermann zu bedenken, »das jahrelange Stressrauchen und die Zigarren in den Vorstandsitzungen.« Mit diesem Ausblick fühlten wir uns auf einmal alle richtig schlecht und bestellten rasch eine neue Lage Bier.

»Hast du denn Schmerzen auf der Zunge?«, fragte ich vorsichtig nach. »Ja, immer wenn ich Chilischoten roh verdrücke.« Der Skatkamerad hatte sich unser Mitleid redlich verdient.

»Habt ihr auch schon Altersflecken auf dem Handrücken?«, fiel mir ein weiterer Punkt uns heimsuchender Gebrechen ein.

»Und ob«, sagte Olli, »aber meine Hautärztin meinte wegen der Gebilde auf dem Rücken, Hautkrebs sei bei frühzeitiger Erkennung durchaus heilbar. Übrigens ist als Nächstes die Darmspiegelung fällig.« Wir nickten betroffen und weinten leise in uns hinein.

»Das Schlimmste ist der Abführbrei am Tag davor. Da trinkst du stundenlang dran, und es wird immer mehr im Mund. Ein widerliches Gesöff«, warnte ich vor, während Kutte noch einen Schritt weiterging: »Die brezeln dir bei einer Darmspiegelung den Schlauch ohne Ende hinten rein. Und nehmt bloß keine Vollnarkose. Wer weiß, was sie mit dir im Dämmerzustand treiben. Es sei denn, du bist vom anderen Ufer.«

»Habt ihr schon mal was von alterssseniler Schwulheit gehört?«, fragte Olli mit einem ängstlichen Gesichtsausdruck.

»Null problemo«, klärte ich auf, »dann hast du wenigstens jemand, der dich versteht.« Die Runde nickte und schwieg einen kurzen Moment, um sich die vorgebrachte Alternative zu verbildlichen. Ich weiß nicht, wo sich Olli gedanklich gerade befand, als er plötzlich sagte: »Von Kakao kriege ich Durchfall.«

»Und ich von allen Milchprodukten«, ergänzte der Wirt mit der bestellten Ladung Bier. »Laktoseunverträglichkeit. Seid froh mit euren Zipperlein. Die Allergien setzen mir von Jahr zu Jahr mehr zu. Pollen, Gräser, Blüten, praktisch alles. Wenn ich nicht so ein verdammter Steher wäre, könnte ich meine Frau nicht mehr so verwöhnen, wie sie es täglich braucht.« Vier Daumen gingen anerkennend hoch.

»Aber wer dankt es uns«, fragte Olli nach, »ich höre von meiner Alten immer nur: ›Mach hinne, morgen ist nicht langer Samstag!‹ Dabei müsste sie genau wissen, dass andere Männer mit Bluthochdruck, Cholesterin bis zum Abwinken, schlechten Leberwerten und Diabetes längst das Handtuch geworfen hätten.«

»Oder Viagra in Umweltbeuteln nach Hause schleppen«, fuhr Hermann fort, »aber das Zeug brauche ich aufgrund meiner in unzähligen Jahren täglich bewiesenen Geberqualitäten Gott sei Dank noch nicht. Wusstet ihr übrigens, dass ich deshalb schon in frühen Jahren Zapfanlage gerufen wurde?«

»Wieso, hast du es für Geld gemacht?«, fragte Olli nach.

»Nein, aber in jeder Kneipe, jeder Bar, jeder Diskothek, sogar auf dem Friedhof«, antwortete der Befragte.

»Ja, die Discozeiten sind vorbei«, sagte Kutte, »Ich schlafe stressbedingt regelmäßig vor der Glotze ein. Depressionsvorstufe, habe ich letztens in einer Zeitschrift gelesen.«

Hermann setzte sein Bierglas ab und führte meinen Gedanken weiter: »Und wenn du dann auf der Couch vorm Fernseher wieder aufwachst, ist die Nacht vorbei. Man kommt nicht mehr in den Schlaf. Auch nicht im eigenen Bett. Die innere Schwatzhaftigkeit lässt die Probleme der Arbeit nicht mehr aus dem Kopf. Ich habe es schon mit Johanniskraut, Matetee und Antidepressiva versucht – vergeblich.«

Ich konnte ergänzen: »Jede vierte oder fünfte Nacht greife ich zu Paniktropfen. Kennt ihr das, wenn Wände auf euch zukommen und der Raum immer enger wird?«

»Und ob«, sagte Olli, »ich arbeite mich seit zehn, 15 Jahren von der generalisierten Angststörung zum Paniksyndrom runter.«

Kutte wusste Rat: »Mein Kuraufenthalt in Bad Seeburg bescherte mir eine Therapie, die ich zu Hause fortsetzte. Seitdem kann ich leidlich wenigstens jede vierte oder fünfte Nacht durchschlafen, wenn drei Stunden am Stück als Durchschlafen gelten.«

»Du Glücklicher«, nahm ich den Faden auf, »ich kann mich nicht daran erinnern, jemals durchgeschlafen zu haben.«

Wir prosteten uns zu, und irgendeiner von uns bestellte die nächste Runde.

»Das ging mir in meiner voll aktiven Zeit auch so. Die Frauen ließen mich nicht zur Ruhe kommen«, erinnerte sich Hermann.

»Mein Rekord steht bei 72 Stunden ohne Schlaf. Sie hieß Janette und war voll auf Droge«, sagte Kutte.

»Meiner bei 82«, erinnerte ich mich, »eine Nymphomanin.«

Olli toppte: »Sechs Tage, wegen einer Wette in Schottland. An den Namen kann ich mich nicht mehr erinnern, aber ich glaube, sie war Schwedin oder Dänin. Mein bestes Stück war vollständig ruiniert. Danach suchte ich einen Dudelsackspieler auf, der mir zeigte, wie man die Löcher zuhält.

»Hattet ihr schon mal Angst vor einem Penisbruch?«, fragte Kutte.

»Hab mich schon erkundigt«, antwortete Hermann, »im Franziskus-Krankenhaus gibt es eine Station für Penischirurgie.«

»Wolltest du deinen kleinen Freund verlängern lassen?«, fragte ich nach.

»Quatsch«, antwortete Hermann, »aber bei so einer Frau wie der meinen musst du auf alles vorbereitet sein.«

»Haste Glück, meine Angetraute schnarcht seit Neuestem«, fiel darauf Olli ein und fuhr fort, »jahrelang musste ich mir unberechtigte Vorwürfe wegen meines nasenscheidewandbedingten Schnarchens anhören, jetzt sägt sie mich jede Nacht in den Tod.«

»Dabei handelt es sich beim Männerschnarchen um eine nicht zu unterschätzende und mehr oder weniger lebensbedrohliche Funktionsstörung des Körpers, während das Schnarchen unserer Frauen auf ihr Klimakterium zurückzuführen ist«, kommentierte ich weiter.

Hermann exte sein Bier als Letzter und stellte das Glas auf den Tisch. »Manchmal ringe ich im Schlaf nach Luft und glaube, Atmungsaussetzer zu spüren.«

»Ich war zwei Wochen wegen der gleichen Geschichte im Schlaflabor«, klärte ich den Fall auf, »seitdem schlafe ich mit einer Sauerstoffmaske auf einer Apnoematte, die bei Atemaussetzern klingelt.« Kutte rief den Wirt erneut an unseren Tisch und orderte die nächste Runde Bier und Korn auf Rechnung unseres Skatklubs.

»Wie immer auf *Die Hypochonder-Asse*?«, fragte der Wirt nach, während wir noch einmal anstießen. »Ja«, kam unsere Antwort, »auf unseren Skatverein *Die Hippochonder-Asse*. Und Prostata!«

29

STRANDIMPRESSIONEN

Die Stadt schwitzte aus allen Poren. Das Wochenende hatte den Hochsommer zurückgebracht und meiner Lebensaufgabe die fixe Idee, einen Badeausflug zu machen. Ihren lausigen Vorschlag trug sie – wie gewohnt – im Befehlston vor, sodass ich reflexartig – also auch wie gewohnt – zustimmte.

Am frühen Morgen um 10.30 Uhr schwabbelten also runde drei Zentner mit Strohhut auf dem Kopf vor dem Spiegel hin und her und ließen sich auch nicht durch irgendeine Sonnenbrille kaschieren. »Ich brauche dringend einen neuen Badeanzug.« Mein ergänzender Ratschlag: »Schwangerschaftsabteilung oder Übergrößenkatalog« verschaffte mir vor dem Losgehen eine Stunde bestrafende Ruhe. Die übergewichtige Hälfte unseres Haushaltes beliebte konsequent zu schweigen. Ich genoss die friedliche Stille.

Der Badeort stand bereits fest. Mein geliebtes Stadtbad, das ich mit vielen Erinnerungen an bessere Zeiten verband, kam als Ausflugsziel natürlich nicht infrage. Es musste irgendein Badesee außerhalb sein, von dem die Kollegenschaft meiner Lebensaufgabe seit Sommerbeginn heftigst schwärmte.

Auf der Fahrt bedauerte ich, dass man nicht in Personalunion Fahrer und gleichzeitig Beifahrer sein kann. Ich lenkte, sie unterrichtete: »Da vorn bremsen sie! – Überhol doch mal! – Achtung, links ist einer! – Du blinkst seit drei Stunden!« Natürlich bremste sie mit. Bei jedem Bremsleuchten vor mir trampelte sie mit dem rechten Fuß das Bodenblech durch. Und natürlich hatte sie keine Ahnung, wo der See war.

In Ermangelung eines Navigationsgerätes lotste sie mich aus der Erinnerung an die auf der Arbeit beschriebene Route von da nach da, wieder zurück und jetzt irgendwann rechts. Meine Rückfrage: »Jetzt oder irgendwann?« bescherte mir eine ausführliche Lektion über kleinlich denkende Menschen, die jedes Wort auf die Goldwaage legen und darüber den eigentlichen Sinn einer Aussage nicht wahrzunehmen in der Lage sind. Ich hörte zu und erinnerte mich gleichzeitig an die wunderschönen Stunden im Freibad ohne feste Freundin, geschweige denn Beziehung oder gar Ehe.

Nach drei Stunden parkten wir an der vermutlich richtigen Stelle. Auf Waldwegen, durch Gestrüpp und über etliche mit Sicherheit absichtlich in den Boden gerammte Stolpersteine bahnten wir uns den Weg zur Badewiese. Alles voll. Während ich eine Litanei zum Thema »Warum musst du auch immer so lange schlafen« über mich ergehen ließ, hielt ich Ausschau nach einem freien Platz. Wir breiteten unsere Handtücher in letzter Konsequenz auf dem nassen Sand aus, der vor der Liegewiese direkt ins Wasser und in der Regel auch zu wochenlangen Ischiasentzündungen führt. Mit den Füßen im kalten See schwelgte ich in Erinnerungen an badenden Frauen, die vor langer Zeit das Stadtbad aufsuchten und ein Drittel des Körpergewichts meiner Lebensaufgabe aufwiesen. So gesehen hatte ich jetzt drei Frauen – aber in einer.

Ein Rippentriller holte mich in die Realität zurück. Frauen können Gedanken lesen. Doch der schmerzhafte Stoß galt diesmal nicht meinen gedanklichen Ausflügen an längst vergangene Stunden.

Er galt einem vermeintlichen Bösewicht hinter uns. »Dreh dich nicht um! Hinter uns steht einer mit 'nem Colt.« Ach du Scheiße, dachte ich, und bewegte vorsichtig den Kopf zu meiner Frau. »Nicht umdrehen«, beschwor sie mich flüsternd, »guck nach vorn!«

Kalte Füße hatte ich schon, aber nun lief mir zusätzlich die nackte Angst kalt den Rücken hinunter.

Ich überlegte, meinen Blick starr auf das Wasser vor mir gerichtet. Wollte man uns ausrauben? Ausgerechnet uns, wir sehen ja auch aus wie Millionäre. Hatte uns der Fahrer des Luxusschlittens verfolgt, dem meine Lebensaufgabe auf der Landstraße beim Überholen in unflätigster Weise die Leviten gelesen hatte? Es soll ja cholerische Autofahrer geben, die keinen Anranzer im Straßenverkehr verzeihen und bei nächster Gelegenheit handgreiflich werden. Nun gut, wer denkt nicht an Mord, der von meiner Lebensaufgabe beschimpft wird. Vielleicht würde mich der Mann mit dem Colt aus purem Frauenhass von drei Zentnern Lebendgewicht befreien? Ich konnte mich nicht mehr genau an die Situation erinnern. Vielleicht aber war gar nicht meine Lebensaufgabe das Objekt eines rachesüchtigen Fahrers, sondern ich? Hatte ich auf der Fahrt zum See etwas verkehrt gemacht? Jemanden geschnitten? Nein. Den Stinkefinger gezeigt? Nein. Den Blinker zu spät gesetzt? Auch nicht. Vielleicht verfolgte uns ja jemand aus dem Kollegenkreis meiner drei Zentner, der über die Wochenendplanung informiert und auf die Kollegin stinksauer war. Ich raunte meiner Lebensaufgabe zu: »Kennst du den mit 'm Colt? Richtet er den Colt immer noch auf uns?« Sie drehte sich vorsichtig um und langsam wieder zurück. »Zu Frage zwei: Ja. Zur ersten Frage: Ich habe den Mann noch nie gesehen.«

Vielleicht handelte es sich um einen psychisch Kranken, der zu Hause die Waffe durchlädt, um wahllos am Badesee in die Menge zu schießen. Wieso aber suchte er ausgerechnet uns als Opfer aus?

Ich versuchte, mich in den Täter hineinzuversetzen. Wenn schon jemanden umbringen, dann irgendwelche Dödel, die so spät zum Baden gehen, dass ihnen nur noch der Platz auf dem eine Ischiasentzündung auslösenden Nassboden übrig bleibt. Man sollte die Menschheit von Dummköpfen befreien. Aber gleich umbringen?

Zentimeter für Zentimeter richtete ich meinen Blick weg vom Wasser. Wie zufällig wandte ich den Kopf ganz langsam zum Himmel und sagte laut zu meiner Frau: »Sieht nach Regen aus.« Ich wartete einen Augenblick ab und richtete den Blick vorsichtig nach hinten, scheinbar weiter den Himmel beobachtend. Wieder unüberhörbar laut formulierte ich: »Mal sehen, ob im Osten schon Regenwolken zu sehen sind.« Dabei gelang es mir zu erkennen, dass der Mann hinter uns seine Arme in die Hüften gestützt hatte und anscheinend den Seeblick genoss.

»Entwarnung«, raunte ich meiner Lebensaufgabe zu, »kein Colt mehr zu sehen.«

Sie vergewisserte sich und ranzte mich an: »Kiek doch mal richtig hin. Der steht noch knallhart hinter uns!«

Hatte ich einen Knick in der Optik oder sie zu viel Krimis gesehen? Ein weiterer intensiverer Blick ließ mich erstarren. Was sie als Colt bezeichnete, entpuppte sich als ausgewachsener Erregungszustand eines männlichen Nackedeis.

»Sag mal«, schrie ich meine Lebensaufgabe an, »kannst du nicht vernünftig mit mir reden?! Der Mann hat 'n Ständer, und du versetzt mich in Angst und Schrecken!«

»Schrei doch noch lauter, damit uns alle hören können«, giftete sie zurück, »das hammerhart erigierte Teil hat mich Angst und Schrecken versetzt!«

Es entspann sich die allseits bekannte Schlammschlacht lang Verheirateter. »Na und, hast du noch nie eine Erektion gesehen?«

»Ich erinnere mich nicht«, blaffte sie zurück, »ist schon zu lange her!« Den Vorwurf konnte ich nicht auf mir sitzen lassen: »Wer hat denn immer Migräne und vertröstet auf ›am Wochenende mal vielleicht‹?«

Sie entgegnete: »Du merkst ja nie, wenn ich will!«

Auch das stimmte nicht. »Ist eben auch schon zu lange her, dass du wolltest!«

Dann die übliche Anfeindung mangels Argumente: »Du bist ein richtiger Penner!«

Für meine Lebensaufgabe war damit das Gespräch, Sie wissen schon – wie gewohnt –, beendet. Um sie sichtbar zu bestrafen, drehte ich mich um, setzte mich demonstrativ in Richtung Badewiese – und sofort wieder zurück. Nicht der immer noch Standhafte veranlasste mich zur Rückkehr in meine auf das Wasser gerichtete Sitzposition, es war das Badepublikum. Ich rutschte so nah es ging an meine Lebensaufgabe heran und flüsterte ihr angstbesessen ins Ohr: »Weißt du, wo wir hier gelandet sind? Am Nacktbadestrand!«

Sie wandte sich um, verschaffte sich einen Überblick und antwortete kalt: »Na, wenn das so ist.« Dann streifte sie den Badeanzug ab und überließ ihre drei Zentner genüsslich der Abendsonne.

30

VON UND ZU

Alle fünf Jahre herrscht bei uns im Hause Großalarm, nämlich wenn Helene von Glattenstein zu einem runden oder zu einem Geburtstag mit einer Fünf am Ende lädt.

Ja, Helene von Glattenstein und ihr Mann, von mir zum Ärger meiner Lebensaufgabe »Die Gladstones« getauft, laden nicht zum Geburtstag ein – sie laden! Spricht man von den Gladstones in Kreisen, werden sie als von Glattensteins bezeichnet. Ich habe viele verlorene Kriege mit meiner Lebensaufgabe darauf verwandt, nicht »von den Glattensteins« mit einem angehängten »S« zu sprechen, wenn beide gemeint waren, sondern wenn schon, denn schon in der Mehrzahlbildung ein »E« an den Familiennamen zu hängen und »von Glattensteine« zu sagen.

Sparen Sie sich bitte den Korrekturvorschlag, bei Familiennamen ausschließlich den Singular zu verwenden, und lesen Sie weiter!

Wie Sie schon merken, waren mir die Gladstones ebenso unsympathisch wie ihre rauschenden Geburtstagsempfänge. Mit meiner Heirat betrat das Ehepaar von Glattenstein mein Leben, da Helene die beste Schulfreundin meiner Exverlobten war. Helene war bereits als Kind eine geborene »*Von*«, trug den Familiennamen von Kruckendorf, gehörte zum sogenannten Etagenadel und ehelichte natürlich standesgemäß auch einen *von.*

Die Jugendfreundschaft Helenes zu meiner Frau überdauerte trotz des Standesunterschieds so weit in inniger Verbundenheit, dass uns nicht zu jeder Gelegenheit, aber immerhin noch alle fünf

Jahre die Ehre der Teilnahme an einer hochherrschaftlichen Feier zuteil wurde. Bei uns zu Hause tauchten die Gladstones nie auf, weil sich meine Lebensaufgabe unserer niederen Herkunft und meines »ungehobelten« Freundeskreises wegen schämte. Als überzeugter Anhänger des Proletariats war ich mit dem dauernden Versagen einer Gegeneinladung sehr einverstanden.

Öffneten wir also alle fünf Jahre die dekadent mit der Briefpost zugestellte Ladung, kümmerte sich sofort meine Lebensaufgabe verstärkt um mein Erscheinungsbild. »Deine Brille ist total verkratzt«, hieß es, »du brauchst dringend eine neue, so gehe ich mit dir nicht zu den von Glattensteins!« Von wegen. »Dann geh doch allein!«

Aber bei Familie von Glattenstein hatte man als Paar zu erscheinen, soweit man verehelicht war – als auserwähltes Paar des inneren Zirkels. Und, wenn es nach meiner Lebensaufgabe ginge, mit dem neuesten Brillenmodell von Gucci oder Dolce & Gabbana oder Porsche.

Um Himmels willen, Sie ahnen es, wurde mir von der Lebensaufgabe verboten, mich mit meiner aktuellen Beschäftigung als Hausmeister unseres Wohnblocks vorzustellen, sofern ich von Gästen auf meinen Beruf angesprochen werden sollte. Ich sollte dann sagen, ich hätte eine Schlüsselposition inne, über die ich der Verschwiegenheitspflicht wegen *coram publico* nicht reden wolle.

Coram publico? Immer zu diesen verschissenen Einladungen legte sich meine Lebensaufgabe zwei, drei neue Fremdwörter zu, die sie mehrmals am Abend des Ereignisses in ihre Konversation einzubauen versuchte. Diesmal gehörte zu den neu ausgewählten Begriffen »coram publico«, was so viel bedeuten sollte wie »in der Öffentlichkeit« oder so ähnlich. Aha, Madame schwadronierte.

Der Besuch bei den Gladstones war für meine Lebensaufgabe auch deshalb von ungeheuerlicher Bedeutung, weil sie anschließend im Kollegen- und Bekanntenkreis sowie beim Friseur aus berufenem Munde das Neueste aus der Upperclass berichten konnte.

Im Gegensatz zu meiner Lebensaufgabe waren mir die weiteren Gäste der Geburtstagsfeier meist gar nicht bekannt. Ich vergaß von einer bis zur nächsten Einladung die Verwandtschaft des einen Herrn zum englischen Königshaus, die Auszeichnung des anderen zum Professor des Jahres und wer von den aufgetakelten Weibern in den Achtzigern des vergangenen Jahrhunderts mal einen Filmpreis erhalten hatte. Für mich waren die Geladenen weder A- noch B- noch C-Promis, die man kennen, geschweige denn sich merken musste. Zudem hasse ich es, mit befreundeten Prominenten anzugeben. Ich gehe ja auch nicht überall damit hausieren, dass ich im Jugendalter mal als Komparse in einem Film mitwirkte, dessen Hauptdarsteller heute unter anderem auch in Hollywood spielt und, nebenbei gesagt, keineswegs arrogant ist. Ich verrate Ihnen mit der Andeutung nicht zu viel, dass seine Markenzeichen eine hohe Stimme, strahlend blaue Augen und eine tolle Figur sind. Glauben Sie nicht die Gerüchte, er trinke zu viel und wechsle die Gefährtinnen wie Hemden. Wenn man ihn, wie ich zufälligerweise, kennt, ist er ein wirklich dufter Typ, ein Mordskumpel und kein bisschen eingebildet. Privat ist er spitze und kann saufen wie ein Loch.

Ich erzähle ja auch nicht, dass ich über fünf Ecken einen zur Weltspitze gehörenden Fußballer kenne, der in Wahrheit ein bescheidener Mensch geblieben ist, obwohl er das teuerste Auto aller Bundesligaspieler fährt. Muss ihn übrigens mal wieder anrufen und um Karten für das kommende Länderspiel bitten.

Ja gut, mir ist George Clooney mal über den Weg gelaufen, als ich am Comer See aushilfsweise in einem Restaurant kellnerte. Aber würde ich mich deshalb irgendwo interessant machen? Gut, George hat mich nach dem Weg zur nächsten Tankstelle gefragt. Okay, wir kamen in ein nettes Gespräch, als er meinen deutschen Akzent hörte. Und ja, abends war ich auf einer Party in seinem Haus. Dass Matt Damon und Brad Pitt auch zufälligerweise anwesend waren, konnte ich ja nicht wissen. Und wen interessiert schon mein 14-tägiger

Urlaub auf Georges Yacht? Und nein, ich habe das Rollenangebot in *Ocean's Eleven* nicht angenommen.

Kurz zurück zur Geburtstagsfeier bei dem Ehepaar von Glattenstein. Wie immer quatschten die Anwesenden nur über belangloses Zeug. Ihr beliebtestes Partyspiel war, wen wundert's, natürlich die übliche Diskussion um die Schöpfungshöhen der aktuellen Literaturbestseller. »Haben Sie auch schon das neue Werk von X oder Y gelesen? Und, wie finden Sie es?« Ich gab auf strengste Anweisung meiner Lebensaufgabe, Sie ahnen es, natürlich vor, alle Bücher gelesen zu haben. Bei unliebsamen Detailfragen, die mich entlarven könnten, verabschiedete ich mich höflich eines dringenden Ganges zum Badezimmer wegen. Auf dem Klo hatte ich vorsorglich ein mitgebrachtes Fremdwörterbuch deponiert, um mir unbekannte Begriffe meiner Gesprächspartner wie *Konglomerat* oder *redundant* nachzuschlagen. Anschließend begab ich mich wieder zu meinen Gesprächspartnern, um die *Zusammenballung* oder das *eigentlich Überflüssige* noch einmal einer weitergehenden Betrachtungsweise zu unterziehen. Es versteht sich von selbst, dass ich an diesen Abendeinladungen regelmäßig unter unverhältnismäßig hohem Harndrang litt. Das Fremdwörterbuch erfüllte auf der besagten Snobistengala einen weiteren nützlichen Zweck. Anscheinend hatten die hochwohlgeborenen Gastgeber den Verbrauch ihres Toilettenpapiers unterschätzt. Es hätte mir zwar nichts ausgemacht, bei den Gladstones um Nachschub zu bitten, aber ich fürchtete endlos dauernde Vorhaltungen meiner Lebensaufgabe im späteren Auswertungsgespräch und riss einfach eine Seite aus dem Buch heraus.

Nach der intellektuellen Erörterung sämtlicher Neuerscheinungen des Büchermarktes schwappte in den Kleingruppen erwartungsgemäß der Gesprächsstoff auf das Thema Musik herüber. Hier hätte ich leicht und locker bei den Musikcharts mithalten können. Die aber spielten keine Rolle. Stattdessen die französischen Einflüsse auf die Musik Johann Sebastian Bachs. Als von einem wohltemperierten Klavier geredet wurde, suchte ich vergebens im Raum eine Orgel. Als im weiteren Verlauf von einem Schostakowitsch die Rede war, wähnte ich mich kurzzeitig beim Fußball und vermutete hinter dem Namen einen ehemaligen russischen Nationaltrainer. Mit dem Ausdruck des Entsetzens wurde ich eines Besseren belehrt und flüchtete daraufhin an das Buffet. Meine Enttäuschung über das kulinarische Angebot hielt sich, dort angekommen, in Grenzen, da ich die Veranstaltung ja schon des Öfteren besucht hatte. Wie immer keine Spur von Kartoffelsalat, Würstchen, Buletten oder Kassler.

Das Buffet war angerichtet mit wabbelnden Kleinigkeiten: Häppchen, die noch lebten, und glitschigen Weichteilen, die sich eine neben mir stehende Fettwalze nacheinander in den Mund schob. Ich konnte mir den Hinweis auf die Herkunft der Weichteile nicht verkneifen und gab mich als Importeur dieser seltenen Art verfaulter Känguruhoden aus. Die Toilette war anschließend stundenlang besetzt. Aber ohne Klopapier!

Der unentwegten Zufuhr besten Champagners geschuldet, hob sich allmählich meine Laune. Ich entfernte mich unauffällig von meiner lebenslangen Begleitung und bedrängte einen Kreis besonders unsympathisch wirkender Besucher mit der Frage, ob sie schon das neueste Buch des chilenischen Kultautors Enrico Susanto Almanach-Rodriguez gelesen hätten. Den Autor hatte ich erfunden. Ebenfalls den Titel seines Werkes, das in deutscher Übersetzung *Über das Schicksal der unbefriedigten Nuestra Señora* hieß. Natürlich hatten alle. Ich amüsierte mich prächtig mit den Interpretationsvarianten der Anwesenden über die von mir erinnerten Textpassagen zu der aufopfernden Hingabe der Señora im Sado-Studio ihres geheimen Liebhabers. In Sektlaune gekommen, erfand ich zusätzlich ein Kapitel mit einer überaus detaillierten Beschreibung des Mutterschoßes der Señora, während ihr zwölftes Opfer kopulierend auf ihr sitzend mit einem chinesischen Seidenschal den Freitod suchte. Auf die an mich gerichtete Frage einer bis zur Unkenntlichkeit gelifteten Schabracke, die noch nicht bis zu dieser Seite vorgedrungen wäre, ob das Vorgenommene erfolgreich in die Tat umgesetzt worden wäre, schloss ich die Augen, schüttelte den Kopf und flüsterte halblaut: »Er hat's nicht geschafft.«

Meine Antwort war nicht konkret genug. Was von dem Begonnenen hatte er zu Ende bringen können und was nicht? Ich schaute der Fragenden tief in die Augen und sprach langsam: »Das eine Vorhaben ja, das andere nein – er starb noch vor dem Erguss.«

Bei mir daheim hat sich einiges geändert. Beschleicht mich in Erwartung der nächsten Einladung zur Gladstone-Party jetzt schon eine Art Vorstartfreude, altert höchstwahrscheinlich meine Lebensaufgabe um Jahre. Ich habe ihr angekündigt, die nächste Ladung der Gladstones um den zweiten Teil des chilenischen Bestsellers zu bereichern. Einen Titel habe ich auch schon: *Über die verruchten Sexpraktiken der hochadligen Nuestra Señora.*

31

WAS FÜR EIN WEIHNACHTSMANN

Glauben die Kinder nicht mehr an den Weihnachtsmann, macht uns Erwachsenen der Heilige Abend auch keinen richtigen Spaß mehr. Für wen der Tannenbaum, für wen – außer für die Industrie – die bunten Kugeln und blinkenden Lichterketten im Schein des nach Marzipan und Christstollen duftenden Wohnzimmers?

Unsere Kinder waren erwachsen, glaubten nur noch bei Wahlen an den Weihnachtsmann und wohnten schon lange verstreut auf Gottes Erden. Die Weihnachtstage versprachen nur noch die Sissi-Filme im Fernsehen, den Spaziergang durch Hundekot im Grunewald und den Besuch der Christmette, zu der regelmäßig auch unser Bundespräsident erschien.

Da erreichte mich die Bitte eines Sportkameraden gerade recht, ob ich am Heiligen Abend den Weihnachtsmann für seine beiden sechs und sieben Jahre alten Kindern spielen könne. Gern kam ich der Bitte nach.

Zur verabredeten Stunde klingelte ich bis zur Unkenntlichkeit verkleidet mit dem vorher ausgehändigten Sack voller Spielzeug und anderen Geschenken an der Tür der wartenden Familie. Sobald mir die Frau meines Sportfreundes geöffnet hatte, begrüßte ich die zu Beschenkenden mit einem drei Wochen lang geübten: »Ho ho ho!« Meine Begrüßung war derart gelungen, dass sich beide Kinder, Junge und Mädchen, ängstlich bibbernd hinter den Eltern verkrochen.

»Na so was«, tat die Mutter überrascht, »ist das etwa der Weihnachtsmann?« Ich trat ein und brubbelte in meinen Bart: »Wer sonst? Ich sehe aus wie der Weihnachtsmann, spreche wie der Weihnachtsmann, komme mir vor wie ein Weihnachtsmann – wer sonst sollte jetzt ungebeten klingeln? Der Gasmann, der Vermieter oder der Chef, der um Überstunden am Heiligen Abend bittet?«

»Was brubbelst du, Weihnachtsmann?«, fragte der Kindesvater nach.

Ich stellte mich, beseelt von meiner Rolle, vor meinen Sportkameraden und musste ihn erst einmal rüffeln: »Seit wann duzen wir den Weihnachtsmann, lieber Vater? Wir sind hier nicht im Sportverein und ich nicht Ihr Sportkamerad.«

Offensichtlich hatten meine extra tiefe Stimme sowie meine mahnende Ansprache das männliche der beiden Kinder noch mehr verschreckt. Der Junge fing zu weinen an und rotzte der Mutter das Rückenteil ihres Kaschmirpullovers voll. Das schien seiner Schwester sehr zu gefallen. Sie amüsierte sich köstlich über das rotzende Geheul und fing mit dem ausgestreckten Finger an, den Verängstigten zu besingen: »Weichei, Weichei, Rudi ist ein Weichei!«

»Kommen Sie doch erst mal in das Wohnzimmer, lieber Weihnachtsmann!«, bat mich die Mutter und rutschte mit ihrem verängstigt am Rücken hängenden Balg vor. Im Wohnzimmer angekommen, stellte ich den Sack mit den Geschenken vor dem Weihnachtsbaum ab und wollte an sich mit der Bescherung beginnen. Konnte ich aber nicht, da sich der Hasenfuß inzwischen hinter der Wohnzimmercouch verkrochen hatte. »Vielleicht stoßen wa erstma an«, versuchte ich, die Zeit der Beruhigung des Kindes zu überbrücken, »der Weihnachtsmann kommt von weit her und hat mächtigen Durst.«

»Gute Idee«, wandte sich der Papa an die Mutti, »ich gehe kurz mit dem Weihnachtsmann in die Küche und trinke ein Bier, du sorgst inzwischen dafür, dass die Memme wieder hinter der Couch vorkommt!«

Nach drei Flaschen Bier und fünf Kurzen meldete die Mutter, der Sohn stehe wieder zur Verfügung und habe ihr versprochen, nicht mehr zu weinen. Nach einer weiteren Zeit des Wartens in der Küche, die zum Laden der Weihnachts-CD gebraucht wurde, betrat ich wieder die gute Stube und musste zunächst einmal die Eltern bitten, die abscheuliche Musik mit amerikanischen Weihnachtsliedern zu wechseln. »Wir sind hier nicht bei den Hottentotten!«

Mama stimmte meinem Wunsch gerne zu, da sie ohnehin vorhatte, die Bescherung von dem Vorspielen ihrer Kinder auf der Blockflöte abhängig zu machen. Die Kinder holten artig ihre Flöten und breiteten im Wohnzimmer Notenblätter aus, von denen sie ein Weihnachtslied abspielen sollten. Um dem musikalischen Geschwisterauftritt zusätzlich ein wenig weihnachtliche Würze zu verleihen, bestimmte ich vor Beginn noch ein paar Regeln: Eine falsche Note bedeutete Reduzierung der Geschenke auf die Hälfte, zweimal daneben gegriffen hieß Feierabend für heute, keine Geschenke und ab ins Bett. Diesmal muckte das Mädchen. Was das denn für ein Schwachsinn sei. Ich baute mich vor dem ungezogen Gör auf und sagte mit tiefer Stimme: »Ich kann auch anders. Was meinst du, wie viele rotzfreche Kinder ich schon in den mitgebrachten Sack gesteckt und in der Spree versenkt habe?«

Es dauerte eine weitere halbe Stunde und mehrere Biere in der Küche, bis der verweichlichte Bruder wieder hinter seiner Rückzugscouch hervorgekrabbelt war. Zwischenzeitlich trommelte seine verrückte Schwester unaufhörlich mit der Blockflöte auf dem Parkett des Wohnzimmers: »Ich will Geschenke! Ich will Geschenke!«

Leicht beschwipst überhörte ich großzügig die permanent vorgetragenen falschen Töne auf den Blockflöten zweier vollends unmusikalischer Kinder. »Das ist die Aufregung«, versuchte eine besorgte Mutter ihre Brut zu schützen. Da ich ja der Weihnachtsmann war, durfte ich den Anwesenden auch gute Ratschläge erteilen. Zu dem Jungen sagte ich großherzig: »Leg zukünftig die Blockflöte weg und melde dich in einem Ballettkurs an!« Dem Mädchen riet ich, auf Schlagzeug umzusteigen.

Bevor ich nun den endlich den ungastlichen Ort weihnachtsunfähiger Menschen verlassen konnte, musste ich noch die Geschenke abliefern. Der Zeremonie folgend, richtete ich vor Ausgabe der Waren die obligatorische Frage an die unmusikalische Brut: »Wart ihr auch artig?« Das Mädchen antwortete mir zu schnell: »Na klar!«, der Junge zu weinerlich mit: »Ja.«

Also wiederholte ich laut meine ernst gemeinte Frage und erhielt eine ganz andere Antwort. Das Mädchen hatte offenbar gemerkt, dass zur Übergabe der Geschenke ihres sicherlich ellenlangen Wunschzettels ein wenig mehr Ehrlichkeit gefordert war, und es begann, offen zu gestehen: »Mein Bruder und ich waren das ganze Jahr lang artig. Aber Mama und Papa haben sich ganz oft gestritten. Und einmal hat Mama Papa eine Ohrfeige gegeben.«

»Stimmt«, pflichtete der Bruder bei und nickte dabei eifrig.

»Warum haben sich eure Eltern denn gezankt?«, fragte ich nach. »Und warum hat eure Mama denn euren Papa geschlagen? Im Sportverein spielt er gewöhnlich den Draufgänger.«

»Na, weil Papa zu oft bei unserer Nachbarin war«, sprudelte es plötzlich aus dem verklemmten Bübchen heraus.

»Ja, und Mama fand es nicht gut, dass Papa immer nachts bei unserer Nachbarin fremde Leute versteckt«, ergänzte das Mädchen.

»Wie, fremde Leute versteckt?«, fragte ich nach.

»Mama hat zu Papa gesagt: ›Hast du Schwein schon wieder einen bei der Nutte nebenan versteckt?‹«, fuhr das Mädchen fort. Diesmal ergänzte der Junge: »Und dann hat Mama Papa eine richtige Ohrfeige geknallt. Wusch!« Das letzte Wort untermalte der Knabe mit einer ausholenden Bewegung.

»Lieber Weihnachtsmann, das tut jetzt aber nichts zur Sache«, wollte mein Sportkamerad lieber auf die Geschenkausgabe weiterleiten.

»Doch, doch, doch«, erhob ich meinen von einem weißen Handschuh ummantelten Zeigefinger, »immer schön ehrlich bleiben!«

»Und außerdem schimpft Papa immer Mama aus, weil sie nur noch mit ihrem Freund Dildo spielt und nicht mehr mit ihm«, gestand der brave Bub weiter.

»Ja, das nervt voll ab«, erboste sich sein Schwesterlein und drehte sich forsch fragend zur Mutter um. »Wer ist denn dein Freund Dildo überhaupt? Den kennen wir gar nicht.«

Das Elternpaar stand wie verwurzelt vor dem Weihnachtsbaum und schaute sich ratlos an. Die Kinder erhielten schließlich ihre Geschenke. Die der Eltern blieben schön im Sack. Den nahm ich zur Strafe wieder mit nach Hause.

32

HOBBYS

Ich langweilte mich mal wieder zu Tode. Meine Lebensaufgabe riet mir, ein Hobby zu suchen oder endlich den Keller aufzuräumen. Ich entschied mich für ein Hobby und fing an, Tagebuch zu schreiben. Zwei Wochen später verwarf ich die Idee, da mich die von meiner Gattin zur besseren Lesbarkeit mit rot gekennzeichneten Korrekturvorschläge zur Zeichensetzung, Rechtschreibung und zum Stil massiv unter Druck gesetzt hatten. Sämtliche Tagebucheintragungen wurden seitens des Besserwisserin täglich korrigiert, redigiert, verfälscht und schließlich zensiert, die Berichtigungen tagtäglich überprüft.

Den Keller räumte ich trotzdem nicht auf, sondern meldete mich im Sport- und Gesundheitszentrum zum Basistraining an. Ein gesundes Hobby sollte es sein. Der gesundheitsfördernde Kurs begann mit einer Erwärmung, die auf einem Ergometer abgestrampelt wurde. Natürlich war meine Enttäuschung riesig, als sämtliche immerhin 15 bis 20 Jahre älteren Teilnehmenden mit 15 bis 20 Kilowatt mehr in das Standfahrrad trampelten, als es mir möglich war. Nach weiteren Dehnübungen unter Anleitung des Gruppentrainers erhielten wir die Anweisung, unserer Bauchmuskulatur durch Sit-ups auf die Sprünge zu helfen. Diese – auch Rumpfbeugen genannte – Übung sollte zu zweit durchgeführt werden. Ich übernahm zunächst den passiven Part und stabilisierte kniend die Füße einer auf dem Rücken liegenden, etwa 75-jährigen Rumpfbeugerin, während sie ihren Oberkörper wie ein Klappmesser aufzurichten und wieder auf die Matte abzulegen hatte. Jeder Schwung der alten Dame aus der Rückenposition nach oben verursachte dabei ein kurzes Begleitgeräusch, das nicht ihrem Mund entwich. Anscheinend hatten Bauchmuskulatur und Darm meiner Übungspartnerin einen Pakt geschlossen, die Anstrengungen des Muskelaufbaus gemeinsam zu verarbeiten. Nach dem 15. Aufrichten fragte ich, was es am Vortage zu essen gegeben hätte. Die sportliche Oma antworte mit weit aufgerissenen Augen, den Blick stier nach vorne gerichtet: »Knoblauchbrot.«

Bei dem 27. Sit-up erkundigte ich mich nach der Menge. »Den ganzen Tag und aus frischen Knoblauchzehen unzerteilt angerichtet.«

Ob sie außer Knoblauch auch etwas anderes zu sich nehme, wollte ich beim 58. Aufrichten wissen. »Nein«, hechelte meine Sportkameradin rhythmisch pupsend zurück. Als die drahtige Seniorin ihr 100. Klappmesser geschafft hatte, musste die Turmhalle gelüftet werden, um den verbrauchten Sauerstoff für die Gruppenmitglieder zu ersetzen, wie es hieß. Ich nutzte die Pause zum Verschwinden und stand zwei Wochen später als neues Mitglied in einer Tai-Chi-Gruppe im Kreise ausschließlich älterer Damen.

Hier rang mir mein wirklich nur mäßig ausgeprägtes Ästhetikgefühl unbekannte Würgeattacken ab. Warum müssen sich Rentnerinnen beim Tai-Chi in hautenge, fleischfarbene Leggins zwängen, wenn ein Großteil der Übungen breitbeinig ausgeführt wird? Die Dinge, die da sichtbar wurden, erinnerten stark an die prägnanten Auswölbungen männlicher Balletttänzer des Moskauer Bolschoitheaters. Die Umfänge der zur Schau gestellten Vaginaldetails waren solchen Ausmaßes, dass ich mir einen weiteren Besuch tunlichst verkniff.

Es sollte nicht der Sport sein, ich musste ein anderes Hobby finden.

So kleisterte ich eine Woche darauf Ton in einer Töpferwerkstatt zu Haufen, aus denen ich Aschenbecher und Vasen brennen wollte. Die 105 Euro für die Kursgebühr sollten sich durch den Verkauf meiner selbst entworfenen Unikate auf dem Trödelmarkt rasch amortisieren lassen. Sofern Sie selbst des Töpferns mächtig sind, wissen Sie, dass von den ersten Versuchen bis zu einem verkaufsfähigen Produkt allerdings ein steiniger Weg zu gehen ist. Meine ersten Aschenbecher mutierten im Brennofen zu verunglückten Hefekloßfragmenten, meine Vasen glichen laut übereinstimmender Meinung der anderen Kursteilnehmer weiblichen und männlichen Geschlechtsorganen. Auch das noch, nach meinen kürzlich gemachten Erfahrungen. »Macht nichts«, wurde ich von einem Mann mit zerrissenen Jeans und Häkelpullover getröstet, »ich arbeite mit dem Töpferkurs meine Analphase auf.« Sämtliche meiner selbst getöpferten Erstlingswerke trat ich nach dieser Offenbarung in die Tonne und einem Chor bei. Dort riet man mir nach der ersten Probe, ein anderes Hobby zu suchen und der allgemeinen Stimmung wegen nicht mehr zu erscheinen.

Kein Problem, wusste meine verehelichte Exverlobte zu helfen, Erfahrungswissen älterer Menschen sei besonders bei Selbsthilfegruppen gefragt, die sich ehrenamtlich um junge Firmengründer kümmern. Junge Start-up-Unternehmen auf dem Weg zur ersten Million zu coachen schien mir eine lohnende Herausforderung. Ich meldete meine Lotsenbereitschaft sogleich an und erinnere mich noch gut an meinen ersten Beratungsfall: Zwei junge Kerle wollten aus Scheiße Bonbons machen, indem sie alte, ausrangierte Brillengestelle zu einem neuen, modischen Design aufzupeppen und im Internet gewinnbringend zu verkaufen beabsichtigten. Ihre Geschäftsidee schien mir weder ausgereift noch Erfolg versprechend, ihr 100-seitiger Businessplan zudem viel zu schmächtig. Ich trieb die Jungunternehmer an und den Entwurf des Geschäftsplans auf 680 Seiten. Zwischenzeitlich hatte sich die Brillengestellidee bis zu den führenden deutschen Optikerketten herumgesprochen. Den Frischlingen wurden letztlich magere zwölf Millionen für das Label und die Verwertungsrechte angeboten, was sie auf meinen Ratschlag natürlich ausschlugen. Man verkauft keine unfertigen Ideen, man beendet, was man angefangen hat, und arbeitet hart für die Früchte der eigenen Selbstständigkeit.

Die Optikerfilialketten zogen ihre Angebote nach etlichen Abwerbungsversuchen zurück, sodass nun der Weg frei stand für die Jünglinge, unten anzufangen und sich, wie alle anderen auch, Jahr für Jahr nach oben zu arbeiten. Wozu ist schließlich der Renteneintritt nach hinten verlegt worden. Leider teilen nicht alle Seniormanager meine Einschätzung; mir wurden grundlegende Beraterkenntnisse abgesprochen und ich aus dem Selbsthilfeverein geworfen.

Warum ich nicht lieber mit Kindern arbeiten wollte, fragte mich meine Lebensaufgabe, vielleicht läge mir eher die prägende Erziehung von Schlüsselkindern, deren Eltern sich wegen der Berufstätigkeit nicht ausreichend um den Nachwuchs kümmern können. Und tatsächlich, im Familienzentrum suchte man für jene Zielgruppe händeringend Ehrenamtliche – aber nur für 14 Tage. Mein pädagogischer Makarenko-Grundsatz »Schlägst du mich, schlag ich dich« wurde von den Eltern der Zöglinge kategorisch – angeblich auf der Grundlage neuerer Erkenntnisse der Erziehungswissenschaften – abgelehnt und ich auf Bewährung verurteilt.

Was blieb noch? Dieser Bericht aus dem Tagebuch, das ich seither wieder schreibe. Damit ich nicht korrigieren muss, habe ich es verschlüsselt.

33

ROULETTE-EINMALEINS ODER NICHTS GEHT MEHR

Eine Kollegin hatte voller Stolz von ihrem ersten Spielbankbesuch berichtet. Trotz völliger Unkenntnis war es ihr gelungen, beim Roulette gleich im ersten Spiel 20 Euro zu gewinnen. Eigentlich waren es nur zehn Euro, die sie gewonnen hatte, aber da sie für die zehn eingesetzten Euro 20 herausbekam, hatte sie – ihrer Auffassung nach – zehn Euro nicht verloren und zehn dazugewonnen, also insgesamt 20 gewonnen. Dann habe sie, fix und fertig vor Stress, aufgehört und sei nun eine glückliche Gewinnerin, der immer noch das Herz bis zum Halse klopfe, wenn sie an das aufregende Spiel denke.

Ich überlegte nicht lange und beschloss, auch ein Gewinner zu werden. Ganz auf die Schnelle und im Vorübergehen zehn oder 20 Euro zu gewinnen käme mir und meiner angespannten Haushaltslage gut zupass. Ganz im Gegenteil, ich würde mehr als einmal setzen, Gewinn und Verlust ausführlich berechnen und spielerisch einen Zehner nach dem anderen gewinnen, anders als die zögerliche und ängstliche Kollegin. Die Regeln des Roulettes kannte ich zwar nicht, aber wenn schon Ahnungslose aus dem Backoffice die Spielbank mit einem Gewinn verlassen konnten, dürfte es für mich mit etwas Übung, Geschick und meinem Selbstbewusstsein nicht allzu schwer sein, außerhalb der Arbeitszeit ein erquickliches Nebeneinkommen einzuspielen.

Meine Lebensaufgabe baute mich, wie ich nicht anders erwartet hatte, mit einem lapidaren »Ja, sicher ... du und gewinnen ...« seelisch auf, bevor ich mich mit einem 50-Euro-Schein zu meinem zukünftigen Nebenjob aufmachte. Keine halbe Stunde später war ich wieder zurück. Ich hatte nicht etwa mein Geld verzockt, sondern meinen Personalausweis am Eingang zur Spielbank nicht vorweisen können.

Mit gezücktem Personalausweis wurde ich eine Stunde später eingelassen und betrat eine neue Welt, in der nicht geredet, sondern geflüstert wurde. Ich tauschte, nachdem ich fünf Euro Eintritt gezahlt hatte, meine restlichen 45 Euro in Chips um, die unter Kennern als Jetons bezeichnet werden. Ein Heftchen der Spielbank sollte mir die Regeln des Roulettes erklären. Zum Studium zog ich mich an die Bar zurück, bestellte einen Kaffee für fünf Euro, den ich mit einem Spielchip bezahlen konnte, und fragte den sicherlich im Roulette erfahrenen Barkeeper, zu welcher Zahl er mir raten würde. »Die 37 läuft heute besonders gut«, raunte mir der freundliche Mann zu, »aber verraten Sie es nicht weiter!«

Da mir die schriftlichen Ausführungen zu kompliziert erschienen, wollte ich einen ersten Versuch auf der Grundlage des Prinzips »try and error« wagen, was so viel bedeutet wie »versuchen und verwerfen« oder »praktisch erproben«.

Ich stürzte hypernervös meinen Kaffee runter und eilte mit verbrannter Zunge zum nächstgelegenen Roulettetisch. Dann die Ernüchterung. An diesem Tisch konnte man auf die Zahl 37 ebenso wenig setzen wie an allen anderen, die höchste Zahl war die 36. Gut, sagte ich mir, dann soll der Zufall über meinen allerersten Einsatz entscheiden.

Ich drehte mich vom Tisch weg und warf einen 5-Euro-Jeton über meine linke Schulter auf das Roulettetuch. Leise und bestimmt wurde ich darüber aufgeklärt, bei einem nochmaligen Vergehen aus der Spielbank verwiesen zu werden, Jetons würden entweder durch das Publikum selbst vorsichtig auf die Spielfelder gelegt oder auf Wunsch auch durch die Angestellten, die sich Croupiers schimpften und an den schwarzen Anzügen zu erkennen seien. Ich entschuldigte mich und bat darum, mir eine Zahl, auf die ich setzen könne, zu empfehlen. Man empfahl 36 Zahlen und die Null. Ich setzte schließlich, wie ich mich fühlte, nämlich auf die Null. Dann wartete ich und wartete. Erst setzten noch andere Mitspieler, dann rollte endlich die Kugel. Sie rollte und rollte, und ich bemerkte, wie mir der pure Schweiß auf der Stirn stand. Meine Poren hatten sich stressbedingt wie Schleusen geöffnet, vor Aufregung rann mir der Schweiß in Bächen den Körper hinab.

Die Kugel rollte in ihrem Kessel so flott, dass noch immer Leute Jetons und sogar Geldscheine auf das Spielfeld setzten und nachsetzten und noch mal setzten, als gäbe es kein Morgen. Nach gefühlten Stunden hoppelte die Roulettekugel im Kessel von Zahl zu Zahl, übersprang ein paar, hoppelte weiter und hüpfte schließlich, müde geworden, noch einmal und noch einmal. Scheiße. Sie hatte nicht den Weg in das Fach mit meiner Null gefunden. Ein flüchtiger Blick in das Regelheftchen verriet mir, dass es unkomplizierter sei, auf eine einfache Chance zu setzen, zum Beispiel auf eine der beiden Farben Rot oder Schwarz. Ich wollte nicht wieder verlieren und bat den Croupier, für mich zehn Euro auf Rot zu setzen und fünf auf Schwarz, so würde ich auf alle Fälle gewinnen. Mit der freundlich leisen Bemerkung, dass ich den gleichen Effekt erzielen würde, wenn ich nur fünf Euro auf Rot setze, nahm der Besserwisser meine Order und die Zahlung an.

Ich hatte alles richtig gemacht, nach gefühlten zwei Stunden und massenhaften Verlusten weiteren Körperschweißes war ich stolzer Empfänger eines Gewinnes. Die Kugel hatte sich in ein rotes Fach gelegt und mir satte fünf Euro Reingewinn eingebracht. Ich hatte meinen Verlust aus dem ersten Spiel wettgemacht und es dem »oberweisen« Croupier mit seinem guten Ratschlag mal so richtig gezeigt. Mit zehn Euro minus für Eintritt und Kaffee, aber der Gewissheit, siegen zu können, verließ ich total durchnässt die Spielbank. Am nächsten Tag war ich wieder da, schließlich musste aus dem Minus ein Plus gemacht werden. An der Bar riet mir ein Stammgast, auf das aktuelle Datum zu setzen. Also zwischen 1 und 31 für den Tag, zwischen 1 und 12 für den Monat, 2 für das Jahrtausend, 15 für das Jahr 2015 und noch mal 0 für das Jahr 2015. Dazu sollte ich auf die Zahlen der aktuellen Uhrzeit setzen – Sekunden, Minuten, Stunden. »Ja, aber was ist mit den Ziffern auf der Uhr zwischen 37 und 59, die es auf dem Roulettetisch nicht gibt?«

»Denk nach«, klatschte der Roulette-Experte mit seiner flachen Hand an meine Stirn, »bei der 37 setzt du die 3 und die 7, bei der 59 die 5 und die 9!« Allein die Logik hinter seinem System verschloss sich mir.

Dennoch wollte ich dem Kenner vertrauen. Nach endloser Wartezeit am Tisch fiel die Kugel in das Feld mit der Zahl 22, die nicht zum aktuellen Datum gehörte. »Ja, hast du Idiot nicht das Finale 2 mitgespielt?«, handelte ich mir, erfolglos an die Bar zurückgekehrt, den nächsten Stirnklatscher ein. Zusätzlich zum Jahrtausend 2 spiele man doch alle Zahlen des Roulettes, die auf 2 enden, also neben der 2 die 12, die 22, 32, dazu sicherheitshalber noch alle Zahlen zwischen 20 und 29. Das Gleiche gelte selbstverständlich auch für die anderen Zahlen des aktuellen Datums.

Mit satten 65 Euro Miese und zwei meiner Meinung nach ungerechtfertigten Ohrfeigen verließ ich den Ort, mit dem ich noch eine Rechnung offen hatte. Ich investierte weitere 25 Euro in das Buch *Roulette – So gewinnen Sie mit System* und fünf Euro für ein auf dem Flohmarkt erstandenes Roulettespiel. Dann übte und übte ich. Ich gewann zu Hause in endlosen Nächten Hunderttausende, verzockte aber auch virtuell unsere letzten Spargroschen. Okay, es gab das System Verdopplung: Durch das Verdoppeln meines jeweiligen Einsatzes würde ich statistisch gesehen irgendwann unweigerlich gewinnen, müsste aber im ärgsten Fall des Nichteintritts meines gesetzten Ereignisses über ein Stammkapital von minimal zwei Billiarden Euro verfügen.

Dann riet mir ein neuer Freund aus dem Spielcasino zum Setzen auf den Kesselcroupier, jenen Spielbankmitarbeiter, der die Kugel in den Kessel wirft. Dieser Mann befördere die Spielkugel gewöhnlich vermittels einer durch viele Jahre automatisierte Handbewegung in den Roulettekessel. Mit an Sicherheit grenzender Wahrscheinlichkeit könne man so das Feld berechnen, in dem sich die Roulettekugel schließlich niederlässt. Ich beobachtete also wie ein Stalker meinen Lieblingscroupier, notierte seine Arbeitszeiten, die von ihm hervorgebrachten Zahlen einschließlich der Umdrehungen im Kessel sowie der Dauer des Rollvorgangs. Nach einem halben Jahr intensivster Beobachtung, knapp 600 für Eintritt ausgegebenen Euro und zwölf Ordnern voller Daten, Fakten und Formeln hatte ich einigermaßen verlässliche Zahlen zur Hand, um mit meinem Croupier zu setzen. Ich lieh mir 1.000 Euro vom Dispo, zahlte wie immer fünf Euro Eintritt und betrat das Spielcasino mit der zuverlässigen Sicherheit, zu exakt 51,075 Prozent als Gewinner nach Hause zu gehen. Was aber fehlte, war mein Kesselcroupier. Der gute Mann habe gekündigt, sagte man mir, sei nach Australien oder Neuseeland ausgewandert. Eine reiche Witwe in besten Jahren hätte dem Kollegen ein Angebot gemacht, das niemand abgelehnt hätte. Ihm nachzureisen oder ihn zu suchen brächte nichts, die Witwe verfüge über mehrere Privatinseln.

Jetzt half nur noch die Brechstange. Ich setzte den Tausender, so wie ich mich fühlte, auf Schwarz – und es kam Rot. »Idiot«, fing ich mir an der Bar die nächste Klatsche, »man setzt immer mit der Bank. Der Croupier setzte auf die Liebe, also auf Rot!«

Im Augenblick beschäftige ich mich mit dem Online-Pokern. Das kann ich auch von zu Hause. Wenn meine erste Lebensaufgabe schläft, widme ich mich des Nachts meiner zweiten, dem Hereinholen der verspielten Gelder.

6

HAUSHALTSNAHE NEUROSEN

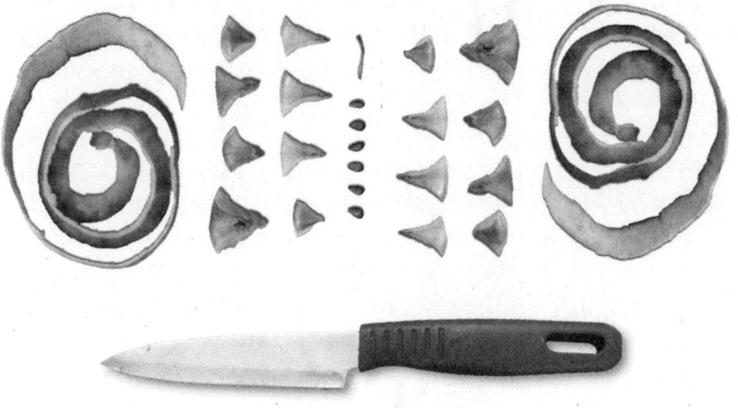

34

EINKAUFSBERATUNG FÜR LAIEN

Meine Lebensaufgabe übte Dauerdruck auf mich aus. Ich vertrete übrigens seit Jahren den Standpunkt, dass die Stress verursachenden Quengeleien nervender Ehefrauen eine Form häuslicher Gewalt darstellen. Ich vertrete außerdem den Standpunkt, dass die weibliche Kritik an der männlichen Garderobe ein Auslöser für in die Depression treibende Auseinandersetzungen ist.

Mein Ältester wollte seine Beziehung legalisieren und hatte mit seiner Freundin beim Standesamt einen Termin gebucht. Die väterlichen Warnungen vor einer Eheschließung verhallten in den Abgründen der von seiner Freundin geschickt eingerichteten Höhle der Verblendung. Sie war von Beruf Flugbegleiterin. »Junge«, warnte ich vergebens, »überleg doch mal, eine Stewardess, die sich nach einem anstrengenden Tag irgendwo im Ausland nach Liebe sehnt und mit der Crew, zu der auch der Kapitän gehört, in ein Hotel eincheckt.« Seine knappe Antwort, dass sie nur Kurzstrecke fliege und abends wieder zu Hause sei, zeigt die fehlende Lebenserfahrung und die Naivität höriger Jungverliebter. Alles Reden half nichts, Sohnemann befand sich längst in den Fängen einer von Flitterwochen träumenden Frau. So blieb es endgültig beim Aufgebot.

Da mir der dunkelblaue Anzug noch passte, den ich vor 20 Jahren anlässlich der Einäscherung Tante Emmis anschaffen musste, drangsalierte mich meine Lebensaufgabe, wenigstens eine neue, natürlich zu dem Anzug passende Krawatte anzuschaffen. Mein lila Binder mit den gelben Bienchen wurde als ebenso unpässlich abqualifiziert wie mein zweites gutes Stück, ein bunter Schlips, den ich vor Jahren vom weihnachtlichen Wichteln mit Kollegen nach Hause brachte.

So stand ich also in der Herrenartikelabteilung und wartete vor dem Krawattenständer, um mich beraten zu lassen. Und wartete.

Und wartete. Irgendwann enttarnte mein Blick zwei offensichtlich arbeitsscheue, mit Sicherheit in ein Privatgespräch vertiefte Verkäuferinnen. Sie quatschten an einem Rundständer, lachten zwischendurch und kümmerten sich einen Dreck um die verwaiste Kundschaft. Die eine schon etwas älter, die andere noch jung an Jahren, beide schamlos unmotiviert.

Ich ging auf das Quasselduo zu und stellte beide mit der Frage zur Rede, ob sie eine Kundenallergie hätten. Die Damen schauten mich an und verneinten. Zur nachhaltigen Optimierung ihres Verkaufsverhaltens hielt ich anschließend einen 20-minütigen Kurzvortrag über die ausgetrocknete Dienstleistungswüste der Republik und garnierte meine Offenbarung mit einer kostenlosen Unterweisung in kundenorientierter Gesprächsführung. Und schau an, sie hatten gelernt. Ich wurde gefragt, wie man mir helfen könne. Ich stellte mich vor als ein von seiner Frau zum Kauf einer Krawatte verurteilter Mann, der Angst davor habe, mit dem falschen Produkt in die Höhle der Löwin zurückzukehren und ihr zum Fraß vorgeworfen zu werden. Die Frauen schauten mich Verständnis heuchelnd an. Ja, dieses Problem wäre ihnen gut bekannt. Lachend begleiteten sie mich zu den Krawatten. Dort angekommen, wurde ich nach der Farbe des Anzugs gefragt, zu der die Krawatte passen sollte. Blau. Welches Blau? Hellblau, Dunkelblau, Graublau, Taubenblau, Himmelblau, Königsblau? Ich konnte mich des Eindrucks nicht erwehren, auf die Schippe genommen zu werden. Die beiden Verkaufstanten wollten sich anscheinend auf meine Kosten ein wenig amüsieren, indem sie mich in unerhebliche Detailfragen zu verstricken gedachten.

Ich hatte einen ganz normalen blauen Anzug.

Aha, also ein ganz normaler blauer Anzug. Die beiden überlegten kurz und konfrontierten mich mit der nächsten Detailgemeinheit. Aus welchem Stoff der Anzug sei? Ich ließ mich natürlich nicht aufs Glatteis führen und gab an, dass mein gutes Stück aus Stoff sei, und schob hinterher, dass ich mit meinem guten Stück natürlich meinen Anzug meine. Statt aber ihr Fachwissen unter Beweis zu stellen, schienen sich die beiden Weiber darin zu gefallen, meine zweifelsfrei nur spärlichen Textilkenntnisse einer eingehenden Prüfung zu unterziehen. Ob es sich um einen Baumwollstoff handele oder um eine Gabardineware, ob das gute Stück ein Freizeitanzug in Art eines Jeansstoffs sei oder eher ein Businessanzug? Ich war kurz vorm Platzen. Sollten die beiden mich nun beraten oder ich sie? Aber ich musste da durch, wollte ich mit einer von meiner Lebensaufgabe akzeptierten Scheißkrawatte der häuslichen Gewalt aus dem Wege gehen. Also sagte ich, es handele sich um einen ganz normalen blauen Anzug. Es ging aber noch weiter. Uni oder gemustert? Wie gemustert? Na, ob der Anzug rein blau sei oder mit einem Nadelstreifen oder einem Kreidestreifen versehen oder mit einem Überkaro. Ich antwortete, dass ich zwar kein Überkaro kenne, aber ein Karo einfach vom Skat. Die Damen lachten, ich schien sie zu belustigen. Es wäre auch nicht soooo wichtig. Endlich schritten sie zur Tat und drehten am Krawattenständer. Mal gefiel der einen dieser Schlips, dann der anderen jene Krawatte. Sie lachten und zwitscherten beim Suchen, zeigten sich die einzelnen Stücke, musterten mich abwechselnd, schüttelten dabei auffällig oft den Kopf und stellten mir die nächste Falle. Sie fragten nach dem Oberhemd, das ich unter dem Anzug zu tragen vorhatte. Ich überlegte. Was würde mir meine Regierung vorschreiben? So wie ich sie kannte, wahrscheinlich Weiß. Ein weißes Oberhemd, keine Ahnung, ob aus Baumwolle, mit Überkaro oder Gabardine. Schon lachten sie mich wieder aus. Sie hatten es geschafft, ich war nahe dran, mir von den beiden den Namen des Abteilungsleiters geben zu lassen. Sollte das so weitergehen, wäre eine mächtige Beschwerde wegen des diskriminierenden Umgangs mit Kunden das wenigste, was diese Früchtchen zu erwarten hätten. Irgendwann hielten mir zwei gackernde Schnatterenten, die ihre gute Laune offenbar aus der Veräppelung von Kunden zogen, mehrere Krawatten unter die Nase. Darunter waren einfarbige und gemusterte. Gerade wollte ich dem Duo unmissverständlich klarmachen, dass es ihre Aufgabe sei, die für mich richtige Ware herauszusuchen, da richteten sie allen Ernstes die Frage an mich, ob ich lieber eine Seidenkrawatte bevorzuge oder es auch eine aus Polyester täte. Nachdem ich einen weiteren kostenlosen Vortrag, diesmal über den unnützen Gebrauch von »tun, täte und Tuten« in der deutschen Sprache gehalten hatte, fragte ich aus gebotener Vorsicht nach dem Unterschied. Wissen Sie, welche Antwort ich erhielt? Der Preis sei unterschiedlich. Gute Nacht, dachte ich, armes Deutschland, das sind deine Verkäuferinnen. Natürlich entschied ich mich für die billigere Polyesterversion. Wenigstens versuchten die beiden Damen ihr fehlendes Fachwissen durch die windige Äußerung zu kaschieren, dass man den Unterschied nicht mit bloßem Auge erkenne, ihn allenfalls durch eine Brennprobe herausfände. Das habe ich mir gemerkt. Bevor ich zu guter Letzt endlich mit einer neuen Krawatte zur Kasse marschierte, wunderte ich mich ein letztes Mal über das Verhalten meiner Beraterinnen. Sie küssten und verabschiedeten sich mit dem Worten: »Tschüss, Mama« und »Tschüss, Töchterchen, bis zum nächsten Einkaufsbummel. Ich ruf dich an.« Dann trennten sich ihre Wege.

35

LAUSCHANGRIFF

Als sich eines Abends im Bett die sehnende Hand meiner Frau auf die meine legte, überkam mich ein schreckliches Gefühl. Hatte ich etwas vergessen? War Weihnachten, Silvester, ihr Geburtstag oder meiner? Warum sonst ereilte mich an diesem Tage und zu dieser Zeit die unmissverständliche Aufforderung zum praxisnahen Austausch der Gefühle?

Die Entscheidung, mich des unverhofften Angebots wegen gleich mit meiner Frau zu befassen oder mit ihr eine akademische Diskussion über meine eventuell beginnende Altersdemenz zu führen, fiel zugunsten der nonverbalen Variante aus. Noch während ich näher zu meiner Lebensaufgabe rutschte, überlegte ich, warum eigentlich eine Diskussion über die Alzheimer-bedingte Vergesslichkeit nicht gleichzeitig mit dem Austausch zärtlicher Gefühle möglich sein sollte. Folgerichtig korrigierte ich meine Entscheidung ein klein wenig und hauchte in das Ohr der sehnsüchtig Wartenden: »Wir könnten ja beim Sex mal reden.« Eine leichte Handbewegung bedeutete mir, kurz innezuhalten. »Worüber?«

Wollte ich wirklich den zärtlichen Moment der unverhofften Gelegenheit opfern für eine auch später noch zu führenden Debatte über ihre oder meine beginnende Altersdemenz? Nein, ich wollte die Hingabe – jetzt – und führte die Konversation mit den Worten weiter: »Schrei einfach mal beim Sex!«

»Wenn ich dazu mal Anlass habe, gerne!«, kam die knappe Antwort. Ich entschied mich auch hier, nicht eine neue Baustelle aufzumachen, und schaltete mit der Fernbedienung das Fernsehgerät unseres Schlafzimmers aus.

Gerade als sich unsere feuchten Lippen zu begrüßen begannen, fielen mir die Worte eines eng befreundeten Ingenieurs für Nachrichtentechnik ein. Dieser hatte vor Kurzem überzeugend dargelegt, wie real die Bedrohung einer Bespitzelung aller Haushalte durch die Geheimdienste sei. Der große Lauschangriff auf uns alle hätte längst schon begonnen. Der Fernseher zeige uns nicht nur die große, weite Welt, er mache uns selbst zum Programm gelangweilter Mitarbeiter nachrichtendienstlicher Ermittlungsbehörden. Das wollte ich in dieser Situation aber verhindert wissen.

Ich entschuldigte mich kurz, begab mich zum Fernseher, winkte rasch dem blinkenden Stand-by-Licht zu und zog den Stecker. Dann hechtete ich zurück ins Bett. Gerade bei der zweiten Lippenannäherung angelangt, erschien der mir befreundete Nachrichtentechniker wieder im Geiste und hob warnend seinen Finger: »Selbst wenn der Fernseher vom Netz getrennt ist, können sie uns noch beobachten.« Ich entstieg mit einer zweiten Entschuldigung dem Liebesnest und begab mich auf die Suche. »Was ist denn?«, fragte mich die Begier Begehrende.

»Ich suche eine Decke. Wo sind denn unsere Tagesdecken?«

»Im Kleiderschrank unten links.« Rasch holte ich aus dem Schrank eine Decke und warf sie über den Fernseher, sodass die gesamte Bildfläche und somit auch die Einsicht auf unser Bett vollständig verdeckt waren.

Dann schmiegte ich mich an den wartenden Körper. Moment! Konnte man uns nun nicht mehr via Bildschirm beobachten, blieb noch der Lauschangriff durch den Radiowecker. Ich rollte mich eilig zu meinem Nachttisch und zog den Stecker des potenziellen Abhörgerätes. Dann rollte ich zurück zum Objekt der Begierde. Dann wieder zum Radiowecker. Er erhielt rasch noch einen Wickelumschlag, den ich aus meinem Kissen formte.

Die Frage, ob ich überhaupt Lust hätte, beantwortete ich mit einem zärtlich angesetzten, ausgiebigen Kuss. Dieser momentan noch wenig anstrengende Akt ließ mir eine kleine Lücke zum Abschweifen meiner Gedanken. »Gleich«, vertröstete ich wieder kurz die Vorwallende und drehte eben noch die Glühlampe aus der Fassung unserer Deckenbeleuchtung. Wieder im Bett angekommen, fielen mir die Nachttischlampen ein. Wäre die große Deckenlampe nicht verwanzt, könnten es immer noch ihre kleinen, seitlich am Bett stehenden Geschwister sein. Ich entfernte die Glühkörper und unterzog die Geräte rasch noch einer eingehenden Untersuchung. Nichts zu finden.

Sind eben keine Laien, unsere Abhörspezialisten, dachte ich mir und kroch mit einem unbefriedigten Gefühl zurück unter die Bettdecke. Nicht ein Beweisstück der mitlauschenden Spionage hatte ich finden können. Mit einem Zungenkuss versuchte ich, die zwischenzeitlich in den Schlaf Gedämmerte zurückzustimulieren.

»Willst du wirklich?«, fragte sie im Halbschlaf, meine Zunge aus ihrem Schlund würgend. Ich wollte und gab Gas. Allerdings ließ mir die Frage einfach keine Ruhe, wo die amtlichen Voyeuristen ihre Beobachtungstechnik nun installiert hatten. Ein kurzer Sprint in die Werkzeugkammer, und ich war mit meiner Stabtaschenlampe zurück.

»Oh!«, rief die aus dem Schlaf Geküsste erwartungsvoll, war dann aber sichtlich enttäuscht, als ich mich auf Spurensuche in den Kleiderschrank begab. Vorläufig war nichts zu finden, die Funzel erzeugte zu wenig Licht. Irgendwo mussten doch die verdammten Wanzen oder Minikameras zu finden sein. Da Madame wieder eingeschlafen war, konnte ich den Glühkörper wieder in die Fassung der Deckenbeleuchtung schrauben und das große Licht anschalten. Die neuen Energiesparlampen schärfen zwar unser Umweltbewusstsein, leuchten aber nicht mehr in voller Gänze unsere Schlafzimmer aus. Clevere Idee, liebe Nachrichtendienste! Eine bessere Lichtquelle musste her. Ich entlieh unserem Wohnzimmer den Deckenstrahler und konnte nun durch geschicktes Drehen hellweißes Licht in allen Ecken unseres Schlafzimmers erzeugen. Zur besseren Einsichtnahme des Areals hatte ich nach stundenlangem Suchen auch noch die große Leselupe in den Kisten für den Flohmarkt finden können. Zentimeter für Zentimeter konnte nun der Schlaftempel auf verdächtige Spuren und Minigeräte abgesucht werden. Nebenbei entdeckte ich sogar noch einen alten Kugelschreiber, der sich im Bettgestell verkrochen hatte, und eine alte Socke, deren Partner schon vor Jahren dem Trennmüll anheimgefallen war.

Gegen vier Uhr morgens begann ich, den Schlafzimmerschrank abzubauen, schließlich ist der Staatsschutz ja nicht doof. Dabei stapelte ich die Bettwäsche ordentlich im Wohnzimmer, die Kleidung erhielt ihr Ausweichquartier in der Küche. Da auch hinter dem Schrank nichts zu finden war, griff ich zum Hammer. Um acht Uhr in der Früh hatte ich den Wandputz der vier Wände abgeschlagen, meine Frau war irgendwann in das Kinderzimmer umgezogen. Um Viertel nach elf, die Müllmänner machten Mittagspause vor unserem Haus, hatte ich die Dielen aus dem Fußboden des Schlafzimmers extrahiert. Aber selbst in den anschließend aufgeschlitzten Matratzen ließ sich nichts Gerichtsverwertbares finden.

Drei Wochen später strahlte meine Lebensaufgabe über ein neu tapeziertes sowie neu eingerichtetes Schlafzimmer mit Spiegelschrank und Futonbett. Ich ging wochenlang zur Physiotherapie und ärgerte mich über die nicht nachlassenden Schmerzen im gesamten Wirbelsäulenbereich, welche aus der in Eigenarbeit erbrachten Renovierung des Schlafzimmers resultierten. Mit dem Sexverbot auf unbestimmte Zeit komme ich klar. Nicht aber mit der persönlichen Niederlage im Kampf gegen den Lauschangriff auf meine Privatsphäre. Im kommenden Frühjahr ist das Wohnzimmer dran, danach der Rest unserer Wohnung. Und wenn es mich meinen letzten Cent kostet, irgendwann überführe ich die Abhörspezialisten im Kampf um die Grundrechte unserer freiheitlich demokratischen Grundordnung.

36

VATER WERDEN IST SCHWER!

Fristgerecht weinte meine Lebensaufgabe irgendwann nach der Eheschließung vor Glück. Sie war schwanger. Meine Schwiegereltern weinten auch, allerdings vor Unglück – der falsche Mann, eine unsichere Ehe, der verkehrte Zeitpunkt. Folgerichtig wurden wir einbestellt, um ausführlich Report zu erstatten.

Mein Schwiegervater saß uns in seinem großen Sessel gegenüber und verhörte zunächst seine Tochter. Ob sie von mir zu irgendetwas gezwungen wurde, ob eventuell Gewalt angewendet wurde. Er hatte keinen blassen Schimmer, was er für eine Tochter hatte. Morgens, abends, mittags stand sie flehend vor mir oder meinem Bett, weil ihre Freundinnen Babsi und Gitte schon lange in anderen Umständen waren. Ich konnte keinen Fahrstuhl mehr zusammen mit ihr benutzen, musste jede Campingabteilung im Warenhaus meiden und mich ständig ihrer Augenaufschläge vor den Umkleidekabinen aufgesuchter Kaufhäuser erwehren. Tiersendungen im Fernsehen waren ganz schlimm, selbst Fußballspiele im Fernsehen lösten pure Wollust bei meiner Geehelichten aus, sie wollte ständig einnetzen.

Meine Schwiegermama interessierte sich mehr für Details. Wann es denn vermutlich passiert sei und wie? Ja, ich kam mir bei dem Schwiegerelternbesuch vor wie das berühmte Würstchen in der Semmel. Wenigstens mussten wir nicht unser Laken vorzeigen.

Nachdem meine Lebensaufgabe genügend bemitleidet und getröstet worden war, wies man mir die Tür, und wir konnten uns auf das Eigentliche konzentrieren: die Geburtsvorbereitung. Meine Lebensaufgabe konnte endlich zu ihren Freundinnen aufholen, und sie holte nicht nur auf, sondern auch gleich richtig aus. Sämtliche Marketingveranstaltungen der 20 Entbindungskliniken unserer Stadt wurden aufgesucht, den langweiligen Vorträgen der Krankenhausärzte gelauscht und die Kreißsäle genauestens inspiziert. Wurde irgendwo eine Freiwillige gesucht, die sich in ein Wöchnerinnenbett legen oder auf einen Entbindungsstuhl setzen wollte, meine Schwangere spreizte die Beine.

Irgendwann stellte das Geburtshaus unseres Bezirkes auch die Hausgeburt vor. Zur besseren Anschauung und der Komplexität wegen hatte man filmisches Material vorliegen. Wir sahen eine Haushebamme, die am Entbindungstag die Hochschwangere und ihren Partner in deren Wohnung begrüßte und die werdende Mutter erst einmal ausgiebig badete. Nun muss hinzugefügt werden, dass ich Frauen nicht gerne unmittelbar vor der Geburt bei der Körperreinigung zusehe. Die zur Entbindung anstehende schien aber nicht so verklemmt wie ich zu sein, anscheinend genoss sie sogar die Großaufnahmen ihres wuchtig gewölbten Körpers in der Wanne. Erstaunlicherweise war ihr Mann während der Badeprozedur mit anderen Dingen beschäftigt. Es schien, als befände er sich im Umzugsstress. Fortwährend transportierte er Stühle und

Sessel. Waren beide erst kürzlich eingezogen und er noch mit dem Einrichten des neuen Nestes beschäftigt? Dann klingelte es an der Wohnungstür, und viele Frauen und Männer betraten die Wohnung. Na endlich, die Umzugshelfer, dachte ich mir. Die Kamera schwenkte auf den angekommenen Freundeskreis und begleitete diesen ins Schlafzimmer. Dort sah man das große Ehebett und den Grund der Umzugsaktivitäten. Während seine Frau sich ausgiebig im Lichte der Filmkamera wusch, hatte ihr Mann das gemeinsame Schlafzimmer zu einer Kleinkunstbühne umgebaut. In mehreren Reihen standen die herbeigeschafften Stühle, Couchen und Sessel für den Freundes- und Bekanntenkreis. Man ließ sich nieder und tuschelte erwartungsfroh wie vor dem Beginn einer Kinovorstellung. Dann der Auftritt der Gebärmutter. Frisch gebadet erschien sie im Bademantel und in Begleitung der Haushebamme. Die Besucher applaudierten und ließen sich zu weiteren Beifallsbekundungen hinreißen, als der Bademantel fiel und sich weit über 100 Kilo in das große Bett plumpsen ließen.

Ich verkürze an dieser Stelle die Prozedur und komme gleich zur Austreibungsphase. Die Gebärende hatte nach stundenlangem Hecheln und Furzen fast ihr Ziel erreicht. Sie presste wie verrückt, und die Hebamme kommentierte das Finale mit den Worten: »Da ist schon das Köpfchen zu sehen!«

Die anwesenden Frauen hechelten kollektiv um die Wette mit, die Männer feuerten im Chor an. Bei dieser Aktion schien aber irgendwie die Hebamme am falschen Ort. Ob sie nicht etwas zur Seite treten könne, wurde sie gebeten, man könne nicht alles aufnehmen. Die Entbindungspflegerin versperrte nämlich den mitgebrachten Smartphones und Digitalkameras den erforderlichen Winkel zur genauen Dokumentation des Ereignisses. Man könne so nicht einwandfrei zoomen. Da die Hebamme aber nicht auf die Wünsche der Besucher einging und weiter schuftete, begann nun ein Kampf der Bildreporter um die besten Plätze am Bett. Selbst der Kindesvater hatte Mühe, seinen Platz am Kopf der Frau zu halten.

Während sie nur noch »Scheiße, Scheiße« schrie, wollte er weiter ihr verschwitztes Haar streicheln und am Kopfende vor unsagbarem Glück laut und hemmungslos heulen. Die Hebamme lieferte sich inzwischen vor dem weit geöffneten Muttermund einen erbitterten Kampf mit den Teleobjektiven.

Die Vorstellung ging mir ein bisschen zu weit. Ich stand auf und ließ mir unten am Ausgang berichten, wie der neue Erdenbewohner auf das Blitzlichtgewitter reagiert hatte. Wohl ganz cool, immerhin hatten die Eingeladenen der Hausgeburt noch ein großes Plakat herausgeholt, auf dem stand: *A star is born.*

Statt Babsis oder Gittes Geburtsvorbereitungskurs zu belegen, ließ sich meine Schwangere etwas ganz Neues einfallen. Sie schleppte mich zu einem innovativen Lehrgang unter Führung einer selbstverständlich alternativen Kursleiterin mit. Die Hebamme vertrat nicht nur vehement die alternative Medizin, sie begrüßte ausdrücklich die Anwesenheit der Erzeuger. Der werdende Vater sei heute nämlich kopfschwanger, kotze empathisch mit und könne fressen, was er wolle, wenn die Partnerin Mutterfreuden entgegensieht. Zudem erlernten in einem wirklich modernen Vorbereitungskurs heutzutage nicht nur die weiblichen Schwangeren das Veratmen von Wehen, auch der schwangere Mann von Welt, so er sich seiner Verantwortung bewusst ist, bereite sich auf das Durchschreiten von Wehenbergen vor und übe das Hecheln. Schließlich könne die Entbindende vor Aufregung und Schmerz zu hecheln vergessen, und dann sei der starke Mann an ihrer Seite gefragt. Auf alle Fälle, hieß es dann weiter, sollten sich Frauen im Kreißsaal nicht das Stöhnen verkneifen. Lasst es raus, wenn's wehtut, und es tut weh! Was die Frauen lernten, lernten wir Männer also mit. Eines Tages rief die Lehrhebamme dann uns Männer auf die Matte: gemeinsames Wehenveratmen.

Wir begaben uns in den Schneidersitz und bildeten einen Kreis. Links neben mir lächelte mich ein Spätgebärender mit kreisrundem Haarausfall an, rechts strahlte ein Schlaffi mit Schlafanzughose zu seiner verwahrlosten Alten rüber, die ihrem Umfang nach weit drüber sein musste. Wir ergriffen die Kissen und packten sie uns vor den Bauch. Ja, so fühlt sich Schwangerschaft an!

Dann drückte die Übungsleiterin auf die Stoppuhr, und 20 Männer veratmeten auf Kommando eine Wehe, samt Berg und Tal. Endlich fertig? Denkste. Und nun Stöhnen! Ich werde dieses Geräusch 20 gleichzeitig Oh! und Ah! stöhnender Männer nie in meinem Leben vergessen. Nach dieser Erfahrung brach ich den Kurs unter Inkaufnahme der übelsten Vorwürfe meiner Lebensaufgabe ab und ging nie wieder hin. Wie sich später herausstellte, konnte ich ihr bei der Entbindung ohnehin nicht im erwünschten Maß beistehen, direkt vor dem Kreißsaal bin ich kollabiert. Das medizinisch geschulte Austreibungspersonal richtete mich mühsam auf und fragte, ob ich getrunken oder mich nicht richtig auf das Ereignis vorbereitet hätte? Ich antwortete: »Weder das eine noch das andere« und handelte mir Vorwürfe ohne Ende ein. Um einigermaßen wieder zu Kräften zu kommen, suchte ich die Cafeteria der Geburtsklinik auf. Meine Frau war in guten Händen und laut der Gynäkologin noch Zeit. Bier und Kurze standen nicht im Angebot. Mühsam spachtelte ich mir zwei kalte Wiener und einen lauwarm servierten Tee rein. Draußen vor der Tür schnappte ich danach Luft, weil mir wieder, aber diesmal von dem Tee und den Würstchen, übel geworden war. Dann schnorrte ich von einem Patienten im Rollstuhl zwei Zigaretten, weil ich meine vergessen hatte. Donnerwetter, die halfen! Der Nikotinkonsum entfachte in mir eine beglückende und zugleich befreiende Wirkung. Durch den Genuss der Zigaretten fühlte ich mich auf wundersame Weise entspannt, locker und unheimlich weitsichtig. Beschwingt und sogar ein wenig euphorisch erklomm ich die Stufen zum Kreißsaal. Schade, dachte ich noch, ich hätte den Amputierten im Rollstuhl nach der Sorte fragen sollen. Zurück am Entbindungsbett, schien plötzlich alles so leicht und lustig. Der Rest war easy. Der Neuankömmling begrüßte eine völlig fertige Mutter, aber einen total entspannten Erzeuger. Und trotzdem – Vater werden ist nicht so leicht. Schließlich trägt Mann Verantwortung.

37

VÖLLIG ZWANGLOS

Wir hatten Freikarten für die Berliner Philharmoniker und schwebten im Fahrstuhl unseres Wohnhauses dem Großereignis entgegen. Meine Lebensaufgabe sah großartig aus. Ihre getönte Dauerwelle ließ durchaus eine gewisse Ähnlichkeit zu Liz Taylor in den 90er-Jahren zu, ihre strammen aktuell 112 Kilo umspielte sie mit einem Hauch von Ballkleid aus den 80ern, für knapp 50 Euro von der Änderungsschneiderei an der Hauptstraße auf Größe gebracht. Glamourös.

An der Haustür stoppte sie. »Hast du die Balkontür zugemacht? Heute Abend soll es regnen.« Hatte ich oder nicht?

»Schatz«, sagte ich, »das bisschen Regen macht unserem Parkettboden bestimmt nichts aus.«

»Der Wetterbericht spricht von sintflutartigen Regengüssen. Schau doch schnell noch einmal nach, das Parkett ist gerade für teuer Geld abgezogen worden.«

Ich drehte mich um und ging zum Fahrstuhl.

»Nimm die Treppen, der Fahrstuhl ist in diesem Jahr schon zweimal stecken geblieben!«

Komisch, dachte ich, nach unten sollte man ihn benutzen dürfen, nach oben aber nicht. Frauenlogik. Ich stiefelte des lieben Friedens willen die drei Etagen unseres Altbaus hoch zu unserer Wohnung.

Natürlich war der Balkon ordnungsgemäß verschlossen. Unten wieder angekommen, beruhigte ich: »Die Tür war zu.« Gerade wollte meine Diva losgehen, da hielt sie noch einmal inne. »Bist du sicher, dass du Kitty auf dem Balkon nicht ausgesperrt hast?« Kitty war die Nachbarskatze und bei uns zwei Wochen in Pension, weil sich manch einer ein Haustier anschafft, aber weiter dreimal im Jahr in Urlaub fährt. Ab zum Fahrstuhl und gleich zurück zu den Stufen. Madame hatte »Treppe!« befohlen.

Wieder in der Wohnung, fühlte ich meinen Puls; er war ganz schön hoch. Ich schaute auf den Balkon: keine Katze. Eben die Wohnungstür verschlossen, ging ich sicherheitshalber noch einmal zurück. Hatte ich auch wirklich gerade die Balkontür wieder zugemacht: Ja, und keine Katze draußen. Ich blickte auf die Uhr. Es wurde Zeit. Also im Eiltempo das Treppenhaus runter.

»Wenn Kitty nicht auf dem Balkon war, du hast sie doch irgendwo gesehen?« Wieder Frauenlogik. »Nein«, antwortete ich, »aber irgendwo wird das haarende Viech schon sein.«

»Und wenn du im Sprint zur Balkontür die Wohnungstür offen gelassen hast?« Meine Lebensaufgabe kannte mich. Ich hatte in der Eile bei der Balkontürüberprüfung natürlich die Wohnungstür aufgelassen. Also noch einmal: »Treppe!« Ein kurzer der Luftknappheit geschuldeter Zwischenstopp in der zweiten Etage ließ mir einen Moment, um erneut auf die Uhr zu schauen. Es könnte knapp werden.

Oben angekommen, flitzte ich durch die Zimmer. Ich rief, mittlerweile reichlich nass geschwitzt: »Kitty, Kitty! Na, wo ist denn mein Lieblingskater?«

Das Tier war nicht zu finden. Sollte Kitty wirklich die Gunst der Stunde genutzt und sich während meiner Kontrollgänge aus der Wohnung geschlichen haben? Ich rannte zum Treppenflur und suchte ab. Vielleicht fühlte sich Kitty zu Höherem berufen und war nach oben gestiefelt. Ich keuchte in den vierten Stock. Nichts. Dann in den fünften: Dachetagenwohnungen. Keine Kitty. Ich wusste, dass ich mich ohne definitiven Nachweis des Aufenthaltsortes unten nicht zu blicken lassen bräuchte. Das wanderlustige Mistvieh könnte sich zunächst aus der Wohnung geschlichen, dann nach oben verdrückt haben, um meine Rückankunft in der Wohnung zu einem Ausflug nach unten zu nutzen. Ich klapperte Etage um Etage ab. Ganz unten an der Haustür stand eine wartende Frau im Webpelz und stellte die berühmt-bekloppte Frage: »Und?« Röchelnd legte ich eine Verschnaufpause auf der untersten Treppenstufe ein. Aus den Augenwinkeln sah ich einen weiblichen Finger, der mahnend auf eine Armbanduhr tippte.

Ich schaute kurz vor einer Apoplexie stehend zu meiner Lebensaufgabe auf: »Willst du mal?«

Sie verneinte. Wegen ihrer hochhackigen Stöckelschuhe, die sehr unbequem seien und jetzt schon schmerzten. Also wieder hoch und diesmal gründlich die Wohnung absuchen. Ich schleppte mich von Gemach zu Gemach, bückte mich im Badezimmer unter die Wanne, erklomm im feinsten Zwirn den Hängeboden, schaute selbst in die großen Töpfe der Speisekammer. Die Katze war verschwunden. Im Schlafzimmer wollte ich nur kurz die Beine hochlegen und etwas weinen. Ich sank ins Ehebett und sprang sofort wieder auf.

Kitty hatte es sich unter unserer Bettdecke bequem gemacht und wurde von beinahe von 85 Kilo Menschengewicht erschlagen. Die im Schlaf Gestörte und nun Aufgescheuchte keifte wie eine Furie, kroch unter der Decke hervor und stellte drohend ihre Haare auf. Wenigstens hatte ich sie – und sogar lebend – gefunden. Ich verschloss die Wohnungstür und machte auf dem zweiten Treppenabsatz wieder kehrt.

Hatte ich das Badezimmer, in dem Kittys Katzenklo stand, beim Suchen versehentlich zugemacht? Nein, hatte ich nicht. Ich öffnete den Hemdkragen, befreite mich von meiner Krawatte und zog das nasse Hemd aus. Zum Glück besitze ich seit meinem letzten Geburtstag mehr als ein weißes Hemd, aber alle ungebügelt. Zum Glück bin ich darüber hinaus auch ein Mann von Welt und des Bügelns mächtig. Ich stellte also in Windeseile das Bügelbrett auf, brachte das Dampfbügeleisen zum Kochen und begann. Dann Sturmklingeln an der Tür. Meine Lebensaufgabe keifte unten an der Sprechanlage wie kurz zuvor die Miezekatze: Nur noch 15 Minuten bis zum Beginn der Vorstellung, Schmerzen in den Füßen, beginnender Regen, fröstelnde Kälte, ob ich auf dem Klo sei, zu blöde für einen Gang in die eigene Wohnung und und und.

Ich wollte ihr später alles erklären, hängte ein und rannte mit freiem Oberkörper zum Bügeltisch zurück. Na prima, das Eisen hatte einen ovalen Ausschnitt in mein Hemd gebrannt. Macht nichts, sagte ich mir, das Anzugsakko verdeckt das Loch und lüftet gleichzeitig in der Nähe des Herzausganges. Es galt aber zusätzlich ein weiteres Problem zu lösen: Das verbrannte Hemd stank nach einer Mischung aus Asche und Kohle.

Ich überdeckte den übel riechenden Verbrennungsrückstand mit der geballten Kraft drei verschiedener Parfüms, darunter der Lieblingsduft meiner Frau. Dann wählte ich den Taxifunk. Lieber ganz in Ruhe am Eingang der Philharmonie vorfahren als in Hektik einen freien Parkplatz suchen, der jetzt ohnehin nicht mehr in der Nähe des Veranstaltungsortes zu finden war. Außerdem zitterten meine Hände der Anstrengung geschuldet so sehr, dass ich mit einer aufgebrachten Lebensaufgabe auf dem Beifahrersitz ohnehin nicht mehr einen rettenden Parkhafen hätte erreichen können. Nach mehreren Minuten in der Warteschleife legte ich ungeduldig auf, schmiss den Computer an und suchte im Internet nach alternativen Taxifunkzentralen.

Zwischenzeitlich beruhigte ich per Handy eine dem Nervenzusammenbruch nahe Lebensaufgabe und kickte eine Katze, die kuschelnd ihre Haare an meinem Hosenbein abstreifte, aus dem Badezimmer über den Flur in die Küche. Der Mann von Welt spielte früher Fußball und beherrscht infolgedessen für immer den Volleyschuss. Bei nächster Gelegenheit könnte ich es auch mal mit einem Dropkick-Schuss versuchen, überlegte ich – vielleicht auf der bereits für den Winter angekündigten Reise meines Nachbarn nach Malaysia.

Endlich erhielt ich die Zusage eines Taxiunternehmens, man bräuchte fünf bis sieben Minuten. Das reichte für einen telefonischen Kurzrapport nach unten und den Griff zum Fön, um den verschwitzten Rest des Haupthaares zu trocknen.

Auf dem Weg nach unten lief mir im zweiten Stock ein kalter Schauer über den Rücken und ich wieder zurück in die Wohnung. Der Stecker am Bügeleisen. Dann oben die Gewissheit; ich hatte ihn gezogen. Das Dampfgerät stand zur Abkühlung auch ordnungsgemäß auf dem Rost.

Wieder im ersten Stock, sagte ich mir, wenn schon, denn schon, es bleibt noch genügend viel Zeit, um sich Gewissheit darüber zu verschaffen, ob der Herd auch wirklich aus ist. Nach all den Kontrollgängen wollte ich aus der Philharmonie nicht in ein abgebranntes Wohnhaus zurückkehren, nur weil ich zu faul war, zwei Etagen zu überwinden. Außerdem kommen Taxen erfahrungsgemäß fünf bis zehn Minuten später als zugesagt. Ich meldete meiner Lebensaufgabe nach vollzogener Überprüfung die ordnungsgemäße Abkopplung sämtlicher ambulanten sowie nicht ortsveränderlichen Geräte vom Netz und spürte einen Pulsschlag, der mich an eine Nähmaschine erinnerte. In einem weiteren Telefonat nach unten schwor ich, beim verspäteten Gang durch die Zuschauerreihen selbstverständlich voranzugehen, und drückte mit Krämpfen in den Oberschenkeln den Fahrstuhlknopf. Endlich unten angekommen, wartete der nächste Auftrag: Der Regen hatte eingesetzt, und ein Regenschirm, aber der Gute mit dem geformten Handgriff, wäre dringend erforderlich. Natürlich! Sofort! Das gewünschte Teil hatte sich in der Abstellkammer hinter der Leiter versteckt, konnte mir nach längerem Suchen aber nicht entkommen. Ein rascher Blick in die Küche verriet, dass Kitty sich noch in der Wohnung befand. Sie lag da wie tot, also konnte sie auch nicht abhauen. Na, bitte! Im Fahrstuhl zeigte mir ein erneuter Blick auf die Uhr, dass wir gerade die erste halbe Stunde verpasst hatten. Nach weiteren zwei Stunden wurde ich vom Notdienst aus dem stecken gebliebenen Lift befreit. Relativ ausgeruht bezahlte ich anschließend noch den Taxifahrer, den ich vor unserem Haus einfach vergessen hatte.

38

NUR KEINE ANAKONDA ZUM GEBURTSTAG

Wir saßen in der üblichen Runde. Irgendwann kam das Gespräch auf meinen 60. Geburtstag.

»Tja, du hast 'n alten Mann«, hieß es schnörkellos.

»Und nicht nur das«, fiel meine Lebensaufgabe in den mir bekannten Singsang, »er wird im Alter zunehmend unflexibler. Auf der Suche nach einer dem Anlass angemessenen Lokalität weigert er sich, in dem von mir favorisierten Schweizer Restaurant Gruezi am Stadtpark zu feiern. Dabei liegt es schön im Grünen, verfügt über eine Terrasse, und man hat uns für seine Geburtstagsfeier zwei ausgezeichnete Menüs angeboten.«

»Mit unaussprechlichen Namen«, antwortete ich, »irgendwelche Schweizer Spezialitäten, die kein Mensch kennt, geschweige denn frisst.«

»Du bist leider – und wie gesagt – unflexibel!«

»Ich will an meinem 60. ausnahmsweise einmal essen, was ich kenne und was mir schmeckt. Es gibt da eine geeignete, bereits von mir ins Auge gefasste Pizzeria«, erklärte ich.

»Ich, ich, ich …«, erschallte die Stimme der Unbarmherzigkeit. »Es geht nicht immer um dich. Eine Geburtstagsfeier zum 60. schenkt man nicht sich, sondern seinen guten Freunden und Bekannten und der Familie als Zeichen der Dankbarkeit, es so lange mit dir ausgehalten zu haben.« Die übliche Leier. Ich sinnierte: Wie konnte ich mit dieser Frau überhaupt das 60. Lebensjahr erreicht haben? Hätten es meine Vorgänger überhaupt so lange mit der Rednerin ausgehalten – meine Vorgänger, die Favoriten oder Gelegenheiten vor der Eheschließung, die schließlich unter Umständen jetzt an meiner Stelle hier mit der Dauerunzufriedenen hätten sitzen müssen? Darüber sollte sich das Glückskind mal gefälligst Gedanken machen.

Anstatt sich darüber zu freuen, dass der Angetraute es trotz des Schicksals der Ehe mit einer Dauernörglerin überhaupt bis zum 60. Geburtstag geschafft hat, verunglimpfte man diesen seit Jahrzehnten nur, er sei unflexibel und im Übrigen lediglich die Drittwahl der einst möglichen Ehemänner.

»Ja, ich weiß«, sagte ich, um ihr zuvorzukommen, »ich war ja nur die dritte Wahl. Aber der Doofe, von dem du mir wegen seiner rehbraunen Augen immer so vorschwärmtest, hat mittlerweile fast gänzlich sein Haupthaar verloren. Er ist kahl geworden und trägt jetzt nur noch einen Haarkranz über seinen schönen braunen Augen.« Der Doofe ist ein Arbeitskollege meiner Lebensaufgabe und war einer jener potenziellen Ehemänner, bevor man sich gnädigerweise für mich entschied.

»Aber inzwischen Bereichsmanager mit einer üppigen Pensionserwartung!« Das saß. »Und er hat immer noch diese rehbraunen Augen.«

»Rehbraune Augen. Da stehe ich auch drauf«, meldete sich eine Geschlechtsgenossin meiner Lebensaufgabe und atmete anschließend von Sehnsucht erfüllt durch. Irgendwie unfair.

»Komisch«, sagte ich, »wenn wir Männer einer attraktiven Blondine nachschauen, setzt es Rippentriller und stundenlange Vorhaltungen mit Hinweisen auf unsere beginnende Vergreisung.«

»Na ja«, meldete sich die nächste der Geheirateten zu Wort, »es ist eben gleichsam sexistisch verletzend wie auch völlig rätselhaft, warum ihr Männer beispielsweise jede Frau mit großen Titten angafft.«

Einer meiner Kumpel wusste aufklärend zu helfen: »Hierbei, holde Weiblichkeit, handelt es sich um einen archaischen Reflex, der sich im Säuglingsalter als Überlebensstrategie manifestiert. Die weibliche Brust ernährt – und riesige Einkaufstaschen versprechen eben mehr Nahrung als ein dürftiger Beutel.«

»Wenn du nur dritte Wahl warst, der Doofe erste – wer stand denn damals als Zweiter noch weit vor dir?«, interessierte sich die nächste Ausgabe weiblicher Neugier.

»Keine Ahnung«, wies meine Frau achselzuckend die Frage ab.

Die Frage war an mich gerichtet, und ich hatte Ahnung: »Glatzen-Ralf.«

»Glatzen-Ralf? Woher der Name?«, bohrte die Neugierige nach.

»Zur Unterscheidung«, wusste sich Kutte genauestens zu erinnern, »wir hatten in unserer Fußballmannschaft zwei Kameraden mit dem Vornamen Ralf. Also nannten wir den Vorgänger unseres Geburtstagkindes seiner hohen Stirn wegen Glatzen-Ralf und den anderen Anakonda-Ralf.«

Der Namenzusatz des zweiten Ralf schien den weiblichen Teil des Kreises merklich mehr zu interessieren als die Person meines früheren Nebenbuhlers Glatzen-Ralf.

Einige Frauen zündeten sich Zigaretten an und bohrten nach: »Anakonda-Ralf. Erzählt mal!«

»Ach, schon wieder diese Geschichte ...«, lehnte sich meine Frau pseudo-gelangweilt zurück.

Kutte ließ es sich nicht nehmen, die Namenszuweisung unseres Fußballkameraden anatomisch zu beschreiben: »Anakonda-Ralf war in der Mitte seines Körpers von Natur aus ungewöhnlich ausgestattet, man könnte fast sagen in sagenhafter Übergröße verwöhnt.«

Meine Lebensaufgabe griff ebenfalls zur Zigarette: »Da könnt ihr mal sehen, wie pubertär groß eure Penisängste sind und wie Männer überhaupt zu maßlosen Übertreibungen neigen, sobald es um euer Stückchen mehr geht.«

»So«, antwortete ich, »und wieso stürzten alle Spielerfrauen wie zufällig in die Umkleidekabine, sobald Anakonda-Ralf nur mit einem Handtuch bekleidet den Duschraum verließ?«

»Weil wir wissen wollten, wie lange es noch dauert, bis ihr endlich mit der Spielauswertung fertig seid und wir uns endlich nach Hause begeben können.« Die Ausflucht half nichts. Denn ein weiteres Exemplar unserer Lebensaufgaben verriet durch folgende Frage die geheimen Wünsche des gesamten weiblichen Geschlechts: »Zeigt mal, wie lang!«

Doch bevor wir die Arme ausbreiten konnten, wandte meine Lebensaufgabe ein mehr oder weniger geschicktes Ablenkungsmanöver der weiblichen Verteidigung an und wechselte rasch das Thema: »Ihr wisst schon, dass Anakonda-Ralf eurer Namensgebung wegen, die sich im Lauf der Zeit überall herumsprach, in eine seelische Krise kam und nur mittels einer Psychotherapie geheilt werden konnte?«

Entsetzte Blicke und betretendes Schweigen bei den Frauen.

Kutte konnte sich Gott sei Dank noch genau erinnern und uns kameradschaftlich entlasten: »Stimmt, Anakonda-Ralf brauchte eine Zeit lang therapeutische Hilfe. Aber nicht weil er unter seinem brachial großen Stück Männlichkeit litt, sondern weil er zu verweiblichen glaubte.« Verweiblichen?

»Der Grund war einfach. Während eines Fußballspiels kann man wegen des Zeit- und Handlungsdrucks nicht jeden Namen in voller Länge ausrufen. Also riefen wir ›Glatze‹, wenn Glatzen-Ralf abspielen sollte, und ›Anna‹, wenn ein Mitspieler den Ball von Anakonda-Ralf wollte. Schließlich wurde Anakonda-Ralf nur noch Anna gerufen. Dies führte leider zu Missverständen in Ralfs privatem und beruflichem Umfeld, die Leute hielten ihn schließlich für ein Mädchen und behandelten ihn auch so. Bis Ralf sich seiner eigenen sexuellen Ausrichtung nicht mehr sicher war.«

»Und was macht die Anakonda heute? Wie geht's dem Stigmatisierten?«

Kutte hatte noch sporadischen Kontakt zum ehemaligen Mitspieler: »Die Psychotherapie schlug an, und Anakonda-Ralf fand zu alter Mannesstärke zurück. Er arbeitet seit Jahr und Tag als Bühnentechniker bei den Staatlichen Schauspielbühnen. Dort beglückt er reihenweise die Ehefrauen schwuler Schauspieler. Auch da – und gerade da – hat sich sein Maximalgemächt herumgesprochen. Er hat etliche erfolgreiche Auftritte – hinter der Bühne – und ist dauerhaft ausgebucht.«

Meine Lebensaufgabe war verwundert. »Was für eine Art Therapie wurde wohl in so einem Fall angesetzt?«

»Ganz einfach«, dozierte ich, »Konfrontationstherapie, eine gängige Technik der Verhaltenstherapie. Vermutlich musste Anakonda-Ralf, die therapeutischen Vorgaben befolgend, jede erreichbare Frau zur Bewältigung seiner Krise nageln. Mit dieser Vorgabe sollte eine Klärung seiner sexuellen Präferenz herbeigeführt werden. Wahrscheinlich hat er daraus sein Handeln sukzessive gesteigert.«

Kutte konnte meine Vermutung faktisch bestätigen. Anakonda-Ralf sei ein inzwischen glücklich lebender und überzeugter Single geworden, der im Laufe der Zeit etliche Kuckuckskinder zur Freude heterosexueller Ehefrauen homosexueller Schauspieler produziert und damit vielen dieser Ehen den Kinderwunsch erfüllt habe. Warum sollte Anakonda-Ralf sich schließlich an eine einzige Frau binden, wenn Tausende sich nach seiner Natur gegebenen Anomalie sehnten. Sämtliche Frauen schwiegen plötzlich unsittsam, einige steckten sich die nächste Zigarette und schlossen tagverträumt die Augen. Als sich die Augen meiner Lebensaufgabe langsam in den weißen Wolken des blauen Himmels verloren, der durch das Fenster zu sehen war, riss ich das Gespräch wieder an mich: »Wir feiern meinen Geburtstag in der Pizzeria. Basta.«

39

KULTOPA

Der Mann, der sich bis zu seinem Tod als mein Erzeuger ausgab, teilte sich seit der Geburt meiner Kinder den unfreiwillig erworbenen Titel »Opa« mit dem Vater meiner Lebensaufgabe. Am liebsten hätte der alte Schwerenöter auf den Namenszusatz »Opa« gänzlich verzichtet, da er ebenso wenig der Rollenerwartung eines Großvaters entsprach wie der eines Vaters. Kinder und Enkelkinder interessierten ihn nur mäßig, sein Interesse galt vor allem der Kurzweil mit dem weiblichen Geschlecht. Opa wechselte die Frauen wie der

Bankangestellte das Geld oder der Lichtschalter den Strom. Darüber hatte er wenig Zeit für seine Verwandten, aber in bester Lage einen geräumigen Bungalow, mit dem er die Damenwelt reihenweise vom nächtlichen Verweilen überzeugte. Seine Beziehungen hielten nie lange, seine drei Ehen auch nicht, dafür die Lust an der wechselnden Lust.

Als mein Sohn seinen 18. Geburtstag plante, fiel ihm als geeignete Location Opas Villa ein. Groß genug für eine Party, kostenfrei zur Verfügung gestellt, ganz in der Nähe, dennoch weit genug entfernt von Mama und Papa.

»Versuch dein Glück«, riet ich unserem Spross und erwartete die übliche Absage, wenn wir schon mal etwas von Opa wollten. Doch weit gefehlt, Sohnemann kehrte mit der Zustimmung zur Feier in Opas Haus zurück, sofern die Bedingung erfüllt wurde, dem Hausherrn zur Party eine Gespielin mitzubringen. Ich fragte noch einmal nach: »Unter *welcher* Bedingung darfst du in Opas Haus feiern?«

Ich hatte mich nicht verhört, mein Sohn hatte mit seinem Großvater einen für beide Seiten sehr zufriedenstellenden Deal geschlossen: Zu Juniors Geburtstagsfeier in Opas Bungalow sollte für den alten Herrn eine Frau mitgebracht werden, die von der äußeren Erscheinung her lediglich durch die Tür passen musste, wie Opa sogar noch einräumte.

Junior twitterte voller Stolz die Location seiner Feier und den bescheidenen Wunsch seines Großvaters in das World Wide Web und erhielt noch in der folgenden Stunde 130 Likes und 23 Angebote aus dem weiblichen Freundeskreis, es dem Alten mal so richtig zu besorgen. Wie im Fluge verbreitete sich die Neuigkeit von dem greisen Knacker, der seine Bude anlässlich der Geburtstagsfeier des Enkelkindes im Austausch mit einer zu allem bereiten Frau tauscht, sofern diese durch die Tür passe. Wer als Folge dieses sexistischen Wunsches eines egozentrischen und senilen Bockes Aufschreie der Empörung, verächtliche Reaktionen und einen gewaltigen Shitstorm erwartet hatte, sah sich im Irrtum. Unter dem Hashtag »Kultopa« schloss sich in kürzester Zeit eine Fanbase solchen Ausmaßes zusammen, dass Opa nicht nur einen Kultstatus erhielt, sondern den B-Promi-Status gleich mit.

Um den Erwartungen seiner umfangreichen Fangemeinde hinreichend gerecht zu werden, richtete Opa mit freundlicher Unterstützung seines Enkelsohnes ein »Kult-Opa-Blog« mit »Tipps- und Tricks in allen (Lebens-)Lagen« ein. Die Zahl der Follower wuchs dermaßen rasant, dass sich Opas Online-Tagebuch sogar gewinnbringend vermarkten ließ und insbesondere schlüpfrige Unternehmen für viel Geld auf seinem Blog warben.

Meiner Lebensaufgabe und mir war unterdessen unsere Machtlosigkeit bewusst, das Geschehene rückgängig zu machen und Schlimmeres zu verhindern; mit dem 18. Geburtstag war unser Sohn volljährig, voll geschäftsfähig, konnte Partys feiern, wie und wo er wollte, und mit seinem Großvater bloggen, was Opa und er für richtig hielten.

Ich erinnere mich noch gut daran, dass ich zum Beispiel am Abend der Party nur mühsam in den Schlaf kam. Zu später Stunde schaute ich noch einen Film, der mich aufwühlte: Ein alternder Cowboy brachte seinem Enkel das Schießen bei und durchlöcherte im Alkoholrausch eine Herde Rinder einschließlich ihrer drei Zuchtbullen. Der Alte war ein ehemaliger Revolverheld, der Enkel wurde »Billy the Kid« gerufen.

Um halb sechs am folgenden Morgen klingelte unser Telefon. Am anderen Ende der Leitung waren Polizisten einer »GeSa«. Eine dreiviertel Stunde später holten wir Opa und unseren Sohn von der »Gefangenensammelstelle« ab. Sohnemann erzählte, noch total aufgewühlt, dass irgendwer Haschischkekse zur Party mitgebracht habe, von denen auch Opa und er reichlich genascht hätten. Weder Sohnemann noch Opa, der nach dem Knastaufenthalt friedlich auf der Rückbank unseres Autos eingeschlafen, aber nicht tot war, wussten von den fatalen Inhaltsstoffen des Gebäcks. Als sich die irgendwann wegen ruhestörenden Lärms angerückte Polizei Zutritt zu Haus und Grundstück verschaffte, hatte Opa sich im Zweiten Weltkrieg gewähnt und unter dem Drogeneinfluss zu einer Waffe gegriffen, die er vorsorglich für alle Fälle im Schuhschrank an der Haustür aufbewahrte. Bei der Entwaffnung hätten sich drei Schüsse gelöst, und die Polizei sei dermaßen rücksichtslos mit Opa umgegangen, dass seinem Enkel nichts weiter übrig geblieben war, als seinem Großvater zu Hilfe zu eilen. Schließlich befanden sich sechs oder sieben Polizeiwannen mit einer ganzen Herde Bullen auf Opas Grundstück und jetzt bestimmt noch gut 20 bis 30 Partygäste in Polizeigewahrsam, die bei den polizeilichen Übergriffen Opa zu Hilfe geeilt waren.

Und genau mit dieser Nachricht avancierte Opa endgültig zum Kultblogger. Seine weit über 500.000 Follower erfuhren in Opas Blog alles über die tägliche Gewalt des Polizeistaates, über die Verträglichkeit und sichere Aufbewahrung von Haschkeksen, über die Lagerung und Handhabung von Handfeuerwaffen, über aufblasbare Gummipuppen in Übergröße, über den Umgang mit Trennungskonflikten und den Hanfanbau im eigenen Garten.

Opas Hütte, wie sein Zuhause in Anlehnung an Onkel Toms genannt wurde, wurde zum ultimativen Szenetreffpunkt für Jung und Alt.

Einlass fand jeder, der durch Opas Tür passte und keine Uniform trug. Nachts kuschelten sich bis zu drei verschiedene Frauen an Opas welkenden Körper; die Waffe im Schuhschrank benötigte Opa nicht mehr, da sein Haus ohnehin Tag und Nacht offen stand. Mehrmals im Monat rutschte sogar der Polizeipräsident rasch aus dem Bordell rüber in Opas Hütte, selbstverständlich in Zivilkleidung. Sämtliche polizeilichen Ermittlungen gegen Opa und seinen Enkel wurden seitdem auf wundersame Weise wegen Geringfügigkeit eingestellt.

Priester reichten in Opas zum Kulttempel aufgestiegenem Haus Prostituierten die Hand, Soziologen fachsimpelten in seiner Küche mit Nichtsesshaften, Schauspieler monologisierten vor Studenten, hilflose Eltern vor ihren ausgerückten Kindern. Irgendwann dann das Ende, die Natur machte auch vor Opa nicht halt und schickte den Abberufungsbefehl in Form zweier kurz aufeinander folgender Schlaganfälle. In seinem letzten Blog verabschiedete sich ein glücklicher Single von seinen Fans mit einer lange vorher aufgenommenen Botschaft, in der er lächelnd und verschmitzt über Doktorspiele, Großvaterpflichten und über Enterbungen bürgerlich reaktionärer Familienangehöriger referierte.

Die familieninterne Feier anlässlich seines 18. Geburtstages, die auch noch stattfand, fand unser Sohn übrigens – na ja und ehrlich gesagt – eher langweilig. Ein wenig kann ich ihn verstehen.

7

URLAUBSNEUROSEN

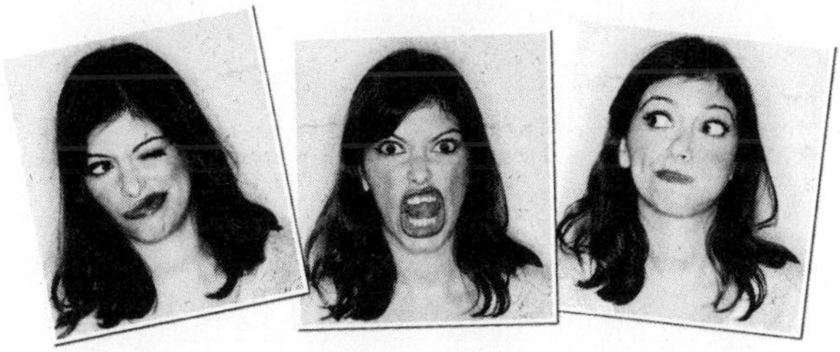

40

AUCH NACH MALLORCA?

»Musst du denn ständig sabbeln, die Leute gucken schon alle.« Das für alle sichtbare Ehedrama begann, wo es immer der Öffentlichkeit zugänglich gemacht wurde: in der Warteschlange am Flughafen. Dabei hatte ich nichts weiter getan, als die Zeit bis zum Einchecken mit dem Abhaken der üblichen Fragen auf der Urlaubsliste zu füllen: Sind die Flugtickets da? Die Reisepässe, die Beruhigungstabletten, die Portemonnaies? Die Koffer wirklich nicht zu schwer, das Sonnenöl einpackt und die Durchfalltabletten zur Hand?

Das gereizte Murmeln meiner Lebensaufgabe gehörte zum Auftakt der alljährlichen Fahrt nach Mallorca wie das Muh zur Kuh.

Natürlich wurde mir im Flugzeug unter keinen Umständen der Fensterplatz zugebilligt, der gehörte ja wie immer der Madame, die während des Fluges aus dem Fenster zu schauen pflegte, was sie in Wirklichkeit natürlich nie oder nur ganz kurz tat. Da wir dank der weitsichtigen Planung meiner Urlaubsbegleitung mal wieder kurz vor knapp eingecheckt hatten, saßen wir auch nicht direkt nebeneinander. Mir wurde anstelle des Whopper-Mittelplatzes mit Verspannungsgarantie der Platz am Gang zugewiesen, was mir den Vorteil brachte, während des Fluges hin und wieder ein Bein ausstrecken zu können und ein angenehmeres als sonst übliches Flugzeuggespräch zu führen.

Mit meinem bewährten Kontaktanbahnungsspruch »Fliegen Sie auch nach Mallorca?« begann ich über den Gang hinweg eine angeregte Unterhaltung mit einer älteren Dame, die beinahe bis zur Landung anhielt. Ein flüchtiger Blick direkt nach der Einstiegsfrage zum Fensterplatz meiner Reihe verriet mir das Drama, das sich im urlaubsreifen Kopf meiner Lebensaufgabe abspielte. Und natürlich hörte ich mir abends im Hotelzimmer die übliche Mallorca-Ersttagspredigt an, in der mir unmissverständlich verdeutlicht wurde, dass wohl logischerweise alle Fluggäste nach Mallorca fliegen, die in Berlin den Flieger nach Malle besteigen, und man sich meiner dussligen Frage wegen mal wieder aber so richtig schämen musste. Mir fiel spontan ein, dass ich des Gedankenlesens mächtig bin und schon im Jet an ihrem provozierend nach vorn gerichteten Blick und aus ihrer finsteren Mine den Vorwurf »Was für ein Idiot!« herausgelesen hatte. Dabei handelte es sich doch um einen schicksalhaften Zufall, dass meine Reisebekanntschaft mit ihrem Mann sogar dasselbe Hotel wie wir gebucht hatte.

»Na prima«, monologisierte meine Lebensaufgabe vor dem Badezimmerspiegel unserer Hotelsuite weiter, »dann haben wir das Rentnerpärchen während unserer gesamten Urlaubsreise am Hacken und können uns beim Begrüßungscocktail gleich als ehrenamtliche Reisebetreuer für redselige Rentner vorstellen.«

Meine Hoffnung, endlich einmal einen Urlaub ohne Vorwürfe und Maßregelungen erleben zu dürfen, verschob ich, wie immer, auf den nächsten Tag.

Soeben auf der im ersten Morgengrauen mit Handtüchern reservierten Liege Platz gefunden, traf mich der nach etlichen Ehejahren versteinerte Fuß meiner Lebensaufgabe empfindlich am Schienbein. Meine neue Reisebekanntschaft hatte uns am Pool entdeckt und begrüßte uns wie alte Freunde. In Ermangelung freier Sonnenliegen griff das nette Rentnerpärchen zu zwei Plastikstühlen und pflanzte sich wie in alter Gewohnheit zu uns. Meine wenig kommunikative Lebensaufgabe ergriff demonstrativ eine mitgebrachte Illustrierte und wies ebenso wie mir den neuen Freunden die kalte Schulter in der sengenden Hitze. Bei meinen Gegenübern hatte wohl auch sie das Sagen.

»Entdeckt und wiedererkannt!«, schwatzte mich das in die Tage gekommene Mütterchen an, um dann langsam ihre gut 220 Pfund in den Plastikhocker zu quetschen. Und noch während ich das Gespräch mit den Worten »Und, wie war die erste Nacht?« fortsetzte, machte sich das Großmütterchen topless und beugte sich in vertrauter Manier zu mir herunter.

»Im Urlaub kannste dir gesundstoßen, det macht in der ersten Nacht am meisten Spaß«, lernte ich von der erfahrenen Berlinerin dazu, während ihre versteinerten Brustwarzen den ebenfalls steinernen Belag der Pooleinfassung abwetzten. Das Alter und die Erdanziehungskraft hatten aus ihren Brüsten meterlange Hängetaschen werden lassen. Obgleich meine Lebensaufgabe im Angesicht der hängenden Gärten deutlich zu würgen anfing, bewunderte ich den Mut der Alten, sich das zu gönnen, was weitaus Jüngere auch für sich in Anspruch nehmen – durchgehende Bräune bis zum Bikinidreieck.

»Ihr raucht ooch?«, bemerkte die offenherzige Alte mit einem Blick auf den von der Bar gemopsten Aschenbecher.

»Mein Mann raucht! Ich nicht«, mischte sich die Lebensaufgabe hinter ihrer Illustrierten ein, »er quatscht ja auch dauernd fremde Leute im Flugzeug an.«

Das aufgeweckte Omachen beugte sich noch weiter zu mir herunter, sodass ich Angst bekam, ihre spitzen Vorhöfe könnten sich am rauen Boden der Poolanlage blutig scheuern. »Wohl noch nich zum Zuge jekommen?«, flüsterte mir die Junggebliebene mit einem Zwinkern zu.

»Um ehrlich zu sein«, wollte ich gerade zu einer ausführlichen Antwort gelangen, als meine Lebensaufgabe mir unwirsch in die Parade fuhr: »Das lässt du jetzt!«

Die verrunzelte Hängetaschenbesitzerin war mir inzwischen so nahe gekommen, dass ich grammgenau den Selleriekonsum ihrer letzten Hauptmalzeit bestimmen konnte.

»Entschuldigung«, versuchte ich, das Gespräch zu verlagern, »haben Sie eventuell gestern Sellerie gespeist?«

»Det jibt Stand im Stand«, mischte sich nun auch Herr Faltenhauthängetasche ein. »Sie vastehn, wat ick meine.«

Wooh, dachte ich mir, es gibt also doch mehr im Herbst des Lebens als Essen.

Das weitere Gespräch mit den munteren Altberlinern amüsierte mich dermaßen, dass man sich schließlich zum gemeinsamen

Dinner am Abend im Speisesaal verabredete, was mir ellenlange Vorwürfe im Hotelzimmer einbrachte.

Zur verabredeten Zeit wurden wir vor dem Speisesaal von unserer neuen Urlaubsbekanntschaft wie alte Freunde in Empfang genommen. Er im Muskel-T-Shirt, sie im durchsichtigen Walle-Walle-Kleid. Das blanke Entsetzen im Gesicht meiner Lebensaufgabe ließ mich weitere, stundenlange Vorwürfe am späteren Abend erwarten. Hinzu kam, dass die freundlichen Herren des Hotels meinem Urlaubskumpel den Zugang zum Fresstempel wegen seines Outfits versagten. Bitte nicht schulterfrei ans Buffet – kennt man ja. Wolle, er bestand bei Freunden auf der Koseform, musste sich einigermaßen wütend umziehen gehen, und Olga wusste uns bis zur Rückkehr ihres Mannes unverhohlen laut die aphrodisische Wirkung jeder am Buffet offerierten Speise zu erklären. Statt vulgär Tacheles zu reden, fand sie wirklich nette Umschreibungen für Ursache und Wirkung jedes Nahrungsmittels. Von Tinte auf den Füller, über den Vorteil mit Öl geschmierter Maiskolben bis hin zum Hefeteig, der ruhig mehrmals gehen kann, referierte unsere Dinnergesellschaft unüberhörbar laut über die vielfältigen Vorteile der ausgestellten Lebensmittel.

Auf den Tellern der Nachbarplätze häuften sich infolgedessen unübersehbar viele Auberginen, Birnen und andere Nahrungsmittel, um nicht nur an Ort und Stelle verzehrt zu werden, sondern auch heimlich in mitgeführten Handtaschen zu verschwinden. Ob der hochrote Kopf meiner Lebensaufgabe auf Wut oder auf peinlich berührte Scham zurückzuführen war, weiß ich nicht – wahrscheinlich aber aus beiden Gründen. Als sich Wolle mit seinem rasch übergeworfenen Oberhemd zu uns setzte und mich ungefragt über den technischen Vorteil der Zunge gegenüber der Banane in Kenntnis setzte, verabschiedete sich meine Lebensaufgabe aus der Gesellschaft und verließ den Speisesaal.

Am kommenden Vormittag entschuldigte ich meine Angetraute am Swimmingpool wegen einer »wahrscheinlich durch die Klimaanlage im Flugzeug verursachten« Erkältung. Ich wollte unserer Urlaubsbekanntschaft nicht verraten, dass der zweistündige Monolog meiner Lebensaufgabe zwischen Badezimmerspiegel und hoteleigenem Fernseher mit ihrer Streikankündigung beendet wurde. Schade, hatten doch Olga und Wolle kurz vor Sonnenaufgang für vier nebeneinanderstehende Poolliegen in unmittelbarer Nähe zur Snackbar gesorgt. Nachdem die nicht mehr benötigte Liege zu einem Spielkartentisch umfunktioniert wurde, amüsierten wir uns auch ohne die Streikende prächtig beim Skat. Ein kurzer Blick auf den Erregungszustand der Hängetaschenspitzen verriet mir jeweils, ob Olga ein starkes oder ein schwaches Blatt hatte.

Nach der Skatrunde schlenderte ich mittags zufrieden und um 3,30 Euro reicher zurück zu meiner Angebeteten. Natürlich wollte sie, zur Tarnung auf dem Balkon in einen mitgebrachten Krimi vertieft, wissen, wie der Herr mit seinen neuen Freunden den Vormittag verbracht hatte. Statt sich aber über die Vermehrung der Urlaubskasse zu freuen und über den von Olga und Wolle gegebenen Tipp, dass man zu zweit mit Pfeffer nicht nur totes Fleisch würzen kann, stand ich gefühlte vier Stunden vor dem ehelichen Gerichtshof. Jeder Ansatz einer nachvollziehbaren logischen Verteidigung wurde im Ansatz erstickt. Zum Schluss wurde ich rechtskräftig – wie immer – wegen vorsätzlicher und schuldhafter Erholungswerteinbuße in Tateinheit mit konspirativer Verschwörung verurteilt. Ein Schlichtungsangebot zum gemeinsamen Besuch des Nacktbadestrandes mit Olga und Wolle, den beide in fußläufiger Entfernung zum Hotel entdeckt hatten, wirkte sich strafverschärfend auf das Gesamturteil aus – Sexverbot bis zur Rückkehr in den Berliner Heimathafen.

Am nächsten Tag besuchten Olga, Wolle und ich meine Lebensaufgabe im Spa-Bereich der Hotelanlage. Sie amüsierte sich ausgiebig mit einem braun gebrannten Adonis, der sich als Animateur des Hotels ausgab und die ihn allesamt anhimmelnden Frauen in progressiver Muskelentspannung unterrichtete. Sein bis zum dritten Lendenwirbel geflochtener dunkler Zopf schien mir ebenso unmodisch, wie er bei den Frauen offensichtlich Sehnsüchte längst vergangener Zeiten hervorrief. Die Hängetaschenfortsätze meiner Urlaubsbekanntschaft verrieten mir, nicht ganz falsch zu liegen in meiner Annahme. Wolle nickte mir mit einem Blick auf den barbusigen Körper seiner Frau zwinkernd zu: »Appetit!« Dann verschwand er eilig mit seiner Frau in der Sauna. Die muskelentspannende Übungseinheit meiner Lebensaufgabe endete mit einer Verabredung der überwiegend teilnehmenden Damenwelt und dem Schönling abends an der Beachbar. Soweit kommt's noch, dachte ich mir, und bat meine plötzlich leuchtend Blauäugige zum Tee. Ich solle mich ruhig weiter mit meinem Wolle und meiner Olga amüsieren, man sehe sich irgendwann nachts schließlich wieder vor meinem geliebten Fernseher. Auf meine Frage, warum sie dauernd von »meiner« und »meinem« und dann noch mit diesem Unterton spreche, hörte ich nur: »Weil es *deine* und nicht *meine* Freunde sind. Punkt.«

Ich kam gar nicht mehr dazu, klarzustellen, dass der Fernseher dem Hotel gehöre und er schon allein deswegen nicht »meiner« sein könne. Meine Lebensaufgabe musste nämlich dringend das Hotelzimmer aufsuchen, um sich für den abendlichen Event zu stylen. Ich blickte auf die Uhr, nachmittags Viertel nach drei.

Beim Abendessen, das ich ohne meine Lebensaufgabe einnahm, entschuldigte ich sie mit einer leichten Verstimmung, aber insgesamt einer stetigen Heilung ihrer vorangegangenen Unpässlichkeit durch den Verzehr zitrusartiger Früchte. Dieser Sachverhalt veranlasste Olga zu einem offenen und großstädtisch laut vorgetragenen Hinweis auf das Einsparpotenzial bei Zitrusfrüchten gegenüber dem Kauf gewisser Frauen glücklich machender Gegenstände. Meine Gedanken folgten diesmal aber nicht den mannigfachen Gebrauchsanweisungen einer erfahrenen 70-Jährigen, sie schwirrten um den bevorstehenden Besuch meiner Gattin an der Beachbar. Olga hatte mit ihrer Berliner Schnauze derweil wieder dafür gesorgt, dass sich sämtliche Dessertfrüchte vom Buffet nunmehr auf unseren Nachbartischen befanden. Natürlich begleitete ich abends meine Lebensaufgabe zu ihrem Event an der Beachbar. Gehört sich auch so im Urlaub.

41

DAS BEKANNTE PHÄNOMEN

Auf einem idyllischen Altstadtmarkt auf der Deutschen liebsten Ferieninsel begegneten wir einem Phänomen, das stets in fernen Ländern auftaucht und zuweilen als chronische Krankheit durch das weitere Leben geschleppt wird: die Urlaubsbekanntschaft.

Fiebert man zu Hause dem temporären Wegzug aus der mit Motzern, Mäklern und Miesepetern überfüllten Heimat entgegen, hüpft in der weiten Fremde des Urlaubsparadieses das Herz angesichts einer vaterländischen Stimme: »Sie sprechen deutsch?!«

Simone und Hugo aus Hannover – sie sprachen uns an, nicht wir sie. Da ich mich eh zwischen Marktständen, Oliven und spanischen Landeiern langweilte, fiel mir nicht Besseres ein, als das strenge Anquatschverbot fremder Menschen zu unterlaufen und antwortete: »Ja.«

Zehn Minuten später saßen Simone, Hugo und eine vorübergehend mit internen Abstimmungsschwierigkeiten belastete Ehegemeinschaft im Straßencafé am Ende des Wochenmarktes. Meine Lebensaufgabe und ich bestellten eine Cola und einen Kaffee, Simone einen Cafe con leche, aber grande, Hugo ein cerveza, auch grande, por favor!

Da wir aus Berlin angereist waren, klärten uns Simone und Hugo über die Vorzüge ihrer Heimatstadt gründlich auf: Hannover sei im Vergleich zu Berlin zwar auch eine Großstadt, aber wesentlich sauberer und ordentlicher. Die Menschen der niedersächsischen

Hauptstadt seien nicht so frech und vorlaut wie »Balina«, sprächen im Gegensatz zu uns und allen anderen ein astreines Hochdeutsch und zählten trotz der wirtschaftlichen Überlegenheit ihrer Weltmetropole zu bescheiden gebliebenen Bürgern – obwohl ihr Fußballbundesligist seit Menschengedenken in der Tabelle uneinholbar vor der »Balina Hertha« liege.

Auf die landeskundliche Einführung in die Vorteile ihres Heimatortes folgte die immer wieder an Berliner gestellte Frage, ob wir gelernte Ostler oder Westler seien? Aus purer Provokation wollte ich uns schon als enttäuschte Wendeverlierer dem ehemaligen Staatsgebiet der DDR zuordnen, als mir einfiel, mit der Zustimmung zum Verweilen bereits genug Ärger im Ehehafen angerichtet zu haben. »Westberliner also«, sagte Hugo, »habt auch lange genug an unserem Tropf gehangen.« Dann lachte er und bestellte, weil wir nicht mitlachten, ein zweites großes Bier.

Trifft man andere Urlauber auf Malle, interessiert für einen Gesprächsanfang auch die gastliche Unterbringung.

»Wir wohnen in Cala Millor, im Hotel Son Palma«, antwortete meine Lebensaufgabe auf die von Simone gestellte Frage. Drei Sterne oder Vier Sterne? »Vier Sterne, all-inclusive.«

Während sich unsere neue Urlaubsbekanntschaft die Speisekarte bringen ließ, wusste Simone zu berichten, dass ihr Cala Millor viel zu laut und überlaufen sei und man nach langem Suchen ein 5-Sterne-Hotel in der Nähe von Cala D'Or gefunden habe, selbstverständlich auch alles inklusive. Die Ober in ihrem Hotel würden allerdings perfektes Deutsch sprechen, den Gästen jeden Wunsch von den Augen ablesen und im Livree servieren.

Spätestens an dieser Stelle wäre für viele von Ihnen vermutlich das Gespräch beendet, und Sie hätten sich höflich von diesem Paar überheblicher Arroganz verabschiedet. Mich aber gelüstete nach mehr fremder und zugleich bekannter Überheblichkeit. Auf dem Markt oder im Hotel erwartete mich nichts, was für den Moment interessanter erschien. So ließ ich uns von den neuen Urlaubsfreunden die Speisekarte aushändigen, versicherte meiner Lebensaufgabe unersättlichen Hunger und befragte das 5-Sterne-Paar nach ihren Mietwagenerfahrungen. Mit dieser Bitte um Auskunft konnte ich vielleicht zwei Fliegen mit einer Klappe schlagen. Schließlich stand noch die meiner Frau versprochene Inselrundfahrt mit einem Pkw auf dem Programm, und zudem hatte ich bislang noch keine vernünftige Autovermietung gefunden. »Nehmen Sie nur eine deutsche Autovermietung, keine einheimische! Und mieten Sie ab Mercedes aufwärts – wegen der Sicherheit«, riet Hugo zu.

»Ach, das passt ja prima«, sagte ich, »da muss ich mich nicht umstellen. Ich habe ja einen Mercedes zu Hause.«

So ein Zufall, Simone und Hugo fuhren ebenfalls Mercedes. »Welchen fahren Sie denn?«, wollte Hugo wissen.

»Einen 180er C.«

Da sich Frauen im Allgemeinen nicht ganz so gut mit Autos auskennen, fragte Simone bei ihrem Mann nach.

»Das ist das Baby«, klärte Hugo seine Frau auf. Dann wandte er sich an mich: »Wir haben den Mercedes-AMG GT S Edition 1.«

Natürlich. Um der Wahrheit die Ehre zu geben, konnte ich aufgrund mangelnder Detailkenntnisse meiner Lebensaufgabe keine genauen Zahlen nennen, vermutete aber ebenso wie sie, dass Hugos Gefährt etwas mehr Leistung auf die Straße bringt als unser Wagen und auch eine Kleinigkeit mehr gekostet haben dürfte.

»160.000 mit allem Drum und Dran«, half Hugo aus.

Das substanziell ohnehin wenig ergiebige Thema schien nicht mehr sonderlich zu interessieren, als der Kellner die Speisewünsche aufzunehmen bat. Die Urlaubsfreunde bestellten ausgiebige Vorspeisen, den teuersten Fisch als Hauptgang und den besten Weißwein des Hauses. Ich orderte ein halbes Hähnchen, meine Lebensaufgabe einen gemischten Salat und eine Flasche Mineralwasser für uns beide mit zwei Gläsern. Ich darf an dieser Stelle mitteilen, dass mich die Bestellung der Flasche Mineralwasser mit zwei Gläsern aus tiefstem Herz freute, zeigte sie doch, dass mir die

Kontaktaufnahme zu unseren neuen Bekannten offensichtlich verziehen wurde. Ich muss an dieser Stelle aber auch mitteilen, dass meine Frau später erklärte, die beiden Gläser zu dem Mineralwasser bestellt zu haben, um zu sparen.

Ab einem bestimmten Lebensalter wird man von neuen Freunden auch zu möglichen Nachkommen befragt. Es versteht sich von selbst, dass die Kinder unserer Urlaubsbekanntschaft ein bzw. zwei Jahre älter waren als unsere. Der Sohn hatte bereits promoviert, die Tochter stand kurz davor, war aber wegen der Ehe mit einem Flugkapitän, den sie als Pilotin kennengelernt hatte, sowie dem Bau des zweiten Einfamilienhauses ein wenig in Verzug.

Während des Menüs entspann sich dann eine ausgiebige Unterhaltung zwischen Hugos und meiner Frau über die Nachkommenschaft, deren Erziehung und unpassende Schwiegerkinder, von denen wir, nicht aber unsere Urlaubsbekannten zu berichten wussten. Deren Sohn hatte zwei nicht eheliche Kinder mit einer sehr attraktiven und verantwortungsvollen Abgeordneten aus dem Landtag gezeugt und lebe glücklich mit der Dame in einer Penthousewohnung, die Mama Simone und Papa Hugo zur Verfügung gestellt hatten. Das Paar hätte auch die Einliegerwohnung im elterlichen Haus nutzen können, wollte aber mit den eigenen Kindern die verdiente Ruhe der Großeltern nicht über Gebühr strapazieren. Wann immer wir Lust hätten, könnten wir ja zu Besuch kommen und die fünf Zimmer bewohnen, selbstverständlich kostenfrei – wozu hätte man denn schließlich gebaut.

Aja, der Beruf. Hugo war Bauunternehmer, Simone Oberstudienrätin, natürlich am besten Gymnasium Niedersachsens. Nebenbei schreibe sie Kinderbücher, von denen sie schon 15 verschiedene auf den Markt gebracht habe. Probleme hätten beide nur mit der Steuer.

Zurück im Hotel, wartete ich auf die üblichen Vorhaltungen. Aber nein, die sonst so schroffe Urlaubsbegleitung hatte Gefallen an Simone und Hugo gefunden. Von Hugos Geschäftstüchtigkeit könne ich mir eine Scheibe abschneiden, und Simones Ratschläge zur Kindererziehung seien unbezahlbar.

»Du«, hörte ich im Dunkel der Nacht schwärmen, »die müssen wir unbedingt nach Berlin einladen! Wer kennt schon erfolgreiche Schriftsteller?!«

42

ANIMATION MIT ANIMOSITÄTEN

Während ich mich vor unserer Urlaubsreise nach Teneriffa schwerpunktmäßig mit dem kalkulatorischen Unterschied zwischen Halbpension und all-inclusive beschäftigte und anschließend daraus den täglichen Bierkonsum errechnete, plante meine Lebensaufgabe akribisch die Teilnahme an den sportlichen Aktivitäten der hoteleigenen Animation.

Angeblich sollten wir uns im Urlaub ja nicht nur vollfressen und volllaufen lassen, sondern der Gesundheit förderlich aktiv sein. In Wirklichkeit träumte meine Dauerbegleiterin wohl eher von dem wahlweise blonden Animateur mit Adonis-Figur oder seinem dunkel gebräunten Kollegen Marke Latino-Typ. Aber egal, nach vielen Ehejahren und der Erfahrung aus ebenso vielen Ehestreitigkeiten im Urlaub konnten sich meine Lebensaufgabe und ich diesmal auf einen Kompromiss zwischen männlichen und weiblichen Urlaubsvorstellungen einigen. Dieser bestand aus Fressen, mäßigem Saufen und der Wahrnehmung sämtlicher Animationsangebote des Hotels. In der Bilanz sollten sich Passiva und Aktiva die Waage halten. Hielten sie aber nicht. Die Animations-Aktiva dominierten, weil meine Lebensaufgabe Essen und Trinken fälschlicherweise zu den passiven Tätigkeiten rechnete.

Kaum in Teneriffa angereist, stand im Hotel das Pistolenschießen auf dem Programm der von meiner Lebensaufgabe aufgestellten

Aktivitätenliste. Unter ungefähr 25 Mitanimierten belegte ich im ersten Durchgang den letzten Platz. Gewinner war ein Flugkapitän, seine Frau erschoss sich den zweiten Platz. Da ich als Berliner im wehrfähigen Alter nicht zum Bund gezogen wurde, fehlte mir schlicht die praktische Erfahrung im Umgang mit Waffen. Als Letzter wollte ich aber den Wettbewerb nicht beenden und beschloss, einen weiteren Durchgang zu absolvieren. Ich erinnerte mich an etliche Kriminalfilme, in denen die Agenten und Profikiller ihre Waffe schräg hielten. Mit dieser Schnellschusstechnik aus der Hüfte belegte ich im folgenden Durchgang immerhin den vorletzten Platz. Hinter mir ließ ich eine schwäbische Hausfrau, deren Schussarm durch einen von mir verursachten Querschläger leicht gehandicapt war. Das Pilotenpaar gewann wieder, meine Lebensaufgabe wurde Zwölfte; sie schießt besser als ich, was mir aus vielen Ehejahren bekannt war.

Nachmittags holte ich mir beim Bogenschießen meinen zweiten Frust ab, ich verfehlte als Einziger die Zielscheibe mit jedem Schuss. Das Pilotenpärchen nahm auch teil und wurde wieder mit Platz eins und zwei belohnt. Als abends auf der großen Bühne des Hotels die Tagessieger geehrt wurden, ärgerte ich mich über das lässige Abklatschen der »Airlines« bei der Entgegennahme ihrer Urkunden. Viele Leute können nicht verlieren, manche nicht gewinnen.

Am nächsten Tag stand Wasserball auf dem Programm. Vielleicht können ältere Berliner nicht schießen, aber im Schwimmen kennen wir uns aus. Leider wurde ich einer Mannschaft aus wasserscheuen Memmen zugelost und stieg auch hier als Verlierer aus dem Becken. Meine Lebensaufgabe feierte den Sieg als Mitglied des Teams Pilotenpaar.

Als mich anschließend die Dame meines Herzens zum Boccia schleppte, verfinsterte sich meine Miene angesichts der Teilnahme des Pilotenpärchens. So sehr ich mich auch anstrengte, Herr und Frau Flugkapitän waren nicht zu schlagen. Sie wurde Erste, er Zweiter. Beide klatschten nach dem Endspiel so richtig überheblich ab, er gönnte ihr großmütig den Sieg. Vor 200 Gästen nahmen beide am Abend mehr als arrogant abklatschend ihre Siegertrophäen, eine Magnum und eine Champagnerflasche in Normalgröße, mit aufs Zimmer.

Den Folgetag widmete ich vormittags einem ausgedehnten Besuch der Hotelbar am Swimmingpool, meine Lebensaufgabe verzichtete großzügig auf meine Anwesenheit beim Reiten mit dem Latino-Animateur.

Das Tischtennisturnier am Nachmittag wurde wieder durch das Pilotenpaar aufgemischt. Wie sehr sehnte ich mir meinen Sohn herbei, der Berliner Schulmeister im Tischtennis war, um einen Sieg der Überheblichen zu verhindern. Oder wenigstens einen Urlaubsgast, der als Mitglied eines Tischtennisvereins den beiden ihre Grenzen aufzeigen würde. Leider befand sich kein Profi unter den Hotelgästen. Folgerichtig gewann Frau Pilotin die Damenkonkurrenz, Herr Kapitän bei den Herren. Mein achter Platz interessierte mich nicht die Bohne.

Wie immer begann das abendliche Bühnenprogramm mit der Ehrung der Tagessieger. Ich saß unweit des Pilotentisches und betrachtete angewidert das übliche Abklatschen des Paares vor den Gängen zur Siegerehrung. Ein Selfie mit Champagnerflaschen und ein Küsschen rundeten den Tag der Dauergewinner ab. Aber es durfte und sollte noch nicht zu Ende sein. Denn am nächsten Vormittag stand laut meiner Lebensaufgabe das Billardturnier auf der Animationstafel. Zwar wurde Poolbillard gespielt, aber durch langjährige Erfahrung im Billard Carambolage würde mir die Umstellung auf das Versenken der Kugeln in die sechs Löcher des Tisches keine großen Probleme bereiten. Und wie erwartet, erschien Familie Airline zum Wettbewerb. Dass Frau Pilotin die Damenmeisterschaft gewann, störte mich nicht. Ich kämpfte mich im Herrenwettbewerb bis ins Endspiel vor und kreidete genüsslich meinen Queue ein, derweil mir Herr Kapitän vor Spielbeginn sportlich fair die Hand reichte. Seine Taktik hatte ich schnell durchschaut. Konnte er eine seiner Kugeln nicht direkt in eines der vorgesehenen Löcher versenken, platzierte er den Spielball wenigstens so, dass ich keine gute Stellung vorfinden konnte. Ich taxierte vor jedem Stoß Ausfall- und Einfallwinkel meines Spielballs an der Bande, gab trotz der taktischen Gemeinheit meines Endspielpartners nicht auf, sondern reichlich Effet.

Irgendwann lag nur noch die schwarze Acht auf dem Tisch. Diese musste laut Spielregeln als letzte Kugel entweder von ihm oder von mir in einer vorgegebenen Billardtischtasche versenkt werden. Der Kapitän war am Zuge, sah aber keine Chance, die Acht im Loch unterzubringen. Er legte daher den Spielball in eine für mich sehr ungünstige Position. Natürlich hätte ich sein Spiel mitspielen und durch meinen nächsten Stoß eine auch für ihn mehr als ungünstige Konstellation herstellen können. Aber ich war ein geübter Carambolagespieler, der das sogenannte Dreibandspiel beherrschte.

Ich setzte einen vorher kurz errechneten Dreibandstoß über mehrere Banden an, der meiner Spielkugel und anschließend der schwarzen Acht die erforderliche Richtung gab. Und plub, verschwand zunächst die schwarze Acht, anschließend sogar noch mein Spielball im linken oberen Loch des Billardtisches. Herr Flugzeugführer klatschte mit seiner Frau ab, reichte mir gönnerhaft die Hand und bedankte sich für ein großartiges Spiel: »Sie wissen, dass bei der letzten Kugel, der schwarzen Acht, das Spiel verloren ist, wenn außer ihr auch der Spielball in ein Loch fällt.« Aus meinem persönlichen Loch holte mich abends vor der Siegerehrung meine Lebensaufgabe. Ich sollte mich sportlich zeigen und mir auf der Bühne meinen zweiten Preis, eine Flasche Billigrotwein, aushändigen lassen. Wie ein Verlierer schlich ich aus unserem Appartement zur allabendlichen Bühnenveranstaltung. Zum Vizemeister des Billardturniers gekürt, verfolgte ich gereizt das obligatorische Abklatschen meines Endspielpartners sowie das anschließende Selfie mit Champagnerflaschen nebst Küsschen. Allem Anschein nach hatte ein Hotelgast am Nachbartisch meine sichtliche Enttäuschung wahrgenommen. Er tröstete mich mit den Worten: »Da kann man nichts machen, die beiden sind Stammgäste des Hotels und gewinnen jedes Spiel. Freuen Sie sich über Ihren zweiten Platz! Immerhin.«

Stammgäste? »Ja«, klärte mich mein Nachbar auf, »die kommen schon seit Jahren in das Hotel, so wie ich. Er ist Flugkapitän, sie auch Pilotin. Wahrscheinlich besteht ihr Erholungswert darin, alle Spiele zu gewinnen und sämtliche Preise abzuräumen. Gönnen wir ihnen die Champagnerflaschen, ich trinke sowieso nur Bier und habe all-inclusive gebucht.«

Ich klärte den netten Herrn auf, dass mich die Champagnergewinne ebenso wenig wie ihn interessierten, mir das Siegergehabe des Pärchens viel mehr auf den Zünder gehe. »Mir auch«, war die knappe Antwort. Mit acht Bieren, trotz deren lediglich gefühlten 0,2 Promille im Kopf, zermarterte ich mir vor dem Einschlafen den Kopf, wie man in die Phalanx des hochnäsigen Siegerpärchens eindringen könnte. Diesem arroganten Treiben musste irgendwie Einhalt geboten werden. Ich überlegte und überlegte.

Der Lärm des Föns meiner Lebensaufgabe rettete mich am Morgen aus einem schrecklichen Traum, in dem ich mit einem Passagierflugzeug abstürzte, während der Flugkapitän aus unserem Hotel mit seiner Frau als Kopilotin abklatschte, um mit den beiden einzigen Fallschirmen das unrettbare Flugschiff zu verlassen. Aus dem Bordfenster sah ich im Sturzflug das Pilotenpack entspannt am Fallschirm der Erde entgegenschweben. Sie hielt lachend Siegerurkunden in der Hand, er eine Champagnerflasche. Neben mir hörte ich die letzten Worte meiner Frau: »Du Versager«, in der Reihe hinter mir prostete uns achselzuckend mein Tischnachbar vom Vorabend mit einem Bier zu.

Ich schlich aus meinem Bett, übergab mich im Badezimmer und fragte meine Lebensaufgabe nach dem Tagesablauf. Am Vormittag Beachvolleyball im gemischten Doppel, am Spätnachmittag Quiz auf der Hotelterrasse. Mit diesen Anhaltspunkten musste nun ein gewiefter Plan zur Vernichtung der Überheblichen geschmiedet werden. Ich wusste, dass sich das Beachvolleyballturnier mit Blick auf meine Lebensaufgabe nicht gewinnen ließ. Sie hat andere Qualitäten. Also hieß es, die Energien auf das Quiz zu lenken, bei dem das Pilotenpack mit Sicherheit erscheinen würde. Was war zu beachten? Flugzeugführer sind im Allgemeinen Schlauköpfe. Sie kommen viel in der Welt herum, verfügen mutmaßlich über einen hohen IQ und voraussichtlich über ein umfangreiches Allgemeinwissen. Ich taxierte kurz meine Frau, überschlug unsere Siegchancen und entwickelte auf der mitgebrachten Serviette aus dem Speisesaal einen alternativen Schlachtplan, in dem ihr keine Führungsrolle zugedacht war. Meine Lebensaufgabe ist eben eine hervorragende Köchin und Mutter.

Ich vermerkte zunächst die weiteren Stärken meiner Gegner auf dem fettbefleckten Papier: überdurchschnittliche Sprachkenntnisse, hervorragendes formallogisches Denken, Stärken in den Naturwissenschaften Biologie, Chemie, Mathematik, Physik, Geologie. Als ich auf der Serviette unten angekommen war, beschloss ich, wieder oben anzufangen, diesmal mit unseren Stärken. Ich blickte kurz noch einmal zu meiner Frau und zerknüllte die Serviette. Etwas im Kopf haben, sagte ich mit Blick auf das bevorstehende Wissensquiz, bedeutet, etwas im Kopf haben – und nicht auf einer Serviette.

Also gut, allein würden wir die intellektuelle Dominanz der Familie Airline nicht aufhalten. Wir benötigten Verbündete, eine Urlauberallianz des Allgemeinwissens. Stark genug, um die Überflieger beim Quiz in ihre Schranken zu weisen. Mit dieser Strategie stand der Plan zumindest schon mal in seinen Grundzügen.

Am Vormittag machte ich beim Beachvolleyball gute Miene zum bösen Spiel und gratulierte den Airlines artig zum Sieg. Vielleicht sollten die mal gegen meine Frau im Kochen antreten, dachte ich mir beim Händeschütteln, und Kinder hatten die beiden vermutlich auch keine. Am Mittagstisch erkundigte ich mich im Speisesaal unauffällig bei meiner Lebensaufgabe nach Gästen, die sie womöglich während unseres Urlaubs kennengelernt hatte oder bevorzugt kennenlernen würde. Gern auch Leute, die was im Kopf haben. Sie würde gern den Animateur vom Reiten näher kennenlernen, antwortete Madame, den mit den langen, dunklen Haaren. Oder den blond gelockten Aerobictrainer, der uns auch beim Tischtennis und beim Boccia betreute, der mit den strahlend blauen Augen. Ansonsten hätte ich doch am gestrigen Abend Kontakt zu einem Alkoholiker am Nachbartisch hergestellt, falls ich Bekanntschaft suchte.

Unter diesen Umständen ließ sich mein Plan nicht durchführen. Eine konzertierte Aktion zur Herstellung der Teilnehmergerechtigkeit animierter Hotelangebote sollte mit der Kooperationsbereitschaft der eigenen Frau beginnen, statt da schon im Ansatz zu scheitern. So ließ sich mein Plan nicht durchführen, so konnte den Airlines nicht Einhalt geboten werden in ihrer verwerflichen Art zu gewinnen.

Nach dem Essen wollte ich mich resigniert und konsequent auf die nächste Niederlage mit einem Besuch an der Strandbar vorbereiten. Meine Lebensaufgabe hielt ohnehin einen ausgedehnten Schönheitsschlaf. Überraschenderweise hockte mein Tischnachbar vom Vorabend auf einem Stuhl an der Bar, und wir kamen ins Gespräch. Er nutze jeweils die Zeit des Mittagsschlafs seiner Frau, um seinen Urlaubsfrust an der hoteleigenen Strandbar zu ertränken. Das Sabbern seiner Alten hinge ihm zum Halse raus, ob ich schon mal was von einem dunkelmähnigen Reitanimateur gehört habe oder von einem blond gelockten Fitnesstrainer? Nein, nie was von gehört. Die zufällige Begegnung bot während der Verkostung erstaunlich unterschiedlicher Alkoholika Spielraum, einen armseligen Loser, dessen Frau ausschließlich das Hotel wegen der Animateure buche, in meinen Schlachtplan einzuweihen. Zu viert könnten wir mit unserem geballten Wissen das Quiz gewinnen und dem siegverwöhnten Paar die Grenzen aufzeigen. »Dann nehmen wir doch noch die Neumanns dazu«, lallte mein Leidensgenosse, »die besuchen auch schon seit Jahren das Hotel.« Herr Neumann besuche darüber hinaus wegen der überwiegenden Teilnahme weiblicher Hotelgäste immer die Steppaerobic, seine Frau währenddessen die Spielautomaten. Ich erkundigte mich nach den Berufen der Neumänner. Sie sei Floristin, wurde ich aufgeklärt, er Polier. Aha, also eine Biologin und ein formal logisch denkender Spezialist. Ich akzeptierte. Am Spätnachmittag saßen wir zu sechst an einem Tisch auf der großen Terrasse des Hotels und warteten auf den Beginn des Quiz – und auf die Airlines. Sie erschienen wie erwartet. Dann wurden Quizbögen ausgeteilt, auf die wir unsere Antworten zu schreiben hätten. Natürlich jeder für sich und ohne zu schummeln. Herr Neumann hatte vorsorglich unter einer Zeitung ein Handy mit Internet platziert, das von ihm und seiner Frau auftragsgemäß bedient wurde.

Ab dem Beginn des Ratespiels tuschelten wir, was das Zeug hielt – heimlich wie in der Schule bei einer Klassenarbeit. Wir waren ein tolles Team. Was ich nicht wusste, wusste einer meiner Partner, was ein Partner nicht wusste, wusste das Internet. Von 50 Fragen beantworteten wir 49 richtig, die Pilotencrew 48. Bei der Siegerehrung am Abend teilten sich sechs Menschen unverhofft und völlig überraschend gleichzeitig den ersten Preis des Nachmittagsquiz, eine Magnum-Flasche Champagner. Die Piloten schlichen als Zweit- und Drittplatzierte vollends demoralisiert mit billigem Rotwein auf ihr Hotelzimmer.

Im nächsten Jahr überrede ich meinen Sohn zu einem gemeinsamen Urlaub. Mit meinem Quizteam bin ich bereits fest verabredet, was meine Lebensaufgabe gar nicht gerne sieht. Dafür darf sie im Hotel wieder reiten.

43

GENUG IST GENUG

Endlich im Urlaubshotel angekommen, überfiel mich großer Hunger nach einer anstrengenden Reise mit dem Flugzeug und anschließender Busfahrt ins Ressort. Meine Lebensaufgabe teilte dieses Gefühl nicht. Sie klagte über wallende Hitze und schwitze aus allen Poren. Gut, dachte ich, durch den körpereigenen Wasserverlust nimmt sie wenigstens ab. Rasch entledigte ich mich der verschwitzten Kleidung und ging allein zum Speisesaal. Bitte nicht im Unterhemd, wurde mir höflich und bestimmt der Zugang zum Fressalientempel verwehrt. Hatte ich vor Hunger vergessen. Immer dieses Gehabe. Befand ich mich im Urlaub oder auf einer Dinnerparty im Schloss Bellevue? Es half nichts, ich musste ins Zimmer zurück und etwas halbwegs Vernünftiges anziehen, wie mir ein unter der Dusche stehendes Weißbrot befahl.

Das bunte Hawaiihemd wurde am Eingang des Speisesaals akzeptiert, sodass ich nun meinen Camcorder zücken und bedächtig über das Buffet filmen konnte.

»Mann, Alter, gib doch mal Gummi«, wurde ich gleich von einem Mitgast angepöbelt, »deine Filmaufnahmen zum Angeben für zu Hause kannste auch machen, wenn der Speisesaal leer ist.«

Der sonnenverbrannte Typ war mit Sicherheit schon länger im Urlaub, aber immer noch nicht tiefenentspannt. »Ich drehe hier nicht zum Angeben«, klärte ich den Stresser auf, »sondern dokumentiere vorsorglich das Lebensmittelangebot für eventuelle Schadenersatzansprüche wegen Salmonellen.«

Meine Kamerafahrt über sämtliche Buffets dauerte 15 Minuten und fünf Auseinandersetzungen mit unterschiedlichem Pöbelpack. Die letzte Anmache beantwortete ich in gebrochenem Deutsch: »Hola, nix verstehen, español.« Seitdem wurde von mir als von dem »Spanier« gesprochen. Irgendwie erhielten alle Urlauber des Hotels

Spitznamen. Der hagere Alte mit dem Zwirbelbart wurde »General« genannt, der Glatzkopf mit dem sächsischen Dialekt »der Ossi«, die Tätowierte im kurzen Schwarzen »Nuttchen«.

Schon die erste Mahlzeit wurde zur Tortur, wie übrigens alle folgenden auch. Am Nachbartisch fraß eine Familie mit einem Kind, das einen Gast vorbeigehen sah, der ein Stück Melone vor sich hertrug. »Hol dir ooch!«, ermutigte der Vater seinen Bengel. Der Kleine stand auf und kam mit einem Berg Melonenscheiben zurück. Eine gegessen, war der Appetit gestillt. Ich zählte sieben verbliebene Melonenscheiben auf dem Teller und hörte den Vater in milder Urlaubsstimmung trösten: »Lass stehen, is allet inklusive.« Als ich mir zum Dessert meine Lieblingsnachspeise – ein Schokoladeneis – gönnen wollte, setzte ich mich frustriert mit einer bunten Mischung eisgekühlter Nachspeisen an meinen Tisch zurück. Die Leute schaufelten grundsätzlich die Eissorten Vanille, Nuss, Kirsche, Erdbeere und Schokolade in den Boxen durcheinander.

Mit zwei Apfelsinen, einer Birne und einem Brötchen in meinen Shorts stiefelte ich mit einem Hörsturz in mein Hotelzimmer zurück – im Speisesaal lief die Klimaanlage auf Hochtouren, und die Urlauber kreischten an den Tischen wie Backfische in der Geisterbahn.

Meine Lebensaufgabe dankte mir die Mitbringsel nicht, sondern hielt bis zum Abend eine Predigt über das Verbot der Mitnahme von Speisen aus der Touristenkantine. Den Besuch der abendlichen Animation verschoben wir auf den nächsten Tag, weil mir die Klimaanlage bereits eine fürchterlich schmerzende Nackensteife zugefügt hatte. »Schade«, kommentierte meine Lebensaufgabe, »falsche Stelle.«

Nach der Frühstückseinnahme am folgenden Morgen schrie ich, vom Lärm im Speisesaal ertaubt, meine Lebensaufgabe an, ob wir zur Erholung unten an der Poolbar noch einen Kaffee einnehmen wollten. Kaum hatten wir die Kaffeetassen an der Poolbar abgestellt, vibrierte die gesamte Bestuhlung. Mit gefühlten 250 Dezibel

Lautstärke wurden die Urlauber über die Beschallungsanlage zur Steppaerobic animiert, gleich neben uns.

Mit Beginn der Steppaerobic konnte ich meinen Blick von zwei höchstens zehnjährigen Mädchen, wahrscheinlich Zwillingsschwestern, nicht abwenden. Beide wogen um die 150 Kilo, jede einzeln. Die Eltern hatten sie in rosa Badeanzüge aus der Übergrößenabteilung gezwängt, sodass ich sie »Das Schweinchen-Dick-Duo« taufen konnte.

Die Vorstellung begann mit Musik, deren Lautstärke unsere Kaffees verdampfte. Nach 30 Sekunden verabschiedete sich das erste rosa Schweinchen aus der Gymnastikgruppe mit starken Anzeichen einer Apoplexie. Kurz vor dem Schlaganfall stehend, sank es zu Boden und kotzte circa zwei Liter Kakao, fünf belegte Brötchen, vier hart gekochte Eier und drei Schüsseln Cornflakes, eben das Frühstück, aus. Das Schwesterschweinchen hatte wohl mehr Ehrgeiz. Es hielt fast noch eine halbe Minute länger durch, um sich dann mit einer Schweißwolke, die bis zu unserem Tisch reichte, der totalen Erschöpfung hinzugeben. Fräulein Vielfraß Nummer zwei erreichte unter Luftnot gerade noch einen Stuhl, der erstaunlicherweise unter dem Gewicht des massiv verfetteten Körpers nicht zusammenbrach.

Das erste Schweinchen hatte sich derweil ausgiebig erleichtert und entwickelte im Schwesternkampf seinerseits Ehrgeiz. Es stellte sich nochmals der Prüfung, wankte zur Tanzfläche und hielt weitere von mir gestoppte 16 Sekunden durch. Obwohl ich gern bis zum Eintreffen der Sanitäter geblieben wäre, trottete ich der Urlaubsharmonie wegen meiner Lebensaufgabe zum Pool hinterher. Unsere von mir um sechs Uhr in der Früh mit einem Handtuch reservierten Liegen standen in der ersten Reihe. Ich überflog gerade die Schlagzeile des Titelblattes meiner Zeitung, da verspürte ich einen lauten Knall im Gehörgang. Neben uns kreischte ein Animateur ins Megafon: »Wasseraerobic!«

Da sich ad hoc niemand meldete, beugte sich der Gute-Laune-Onkel zu meinem Liegestuhl hin und fragte, wie ich heiße. Kaum dass ich dem durchtrainierten Womanizer meinen Namen offenbart hatte, schallte es über die Poolanlage: »Biba macht beim Wasseraerobic mit. Bitte einen kräftigen Applaus für Biiiibaaa!« Der durchtrainierte Frauenheld mit seinem zum Zopf gebundenen Haar kannte mich noch nicht und war sich seiner Indiskretion wohl nicht bewusst. Ich entriss ihm das Megafon und brüllte über die Anlage: »Biba macht nicht mit! Sorgt erst mal dafür, dass vom Alltag gestresste Urlauber ihre Ruhe kriegen. Ich bin nicht prüde und tanze nackt auf dem Tisch, sobald die scheiß Animation ihre aufdringliche Beschallung herunterfährt, die verkackten Eltern ihren verfressenen Kindern Anstand beibringen und wenn die verfickte Klimaanlage im Speisesaal abgestellt wird!«

Buhrufe im Rund. Meine Lebensaufgabe verließ wutschnaubend das Areal und schloss sich bis zum Abend im Hotelzimmer ein. Unsere Versöhnung wollten wir beim hoteleigenen Showabend auf der großen Terrasse unter 500 Hotelgästen feiern. Die Hotelshow begann mit der Auszeichnung etlicher Gewinner. Am Nachbartisch saß der Drittplatzierte des Wattepustenturniers, ein dickbäuchiger Mittfünfziger, der auf der Bühne namentlich genannt und vom Publikum wie Elvis gefeiert wurde. Als er stolz wie Oskar zu seinem Tisch zurückkehrte, musste er erst die Siegerurkunde in etliche Handycams halten, um danach mit jedem in seiner Nähe abzuklatschen: Yeah man, gimme five – you are the best!

Nach der stundenlangen Ehrung weiterer Erst-, Zweit- und Drittplatzierter wurde auf der Bühne ein Spiel mit Hotelgästen veranstaltet, in dessen Verlauf sie immer neue Songs aus dem eigenen Gedächtnis ansingen mussten. Fiel jemandem kein neues Lied mehr ein, musste er die Bühne verlassen und schied aus.

Irgendwann hatte sich die Gruppe auf fünf Frauen reduziert, die sich auf der verzweifelten Suche nach noch nicht vorgetragenen Songs letztlich irgendwelcher Kinderlieder erinnerten und diese anträllerten. Meine Lebensaufgabe und ich hatten nun genug zittrige Stimmen und schiefe Töne gehört, wir gingen auf unser Zimmer.

Bevor ich zum Klo treten konnte, wollte ich noch in aller Ruhe eine Zigarette auf dem kleinen Balkon rauchen. Da hörte ich im Dunkel der spanischen Nacht aus allen Lautsprechern der Hotelanlage eine hohe Frauenstimme mit schiefen Tönen singen: »Deutschland, Deutschland über alles«. Donnernder Applaus. Wir mieten jetzt zum Urlaub eine Finca. Ich koche, und meine Lebensaufgabe schwitzt auf einer der Liegen am eigenen Pool.

44

ZU VIEL MODE

Als ich im Urlaub auf der Strandpromenade des mallorquinischen Städtchens Cala Rajada zu meinem Hotel schlenderte, versperrte mir plötzlich eine ebenso junge wie aufdringliche Fernsehreporterin mit ihrem Aufnahmeteam den Weg. Sie hielt mir ein Mikrofon unter die Nase, nannte völlig überdreht den Namen eines Privatsenders und fragte rhetorisch: »Sie sind bestimmt ein Deutscher?«

»Ja«, sagte ich und wollte weitergehen. Konnte ich aber nicht, denn die junge Nachwuchskraft des Fernsehens bedrängte mich weiter zum Anhalten, sichtlich bemüht, dabei gute Laune zu versprühen. Natürlich hätte ich sie aus meinem Weg rempeln können, allerdings macht sich das vor laufender Kamera nicht gut, zudem weiß ich nicht, mit welchen Kommentaren das später nachvertont worden wäre – typisch deutsche Urlauber, stets übel gelaunt, ungesittet und anstandslos. Also blieb ich stehen. Und natürlich, Fräulein Bald-habe-ich-meine-eigene-Talkshow hatte mich als typischen Deutschen am Kragen.

Während mich der Kameramann abschwenkte, kommentierte das Plappermündchen mit spitzer Zunge, was man sah und was ich seit Jahren im Urlaub an mir kannte: Sandalen, Wollsocken, eine kakifarbene Shorts und ein Hawaiihemd aus den 80er-Jahren. Das unbedarfte Nachwuchstalent der privatfinanzierten Fernsehlandschaft stellte mich vor laufender Kamera als textile Zumutung für die einheimische Bevölkerung Mallorcas und für die Urlaubsgäste der Insel dar. Zugleich unterbreitete sie mir den Vorschlag, mich in einer provisorischen Umkleidekabine professionell umstylen zu lassen. Wie bitte? Die keck-dreiste Fernsehschaffende verdiente eine Lektion. Abgesehen davon, dass es sich nicht gehört, gestresste Urlauber im Ausland mit einer Kamera zu überfallen, ihnen das Weitergehen zu verweigern und anzügliche Bemerkungen abzusondern, hatte das Modepüppchen keine Ahnung, worüber es sprach.

Ich fragte zunächst, was an meiner Kleidung unzumutbar sei. Na ja, ganz einfach das Styling. Völlig aus der Mode, die Hosen mit Sicherheit aus dem letzten Jahrhundert, das Hemd wahrscheinlich auch echt uralt, dann die Socken und die typisch deutschen Sandalen – eben voll unstylish, tooootal out. Fräulein Nachwuchsreporterin verfiel bei ihrer Aufzählung einem Lachkrampf. Wahrscheinlich hatte sie vor der Reportage Drogen konsumiert. »Schauen Sie«, sagte ich, »warum soll ich Kleidung, die mir noch passt, sauber und gewaschen ist, nicht im Urlaub tragen?« Na, weil das völlig unstylish sei, voll ouuuut! Ob ich noch nie was von Mode gehört hätte. »Doch«, antwortete ich, »Mode ist jener Zweig der Wirtschaftsdiktatur, der uns kleinen Leute den Kauf unnötiger Luxusgüter, eben Textilien, aufzwingt.« Aber Kleidung sei doch sooo wichtig. »Ja«, führte ich weiter aus und fragte, »aber warum?«

Das unbedarfte Wesen war auf die Frage wohl nicht vorbereitet. Es überlegte zu lange und ließ mir dadurch Gelegenheit zur Fortsetzung meiner unmaßgeblichen Meinungsäußerung: »Kleidung benötigt der Mensch, weil er im Laufe der Evolution sein Fell verloren hat. Wir zogen uns an, um den unterschiedlichen Umweltbedingungen zu trotzen und am Leben zu bleiben. Kleidung schützt uns – vor Kälte und Hitze.«

Anscheinend hatten meine Ausführungen die Stimmung der Reporterin etwas verfinstert, sie lachte nicht mehr. Also weitere

Gelegenheit, das naive Püppchen aufzuklären. Unterschiedliche Kleidung diene heutzutage, neben dem Wetterschutz, im Wesentlichen der sichtbar gemachten Zugehörigkeit eines Individuums zu einer bestimmten Gruppe und damit der optischen Abgrenzung zu anderen. Die vorhin noch gut gelaunte Reporterin schaute mich inzwischen mürrisch an. »Ich erklär's Ihnen«, fuhr ich in Wallung geredet fort, »die Mitglieder zweier Fußballteams tragen unterschiedliche Trikots, um den eigenen Mitspieler schneller und besser erkennen und den Gegenspieler als Feind leichter identifizieren zu können. Das Gleiche gilt für Armeen. Selbst Ihnen müsste es möglich sein, einen Banker, da dieser einen Anzug trägt, von einem Mechatroniker im blauen Overall unterscheiden zu können. Und der Arzt trägt seinen weißen Kittel, weil er sich gottähnlich unbefleckt wenigstens als Halbgott betrachtet. Oder haben Sie jemals einen Arzt in einem bunten Kittel gesehen?«

Die Reporterin antwortete artig wie ein Schulmädchen: »Ja, einen Chirurgen, der trug Blau.«

»Richtig«, sagte ich, »der Chirurg ist ja auch ein Handwerker. Er sägt, schraubt, fräst und näht.«

Aber meine Wollsocken?

»Die trage ich, weil ich an Ekzemen leide und offene Füße habe.« Mittelmäßiges Entsetzen bei meiner Interviewerin. Da die Kamera so schön weiterlief, übernahm ich die weitere Gesprächsführung: »Was hätten Sie mir denn zum Umstylen anbieten wollen?«

Die Reporterin fasste sich und sah wieder Land. Sie führte mich, mit ihrem Kameramann und dem Tontechniker im Schlepptau, zwei, drei Schritte weiter zu einem Kleiderständer mit unterschiedlichen Klamotten und einem Tapeziertisch, auf dem weitere Textilien lagen. »Aha«, sagte ich, »schauen wir uns mal die Marken an.«

Die Kamera surrte, während ich mir einen kurzen Überblick über das Sortiment verschaffte. Ich fischte ein Poloshirt vom Kleiderständer, dessen Label einer bekannten Marke im hochpreisigen

Segment gehörte. »Größe L«, sagte ich, »dürfte einer 52, 54 entsprechen, also meiner Kleidergröße. Würden Sie mir das empfehlen?« Die Reporterin nickte eifrig in Erwartung, mich doch noch umstylen zu können. Ich hielt das qualitativ wirklich hochwertige Exemplar in meinen Händen. »Wussten Sie, dass dieses zweifelsfrei erstklassige Teil in einer koreanischen Fabrik exakt auf demselben Fließband und exakt aus demselben Material produziert wird wie das um zwei Drittel billigere Poloshirt eines bekannten Kaufhauskonzerns? Das Produktionsband teilt sich erst ganz am Ende, um die jeweiligen Marken auf die Shirts zu branden.«

Unserem Nachwuchstalent behagte die Lehrstunde nicht. Fräulein Fernsehen bedeutete ihrem Kameramann mit einer Handbewegung unter dem Hals abzubrechen, was dieser jedoch nicht tat. Er sah sich anscheinend einer telegenen Sensation auf der Spur und wedelte mir mit der Hand zu, fortzufahren. Ich nahm dem Fernsehnachwuchs das Mikro aus der Hand und führte zu den ausgestellten Krawatten weiter. »Da schau her, Krawatten. Lassen Sie mal sehen …«

Während ich mir die Etiketten anschaute, gesellte sich eine sonnenstudiogebräunte Mittvierzigerin zu uns. Sie stellte sich als Modeberaterin und Stylistin vor, die ihre junge Reporterkollegin während der Aufnahmen modetechnisch unterstütze. Zudem schien sie bereit, das überforderte Fernsehsternchen mit allen Mitteln und in tiefster Vasallentreue vor meinen Angriffen zu beschützen. Endlich eine Gegnerin. »Was kosten die Teile«, fragte ich, »70, 80 Euro?« Die Modestylistin schaute mich übertrieben lässig an. »Zwischen 65 und 75 Euro. Ist ja schließlich auch Seide.«

»Seide hat ihren Preis«, sagte ich, »und der ist auch gerechtfertigt. Aber warum so teure Accessoires? Eine Krawatte aus Polyester erfüllt denselben Zweck, und man bekommt sie heute schon für acht bis zehn, maximal 15 Euro.« Im Brustton der qualitativen Überzeugung entgegnete mir die Stylistin lässig, dass Seide schließlich eine Naturfaser sei und damit natürlich teurer als ein Chemiefaserprodukt. Na, dachte ich, dann wollen wir doch mal sehen. Ich forderte meine neue Disputantin mit der Frage heraus, warum sie »Natur« und »natürlich teurer« in einem Atemzug nenne, obgleich man die Kokons der Seidenraupe und damit unsere Natur ungeniert ausschlachte.

Statt auf meinen Vorwurf der Beraubung von Seidenspinnerlarven einzugehen, verwies mich die sonnengegerbte Lederhaut auf den Unterschied in der Qualität des Produkts und dass sich diese eben auch zu Recht im Preis widerspiegelt. Ich ließ die Kamera auf meine Sandalen schwenken und bat um eine Großaufnahme. »Sehen Sie«, sagte ich, »auch ich bin nicht frei von Schuld. Auch ich trage mit diesen Ledersandalen ein Stück Tier mit mir herum. Ich kaufte das Paar vor 15 Jahren bei einem mallorquinischen Schuhmacher, um etwas für die Infrastruktur meines Gastgeberlandes zu tun. Damals scherte ich mich kaum um die Natur und ihre Geschöpfe. Heute denke ich anders und pflege nachhaltig mein Schuhwerk mit Rücksicht auf unsere Ressourcen. Nein, es muss nicht immer neu und nicht immer Seide sein.«

Die Nachwuchsreporterin beugte den Kopf zum Mikrofon und stammelte ehrfürchtig: »Amen.«

Dann rang sie wieder um Fassung und hauchte: »Und Ihr Hawaiihemd?«

Einer Kulturreportage mit ethischen Fragestellungen stehe ich immer zur Verfügung. Also berichtete ich freundlich von der Rückkehr meines Sohnes aus den Staaten vor fast zwölf Jahren und dem Mitbringsel für den Papa, der das Studienjahr durch Verzicht auf beinahe jegliche Konsumgüter finanziert hatte.

»Zugegeben«, sagte ich mit einem extra pathetischen Unterton, »das Hemd ist mir zu auffällig und steht mir nicht besonders. Aber es ist das Geschenk einer mir sehr wertvollen Person und tut noch immer seinen Dienst.« Dem Tonmann flossen ein paar Tränen der Rührung auf das Richtmikrofon am Galgen. Um die Stimmung wieder zu heben, schlug ich der Modestylistin noch eine Wette vor, in der sie Seidenkrawatten von denen aus Polyester unterscheiden sollte, drüben in der Boutique an der Ecke. Sie ging nicht auf mein Angebot ein, die Schisserin. Dabei hätte sie, wie wir alle wissen, mit einer einfachen Brennprobe spielend eine Runde Cocktails für das gesamte Aufnahmeteam gewinnen können.

Und die Shorts – gab es dazu auch eine Geschichte? Freilich. Ich log, die Shorts als letztes Andenken aus dem Nachlass meines Vaters gerettet zu haben, der ein unerschütterlicher Mallorca-Fan und Weltbürger mit den bitteren Erfahrungen eines Weltkriegs gewesen sei. Es brauchte die Fernsehgemeinschaft nicht zu interessieren, dass ich das gute Stück vor Jahrzehnten auf dem Grabbeltisch für fünf Mark erstanden hatte und nur auf Urlaubsreisen trug. Die Ergriffenheit übermannte den Kameramann dermaßen, dass er das Objektiv zu Boden senkte und mir tränenüberströmt die Hand reichte. Seine Oma habe ihm eine Decke aus den schweren Zeiten überlassen, die er im stillen Gedenken heute noch vor der Wegwerfsucht seiner Freundin auf dem Dachboden verbarg. Trotz des hohen Alters habe gerade dieses Stück ein ewiges Band zu seiner Großmutter geflochten und ein Vergessen unmöglich gemacht. Gemeinsam weinten wir noch eine Runde herzerfrischend und gingen schließlich als Freunde im Geiste auseinander.

Sechs Wochen lang verfolgte ich anschließend jedes Magazin des Privatsenders, aber mein Beitrag wurde nicht gesendet. Verdammt, dachte ich mir, haben sie dich doch gekriegt!

45

EINE FRAU, DIE SICH GEWASCHEN HAT

Auf der Rückfahrt von Bielefeld nach Berlin machten meine Lebensaufgabe und ich halt in Hannover, um unsere Urlaubsbekannten Simone und Hugo zu überraschen. Es waren inzwischen drei Jahre vergangen, dass wir das gut situierte Paar auf Mallorca kennengelernt hatten, also Zeit, die damals ausgesprochene Einladung »Wenn ihr mal in der Nähe seid« anzunehmen. Beide waren auch da und öffneten uns wie gute Freunde die Tür. Simone hatten wir anscheinend beim Hausputz überrascht, denn sie trug diese durchsichtigen Einmalhandschuhe und hielt einen Putzlappen in der Hand. Freudig erregt hielt sie uns zur Begrüßung ihren Ellenbogen hin, den wir umständlich wie beim ersten Mal berührten. Dann geleitete uns das Paar zum Wohnzimmer ihrer herrschaftlichen Villa, die offenbar gerade urlaubsfertig gemacht worden war – sämtliche Möbel waren mit großen, weißen Tüchern zugedeckt. »Wollt ihr demnächst verreisen?«, fragte ich.

»O nein«, antwortete Hugo und stellte offensichtlich etwas verlegen vier Klappstühle auf.

»Stören wir euch beim Frühjahrsputz?«, mutmaßte meine Lebensaufgabe, was jedoch auch verneint wurde. Oder waren Simone und Hugo dabei, ihr Eigenheim zu verkaufen, und standen kurz vor dem Umzug? Aber auch das traf nicht zu. Vielmehr wurde das gesamte Mobiliar unter bettlakengroßen Tüchern gehalten, um nicht unnötig einzustauben oder zu verdrecken, erklärte Hugo umständlich. Zwar leuchteten mir Hugos Beweggründe nicht vollständig ein, aber immerhin saßen wir bei lieben Freunden auf nicht verhüllten Klappstühlen, und Simone hatte sich inzwischen ihrer Handschuhe entledigt.

»Was dürfen wir euch zur Begrüßung anbieten«, wurden wir gefragt, »vielleicht ein Glas Wein, Wasser oder Cola?«

Meine Lebensaufgabe und ich waren uns wie üblich uneinig, sie bestellte Rotwein, ich Weißwein. Kaum ausgesprochen, raste Simone in die Küche und kehrte mit einem Tablett zurück, auf dem vier Pappbecher standen. Hugo schaute seine Frau wegen der Pappbecher vorwurfsvoll an und stiefelte zum Wohnzimmerschrank, um in den darübergeworfenen Laken zu verschwinden. Nach einer kurzen Weile kehrte er mit vier Gläsern aus der Schrankbar zurück.

»Bitte«, richtete er vorwurfsvoll das Wort an seine Frau, »zu Ehren unserer Berliner Gäste können wir doch ausnahmsweise auf unseren Glasbestand zurückgreifen.«

»Dann lass mich wenigstens die Gläser vor dem Gebrauch noch rasch abwaschen, die sehen mir nicht mehr hundertprozentig sauber aus«, betrachtete Simone die Gefäße und nahm sie Hugo aus den Händen.

»Aber Schatz«, antworte Hugo, »du hast die Gläser doch gerade heute morgen erst gereinigt – wie jeden Tag.«

Es nutzte nichts, Simone verschwand mit den Gläsern, den Pappbechern samt Tablett wieder in der Küche, um nach einer erheblichen Weile mit abgespülten und abgetrockneten Gläsern zurückzukehren. Anscheinend hatte sie vergessen, das zum Spülen extra neu übergestreifte Paar Einmalhandschuhe wieder abzustreifen. Jedenfalls überreichte sie uns die Gläser in Handschuhen.

»Sag mal«, fragte ich neugierig unbedarft, »hast du Angst vor Krätze, Ausschlag oder Arthrose an den Händen?«

»Nein«, klärte Simone mich auf, »aber seit man im Fernsehen andauernd Berichte über Mietnomaden, Messies, Salmonellen und Krankenhauskeime sieht, achte ich mehr auf Sauberkeit und Hygiene.«

Dann griff sie zu einem großen Schwamm, um die Weinflaschen vor dem Entkorken gründlich zu putzen. Die Reinigungsprozedur dauerte so lange, dass wir beim Eingießen bereits mit den wechselseitigen Schilderungen der Jahre zwischen unserem gemeinsamen Urlaub und dem Wiedersehen fertig waren. Selbstredend erhielten die von Hugo an Simone ausgehändigten Flaschenverschlüsse eine mehr als gründliche Abreibung. Simone rubbelte zunächst mit einem Feuchttuch an den Korken wie eine Furie, wienerte sie dann ausgiebig mit einem Küchenhandtuch und polierte zum Schluss mindestens zehn Minuten mit einem nagelneuen Mikrofasertuch sanft nach, während sie nebenbei von den Erektionsstörungen ihres Mannes berichtete. Danach stöpselte sie die klinisch reinen Verschlüsse zurück in die Flaschen, ging sich die Hände waschen und gönnte sich zufrieden einen Schluck.

Als ich der alten Kameradschaft wegen mit den Urlaubsbekannten anstoßen wollte und ich mein Glas auch Simones leicht berühren ließ, merkte ich, dass diese Sitte der Frau mit den Einmalhandschuhen nicht behagte. Sie zauberte aus ihrem Hausfrauenkittel ein neues Feuchttuch, wischte ihr Glas übersorgfältig an der berührten Stelle ab, betrachtete ihren gläsernen Kelch im Lichte der Sonne und schwenkte ihn, bis sich der Inhalt wie in einer Zentrifuge drehte. Im Ergebnis entschied sie unauffällig, lieber nicht mehr am Glas zu nippen, es schien ihr äußerlich anscheinend nicht mehr rein genug.

Wie üblich, wenn man neuen Besuch empfängt, führten auch Simone und Hugo uns durch ihr Haus. Es war überdimensioniert gebaut und verfügte über reichlich Wohnraum auf mehreren Etagen. Während Hugo den jeweiligen Zweck des Raumes und die unter weißen Bettlaken versteckten Einrichtungsgegenstände beschrieb, überreichte uns Simone beim Eintritt in jedes Zimmer neue Überzieher für die Schuhe, die alten entsorgte sie in einer vorsorglich mitgeführten Plastiktüte. Alle drei Badezimmer des üppigen Gebäudes durften meine Lebensaufgabe und ich aus hygienischen Gründen allerdings nicht betreten, nur durch die geöffneten Türen betrachten. Für den Fall der Fälle, wurde uns vorsorglich und beruhigend mitgeteilt, gab es im Erdgeschoss ein Gäste-WC. Die längere Anfahrt im Auto und der Wein zwangen mich dann irgendwann auch, um eine Wegbeschreibungen zu diesem Klo zu bitten. Weil das Haus doch sehr groß war, ging Simone vor. Vor dem Eintritt zum stillen Örtchen stellte Simone mir noch rasch blaue Überzieher für die Schuhe zur Verfügung, nach dem Besuch die Frage, ob es sich um ein kleines oder großes Geschäft gehandelt habe. Davon war nämlich Simones Reinigungsmaterial abhängig, mit dem sie bestimmt 30 Minuten lang das Gästeklo wiederherrichtete, was aus meiner Sicht völlig übertrieben und mir mehr als peinlich war. Schließlich hatte es sich bei meinem Besuch des Gästeklos nicht um eine große Schweinerei gehandelt, sondern lediglich um eine Flüssigkeitsabgabe kleinerer Natur, und dies sogar im Sitzen.

Wie es bei gern gesehenen Gästen üblich ist, wurden wir nach der Führung durch den Sterilbunker gefragt, ob wir nicht zum Essen bleiben wollten. Meine Beifahrerin lehnte freundlich dankend ab, da sie auf keinen Fall, wie sie mir später vorhielt, in die Situation geraten wollte, die Gästetoilette unserer Gastgeber aufsuchen zu müssen. Ich hingegen fand es sogar noch grandios, dass wir uns das Abendessen à la carte aussuchen durften, und setzte mich gegenüber meiner Lebensaufgabe ausnahmsweise einmal durch.

Ja, teilte mir Hugo mit, Essen würde auf Wunsch seiner Frau nur noch per Lieferservice bestellt – um die Küche nicht unnötig zu verschmutzen. Niemand, nicht mal er, dürfe noch in der Küche kochen, obgleich er mehrmals unter Eid geschworen habe, den hauseigenen Gastrobereich nach Gebrauch klinisch zu reinigen und so steril wie vorgefunden wieder zurückzugeben.

Eine gute Stunde später aßen wir auf unseren Plastikhockern im Wohnzimmer chinesische Gerichte aus Plastikschalen. Wir verwendeten Plastikbesteck und schauten beim Mampfen Fernsehen unter einer großflächig zurückgeworfenen weißen Überdecke, die ansonsten das Empfangsgerät vor Staub, Bakterien und anderen Schmutzpartikeln schützen sollte, wie Simone zu erklären wusste. Nebenbei unterhielten wir uns angeregt über unsere Kinder, über die große Weltpolitik und die Schönheiten der Balearischen Inseln.

Sehr fürsorglich hatte unsere Gastgeberin uns vor der Essenseinnahme rasch noch mit übergroßen Papierservietten ausgestattet, die wir über unseren Brüsten trugen. Wer gerade reden wollte, musste auf Simones Anweisung vorher aufgekaut und runtergeschluckt haben, so verstanden wir uns auch akustisch einwandfrei und konnten nicht aus Versehen irgendeinen Krümel unserer Speisen aus dem Mund verlieren. Sobald sich ein Plastikschälchen gelehrt hatte, fiel es Simone zum Opfer und wurde sogleich in der 1.100 Liter fassenden Mülltonne vor dem Haus entsorgt. Nach jedem Mülltonnengang wusch sich unsere Gastgeberin gründlich die Hände, putzte rasch noch die Türklinken ab und streifte sich neue Einmalhandschuhe über.

Auf der nächtlichen Weiterfahrt resümierte ich nachdenklich: »Irgendwie komisch, Simone mit ihrem Sauberkeitsfimmel …«

»Beim nächsten Besuch«, hörte ich meine Beifahrerin antworten, »fahren wir vorher rasch noch einen Autobahnrasthof mit Toiletten an. Im Sommer will ich unbedingt bei denen im Garten sitzen.«

CHRISTOPH PAPKE, geboren 1954 in Berlin, arbeitete nach dem Studium der Sozialpädagogik bei einem Spitzenverband der Wohlfahrtspflege, bevor er Lehraufträge an verschiedenen Hochschulen übernahm. Als geschäftsführender Gesellschafter leitete er von 1999 bis 2012 einen reha-spezifischen Bildungsträger. Heute schreibt er als freier Autor Kurzgeschichten, Romane, Drehbücher und Theaterstücke.

Christoph Papke
NEUROSEN WELKEN NICHT
Verhaltensgestörte Geschichten

ISBN 978-3-86265-534-2

Lektorat: Anne Tröst | Coverfotos: Porträts © Eldad Carin/depositphotos.de; Apfel © photocase.de; Messer © daizuoxin/depositphotos.de

KATALOG
Wir senden Ihnen gern kostenlos unseren Katalog.
Schwarzkopf & Schwarzkopf Verlag GmbH
Kastanienallee 32, 10435 Berlin
Telefon: 030 – 44 33 63 00
Fax: 030 – 44 33 63 044

INTERNET | E-MAIL
www.schwarzkopf-schwarzkopf.de
info@schwarzkopf-schwarzkopf.de